U0085561

建國方略

建國大綱

孫文 著

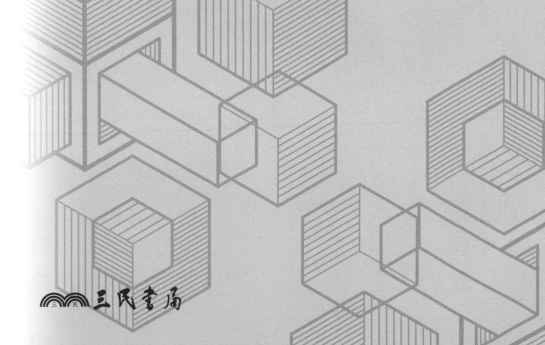

三民書局

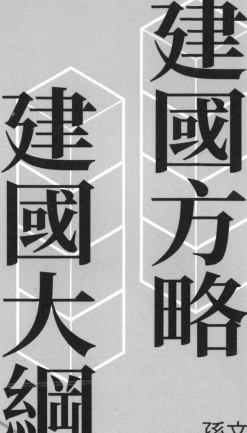

國家圖書館出版品預行編目資料

建國方略 建國大綱／孫文著.——九版四刷.——臺北市：三民，2023
面； 公分

ISBN 978-957-14-6283-7（平裝）
1. 孫中山思想

005.13　　106003829

建國方略　建國大綱

作　　者｜孫　文
發 行 人｜劉振強
出 版 者｜三民書局股份有限公司
地　　址｜臺北市復興北路 386 號 (復北門市)
　　　　　臺北市重慶南路一段 61 號 (重南門市)
電　　話｜(02)25006600
網　　址｜三民網路書店 https://www.sanmin.com.tw

出版日期｜初版一刷 1968 年 10 月
　　　　　九版一刷 2017 年 6 月
　　　　　九版四刷 2023 年 6 月
書籍編號｜S000050
I S B N｜978-957-14-6283-7

著作權所有，侵害必究
※ 本書如有缺頁、破損或裝訂錯誤，請寄回敝局更換。

三民書局

心理建設

自序

文奔走國事，三十餘年，畢生學力盡萃於斯；精誠無間，百折不回，滿清之威力所不能屈，窮途之困苦所不能撓；吾志所向，一往無前，愈挫愈奮，再接再勵；用能鼓動風潮，造成時勢。卒賴全國人心之傾向，仁人志士之贊襄，乃得推覆專制，創建共和；本可從此繼進，實行革命黨所抱持之三民主義、五權憲法，與夫革命方略所規定之種種建設宏模；則必能乘時一躍而登中國於富強之域，躋斯民於安樂之天也。不圖革命初成，黨人即起異議，謂予所主張者理想太高，不適中國之用，眾口鑠金，一時風靡；同志之士，亦悉惑焉。是以予為民國總統時之主張，反不若為革命領袖時之有效而見之施行矣。此革命之建設所以無成，而破壞之後，國事更因之以日非也。夫去一滿清之專制，轉生出無數強盜之專制，其為毒之烈，較前尤甚。於是而民愈不聊生矣！溯夫吾黨革命之初心，本以救國救種為志，欲出斯民於水火之中，而登之袵席之上也；今乃反令之陷水益深，蹈火益熱，與革命初衷大相違背者，此固予之德薄無以化格同儕，予之能鮮不足駕馭群眾，有以致之也。然而吾黨之士，於革命宗旨，革命方略，亦難免有信仰不篤，奉行不力之咎也；而其所以然者，非盡關乎功成利達而移心，實多以思想錯誤而懈志也。此思想之錯誤為何？即「知之非艱，行之惟艱」之說也。此說始於傳說對武丁之言，由是數千年來，深中於中國之人心，已成牢不可破矣。故予之建設計劃，一一皆為此說所打消也。嗚呼！此說者，予生平之最大敵也！其威力當萬倍於滿清。夫滿清之威力，不過祇能殺吾人之身耳，而不能奪吾人之志也。乃此敵之威力，則不惟能奪吾人之志，且足以迷億兆人之心也。是故滿清之世，予之主張革命也，猶能日起有功，進行不已；惟自民國成立之日，則予之主張建設，反致半籌莫展，一敗塗地。吾三十年來精誠無間之心，幾為之冰消瓦解；百折不回之志，幾為之槁木死灰者，此也。可畏哉此敵！可恨哉此敵！兵法有云：「攻心為上。」是吾黨之建國計畫，即受此心中之打擊者也。夫國者人之積也，人者心之器也，而國事者，一人群心理之現象也。是故政治之隆污，係乎人心之振靡。吾心信其可行，則移山填海之難，終有成功之日。吾心信其不可行，則反掌折枝之易，亦無收效之期也。心之為用大矣哉！夫心也者，萬事之本源也，滿清之顛覆者，此心成之也；民國之建設者，此心敗之也。夫革命黨之心理，於成功之始，則被「知之非艱，行之惟艱」之說所奴，而視吾策為空言，遂放棄建設之責任。如是則以後之建設責任，非革命黨所得而專也。迨夫民國成立之後，則建設之責任，當為國民所共負矣。然七年以來，猶未覩建設事業之進行；而國事則日形糾紛，人民則日增痛苦。午夜思維，不勝痛心疾首！夫民國之建設事業，實不容一刻視為緩圖者也。國民！國民！究成何心？不能乎？不行乎？不知乎？吾知其非不能也，不行也；亦非不行也，不知也；倘能知之，則建設事業，亦不過如反掌折枝耳。回顧當年，予所耳提面命而傳授於革命黨員，而被河漢為理想空言者，至今觀之，適為世界潮流之需要，而亦當為民國建設之資材也。乃擬筆之於書，名曰建國方略，以為國民所取法焉。然尚有躊躇審顧者，則恐今日國人社會心理，猶是七年前之黨人社會心理也，依然有此「知之非艱，行之惟艱。」之大敵橫梗於其中，則其以吾之計畫為理想空言而見拒也，亦若是而已矣。故先作學說，以破此心理之大敵，而出國人之思想於迷津。庶幾吾之建國方略，或不致再被國人視為理想空談也。夫如是，乃能萬眾一心，急起直追，以我五千年文明優秀之民族，應世界之潮流，而建設一政治最修明人民最安樂之國家；為民所有、為民所治、為民所享者也。則其成功必較革命之破壞事業為尤速尤易也。

時民國七年十二月三十日孫文序於上海

目錄

建國方略之一　心理建設

孫文學說

第一章　以飲食為證

當革命破壞告成之際，建設發端之始，予乃不禁興高采烈，欲以予生平之抱負，與積年研究之所得，定為建國計畫，舉而行之；以冀一躍而登中國於富強隆盛之地焉。乃有難予者曰：先生之志，高矣、遠矣，先生之策，閎矣、深矣，其奈「知之非艱，行之惟艱」何？予初聞是言也，為之惶然若失，蓋「行之惟艱」一說，吾心亦信而無疑，以為古人不我欺也。繼思有以打破此難關，以達吾建設之目的，於是以陽明「知行合一」之說，以勵同人。惟久而久之，終覺奮勉之氣，不勝畏難之心，舉國趨勢，皆如是也。予乃廢然而返，專從事於知易行難一問題，以研求其究竟。幾費年月，始恍然悟於古人之所傳今人之所信者，實似是而非也。乃為之豁然有得，欣然而喜，知中國事向來之不振者，非坐於不能行也，實坐於不能知也；及其既知之而又不行者，則誤於以知為易，以行為難也。倘能證明知非易而行非難也，使中國人無所畏而樂於行，則中國之事大有可為矣。於是以予構思所得之十事，以證明行之非艱，而知之惟艱，以供學者之研究，而破世人之迷惑焉。夫「知之非艱，行之惟艱」一語，傳之數千年，習之遍全國，四萬萬人心理中，久已認為天經地義而不可移易者矣；今一旦對之日：此為似是而非之說，實與真理相背馳；則人必難遽信。無已，請以一至尋常至易行之事以證明之。夫飲食者，至尋常、至易行之事也，亦人生至重要之事，而不可一日或缺者也。凡一切人類物類，皆能行之，嬰孩一出母胎則能之，雛雞一脫蛋殼則能之，無待於教者也。然吾人試以飲食一事，反躬自問，究能知其底蘊者乎？不獨普通一般人不能知之，即近代之科學已大有發明，而專門之生理學家、醫藥學家、衛生學家、物理家、化學家，有專心致志以研究於飲食一道者；至今已數百年來，亦尚未能窮其究竟者也。我中國近代文明進化，事事皆落人之後，惟飲食一道之進步，至今尚為文明各國所不及。中國所發明之食物，固大盛於歐美，而中國烹調法之精良，又非歐美所可並駕。至於中國人飲食之習尚，則比之今日歐美最高明之醫學衛生家所發明最新之學理，亦不過如是而已。何以言之？夫中國食品之發明，如古所稱之八珍，非日用尋常所需，固無論矣；即如日用尋常之品，如金針、木耳、豆腐、豆芽等品，實素食之良者，而歐美各國並不知其為食品者也。至於肉食，六畜之臟腑，中國人以為美味，而英美人往時不之食也。而近年亦以美味視之矣。吾往在粵垣，曾見有西人鄙中國人食豬血以為粗惡野蠻者，而今經醫學衛生家所研究而得者，則豬血涵鐵質獨多，為補身之無上品。凡病後產後及一切血薄症之人，往時多以化煉之鐵劑治之者，今皆用豬血以治之矣。蓋豬血所涵之鐵，為有機體之鐵，較之無機體之煉化鐵劑，尤為適宜於人之身體。故豬血之為食品，有病之人食之固可以補身；而無病之人，食之亦可以益體。而中國人食之，不特不為粗惡野蠻，且極合於科學衛生也。此不過食品之一耳，其餘種種食物，中國自古有之，而西人所未知者，不可勝數也。如魚翅燕窩，中國人以為上品，而西人見華人食之，則以為奇怪之事也。夫悅目之畫，悅耳之音，皆為美術，而悅口之味，何獨不然？是烹調者，亦美術之一道也。西國烹調之術，莫善於法國，而西國文明，亦莫高於法國；是烹調之術，本於文明而生，非深孕乎文明之種族，則辨味不精；辨味不精，則烹調之術不妙。中國烹調之妙，亦足表文明進化之深也。昔者中西未通市以前，西人只知烹調一道，法國為世界之冠；及一嘗中國之味，莫不以中國為冠矣。近代西人之遊中國內地者，以赫氏為最先，當清季道光年間，彼曾潛行各省而達西藏，彼所著之遊記，稱道中國之文明者不一端，而尤以中國調味為世界之冠。近年華僑所到之地，則中國飲食之風盛傳，在美國紐約一城，中國菜館多至數百家，凡美國城市，幾無一無中國菜館者。美人之嗜中國味者，舉國若狂；遂至令土人之操同業者，大生妒忌，於是造出謠言，謂中國人所用之醬油，涵有毒質，傷害衛生；致「的他睞」市政廳有議禁止華人用醬油之事。後經醫學衛生家嚴為考驗，所得結果，即醬油不獨不涵毒物，且多涵肉精，其質與牛肉汁無異，不獨無礙乎衛生，且大有益於身體，於是禁令乃止。中國烹調之術，不獨遍傳於美洲，而歐洲各國之大都會，亦漸有中國菜館矣。日本自維新以後，習尚多採西風，而獨於烹調一道，猶嗜中國之味，故東京中國菜館亦林立焉。是知口之於味，人所同也。中國不獨食品發明之多，烹調方法之美，為各國所不及；而中國人之飲食習尚，暗合於科學衛生，尤為各國一般人所望塵不及也。中國常人所飲者為清茶，所食者為淡飯，而加以菜蔬豆腐，此等之食料，為今日衛生家所考得為最有益於養生者也；故中國窮鄉僻壤之人，飲食不及酒肉者，常多上壽。又中國人口之繁昌，與乎中國人拒疾疫之力常大者，亦未嘗非飲食之暗合衛生有以致之也。倘能更從科學衛生上再做工夫，以求其知，而改良進步，則中國人種之強，必更駕乎今日也。西人之倡素食者，本於科學衛生之知識，以求延年益壽之工夫；然其素食之品，無中國之美備，其調味之方，無中國之精巧；故其熱心素食家，多有太過於菜蔬之食，而致滋養料之不足，反致傷生者。如此則素食之風斷難普遍全國也。中國素食者必食豆腐，夫豆腐者，實植物中之肉料也，此物有肉料之功，而無肉料之毒，故中國全國皆素食，已習慣為常，而不待學者之提倡矣。歐美之人所飲者濁酒，所食者腥膻，亦相習成風，故雖在前有科學之提倡，在後有重法之厲禁，如近時俄美等國之厲行酒禁，而一時亦不能轉移之也。單就飲食一道論之，中國之習尚，當超乎各國之上，此人生最重之事，而中國人已無待於利誘勢迫，而能習之成自然，實為一大幸事。吾人當保守之而勿失，以為世界人類之師導也可。

古人有言：「人為一小天地」，良有以也。然而以之為一小天地，無寧謂之為一小國家也。蓋體內各臟腑分司全體之功用，無異於國家各職司分理全國之政事；惟人身之各機關，其組織之完備，運用之靈巧，迥非今世國家之組織所能及；而人身之奧妙，尚非人類今日知識所能窮也。據最近科學家所考得者，則造成人類及動植物者，乃生物之元子為之也。生物之元子，學者多譯之為細胞，而作者今特創名之曰生元；蓋取生物元始之意也。生元者，何物也？曰：其為物也，精矣、微矣、神矣、妙矣，不可思議者矣！按今日科學所能窺者，則生元之為物也，乃有知覺靈明者也，乃有動作思為者也，乃有主意計畫者也。人身結構之精妙神奇者，生元為之也；人性之聰明知覺者，生元發之也；動植物狀態之奇奇怪怪，不可思議者，生元之構造物也。生元之構造人類及萬物也，亦猶乎人類之構造屋宇、舟車、城市、橋樑等物也；空中之飛鳥，即生元所造之飛行機也；水中之鱗介，即生元所造之潛航艇也；孟子所謂良知良能者非他，即生元之知生元之能而已。自圭哇里氏發明「生元有知」之理而後，則前時之哲學家所不能明者，科學家所不能解者，進化論所不能通者，心理學所不能道者，今皆可由此而豁然貫通，另闢一新天地，為學問之試驗場矣。人身既為生元所構造之國家，則身內之飲食機關，直為生元之糧食製造廠耳；人所飲食之物品，即生元之供養料，及需用料也。生元之依人身為生活，猶人類之依地球為生活，生元之結聚於人身各部，猶人之居住於各城市也。人之生活以溫飽為先，而生元亦然。故其需要以燃料為最急，而材料次之。吾人所食之物，八九成為用之於燃料，一二成乃用之於材料。燃料之用有二：其一為煖體，是猶人之升火以禦寒；二為工作，是猶工廠之燒煤以發力也。是以作工之人，需燃料多而食量大；不作工之人，需燃料少，食量亦少。倘食物足以供身內之燃料而有餘，而其所餘者，乃化成脂肪而蓄之體內，以備不時之需；倘不足以供身內之燃料，則生元必取身內所蓄之脂肪，以供燃料；脂肪既盡，則取及肌肉，故飲食不充之人，立形消瘦者此也。材料乃生元之供養料，及身體之建築料，材料若有多餘，則悉化為燃料，而不蓄留於體內。此猶之城市之內，建築之材木過多，反成無用，而以之代薪也。故材料不可過多，過多則費體內機關之力以化之為燃料；而其質若不適為燃料，則燃後所遺渣滓於體中，又須費腎臟多少工夫，將渣滓清除，則司其事之臟腑有過勞之患，而損害隨之，非所宜也。食物之用，分為兩種：一為燃料，素食為多；一為材料，肉食為多。材料過多，可變為燃料之用，而燃料過多，材料欠缺，則燃料不能變為材料之用。是故材料不能欠缺，倘有欠缺，必立損元氣；材料又不可過多，倘過多則有傷臟腑。世之人倘能知此理，則養生益壽之道，思過半矣。近年生理學家之言食物分量者，不言其物質之多少，而言其所生熱力之多少以為準；其法用器測量，以物質燃化後，能令一格廉（中國二分六厘）水熱至百度表一度為一熱率，故稱食物有多少熱率，或謂人當食多少熱率等語，此已成為生理學之一通用術語，以後當用此以言食量也。食物之重要種類有三：即淡氣類、炭輕類、脂肪類，此外更有水、鹽、鐵、燐、鈣、錳各質並生機質（此質化學家尚未考確為何元素），皆為人生所不可少也。淡氣類一格廉有四零一熱率，炭輕類一格廉有四零一熱率，脂肪一格廉有九零三熱率。淡氣質以蛋白為最純，而各種畜肉及魚類皆涵大部分淡氣，植物中亦涵有淡氣質，而以黃豆、青豆為最多。每人每日養身材料之多少，生理學家之主張各有不同，有以需蛋白質一百格廉為度者，有主張五十格廉便足者；至於所用熱率多少，奧國那典氏所考得凡人身之重，每一基羅（中國二十四兩），輕工作時當需三十四至四十熱率；重工作時，當需四十至六十熱率。如是其人為七十基羅重者，於輕工作時當需食料二千八百熱率，於重工作時當需食料三千五百至四千熱率，但佛列查氏曾親自試驗彼身重八十六基羅，而每日所食蛋白質四十五格廉（中國一兩一錢七分），燃料一千六百熱率，其後體質雖減少十三基羅有奇，然其康健較前尤勝；後再減少食料，至三十八格廉蛋白，一千五百八十熱率，而其身體康健繼續如常。各生理學家為飲食度量之試驗者多矣，而其為身體材料所需之淡氣質，總不外由五十格廉至一百格廉，即中國衡一兩三錢至二兩六錢之蛋白質也。其為身體之燃料所需者，不外三四千熱率之間耳，其間有極重之工作，有需熱率至五六千者，此則不常見也。人間之疾病，多半從飲食不節而來。所有動物皆順其自然之性，即純聽生元之節制；故於飲食之量一足其度，則斷不多食。而上古之人，與今之野蠻人種，文化未開，天性未漓，飲食亦多順其自然，故少受飲食過量之病。今日進化之人，文明程度愈高，則去自然亦愈遠，而自作之孽亦多：如酒也、煙也、鴉片也、鵠肩也，種種戕生之物，日出日繁，而人之嗜好邪僻，亦以文明進化而增加，則近代文明人類受飲食之患者，實不可勝量也。作者曾得飲食之病，即胃不消化之症。原起甚微，嘗以事忙忽略，漸成重症，於是自行醫治稍愈，仍復從事奔走而忽略之，如是者數次。其後則藥石無靈，祇得慎講衛生，凡堅硬難化之物，皆不入口，所食不出牛奶、粥糜、肉汁等物，初頗覺效，繼而食之至半年以後，則此等食物亦歸無效，而病則日甚，胃痛頻來，幾無法可治。乃變方法施以外治，用按摩手術以助胃之消化，此法初施，亦生奇效；而數月後，舊病仍發，每發一次，比前更重。於是更覓按摩手術而兼明醫學者，乃得東京高野太吉先生，先生之手術固超越尋常，而又著有「抵抗養生論」一書，其飲食之法，與尋常迥異。尋常西醫飲食之方，皆令病者食易消化之物，而戒堅硬之質，而高野先生之方，則令病者戒除一切肉類及溶化流動之物，如粥糜、牛奶、雞蛋、肉汁等，而食堅硬之蔬菜、鮮菓，務取筋多難化者，以抵抗腸胃，使自發力，以復其自然之本能。吾初不之信，乃繼思吾之服粥糜、牛奶等物，已一連半年，而病終不愈，乃有一試其法之意。又見高野先生之手術，已能愈我頑病，意更決焉。而先生則曰：「手術者，乃一時之治法；若欲病根斷絕，長享康健，非遵我抵抗養生之法不可。」遂從之而行，果得奇效。惟愈後數月，偶一食肉或牛奶、雞蛋、湯水、茶、酒等物，病又復發。始以為或有他因，不獨關於所食也；其後三四次皆如此。於是不得不如高野先生之法，戒除一切肉類、牛奶、雞蛋、湯水、茶、酒，與夫一切辛辣之品，而每日所食，則硬飯與蔬菜及少許魚類，而以鮮菓代茶水。從此舊病若失，至今兩年，食量有加，身體康健勝常，食後不覺積滯，而覺暢快，此則十年以來所未有，而近兩年始復見之者。余曩時曾肄業醫科，於生理衛生之學，自謂頗有心得，乃反於一己之飲食養生，則忽於微漸，遂生胃病，幾於不治，幸得高野先生之抵抗養生術，而積年舊症一日消除，是實醫道中之一大革命也。於此可見飲食一事之難知有如此。且人之稟賦各有不同，故飲食之物，宜於此者不盡宜於彼；治飲食之病，亦各異其術，不能一概論也。惟通常飲食養生之大要，則不外乎有節而已，不為過量之食，即為養生第一要訣也。又肉食本為構成身體之材料，及補充身體之材料，元氣所賴以存，為物至要，而不可稍為虧缺者也；然其所需之量，與身體之大小，有一定之比例。如上所述者，所食不可過多，過多則損多益少，故食肉過量而傷生者，獨多於他病也。夫肉食之度，老少當有不同，青年待長之人，肉食可以稍多；壯年生長已定之人，肉食宜減；老年之人，則更宜大減。夫素食為延年益壽之妙術，已為今日科學家、衛生家、生理學家、醫學家所共認矣。而中國人之素食，尤為適宜。惟豆腐一物，當與肉食同視，不宜過於身體所需材料之量，則於衛生之道其庶幾矣。雖然，飲食之物，審擇精矣；而其分量，亦適合乎身體之需要矣；而於飲食之奧義，猶未能謂為知也。飲食入口之後，作如何變化？及既消化之，而由腸胃收吸入血之後，又如何變化？其奧妙比之未入口之物品，更為難知也。食物入口之後，首經舌官試驗之。若其不適於胃腸之物，立即吐而出之；若其適合於胃腸之消化也，舌官則滋其味而歡納之。由是牙齒咀嚼之，口津調和溶化之，粉質之物，則化之為糖；其他之物，則牙齒磨碎之。舌尖捲而送之以入食管，食管伸舒而送之下胃臟。食物入胃之後，則胃之下口立即緊閉，而收蓄食物於胃中。至足度之時，則胃之生元報告於腦，而腦則發令止食；而吾人覺之，名之曰飽。此胃臟作用之一，所以定全體每度所應需物料之多寡也。食飽之後，當立停止，如再多食，則傷生矣。食物蓄滿於胃之後，胃津則和化肉質，如口津之化粉質焉，而胃肌則伸縮搖磨，將食物化為細糜，始開下口而送之入於小腸。到小腸上部時，則細糜與甜肉汁和合，凡口津胃津所不能化之物，而甜肉汁可以補而化之，令之悉成為糜漿。而經過二十餘尺之小腸，輒轉迴旋，而為小腸之機關收吸之，由迴管而入於肝，其適於養身之料，則由肝管而導入心臟，由心臟鼓之而出脈管，以分配於百體，為生元之養料及燃料也。其不適於身體之物，則由肝臟淘汰之，不使入血，而導之入膽囊，再由膽管導之出小腸，而為利大便之津液。其小腸所吸餘之物，則為渣滓而入於大腸，在大腸時，仍有收吸機關補吸小腸所遺餘之養料，遂由大腸而推入直腸，則純為渣滓不適於身體之用矣。直腸積滿渣滓之後，則送之出肛門，而為大便。此飲食之終始也。惟食物既入血之後，尚多種種之變化，此非專從事於生理學者則不能知之；而雖從事於生理學者，亦不能盡知之也。此飲食之事之關於體內之組織者，為天然之性，吾人本屬難知；則就飲食之未入人身之前之各種問題，如糧食之生產，糧食之運輸，糧食之分配，及饑饉之防備等問題純屬人為者，亦正不易知之也。近代國家之行民生政策者，以德國之組織為最進步，而此次歐戰一開，則德國海面被英封禁，糧食時虞竭乏，社會忽起恐慌，人民備受種種之痛苦。至兩年以後，乃始任巴特基氏為全國之糧食總監，巴氏乃用科學之法，以經理糧食，而竭乏之事始得無虞；恐慌之事漸息，而人民之痛苦，亦漸減；由是德國乃能再支持二年之久，否則，早已絕糧而降服矣。按巴氏未經理糧食之前，民間之買食物者，常千百候於店門之外，須費多少警察之約束，始能維持秩序；店夥按序分配，先到者先得，及至賣盡，則後至者常至空手而回矣。故欲得食物者，多有通宵不睡，先一夕而至，候於糧食店之門外，以待黎明買物者。當時德國有醫學博士諷之云：「使買油之婦在家多睡六小時，則身體中所涵蓄之油，較之彼從油店所買得者多矣。」此可想見其當時困苦情形也。而巴氏之法，亦不外乎平均節用而已。考德國未戰以前，其自產之糧食，可足全國八成以上之用，其輸入之糧食，不過二成左右耳；然而民家廚中，及飯店廚中，每日所虛耗者，已不止二成；而個人所食不需要於養生之品，及過食需要之品，亦不止二成；故巴氏於廚中則止絕虛耗，於個人則限口給糧，而每人以若干熱率為準，如是一出入之間，糧不加多，而食則綽有餘矣。其後更從事於推廣生產，凡園庭、花圃、游場、與及一切餘地荒土，悉墾為農田，並多製各種之化學田料，從此糧食無竭矣。前此兩年之久，人民備受多少之痛苦，視為無可挽救者，而巴氏之法一行，則能使家給人足，貧而能均，各取所需，無人向隅者，非行之艱，實知之艱也。括而言之，食物入口之後，其消化工夫、收吸工夫、淘汰工夫、建築工夫、燃燒工夫、種種作為，誰實為之？譬有人見原料之入工廠，經機器之動作，而變成精美之貨物，以供世用者，謂為機器為之，可乎？不可也。蓋必有人工以司理機器，而精美之貨物乃可成也。身內飲食機關有如此之妙用者，亦非機關自為之也，乃身內之生元為之司理者也。由此觀之，身內飲食之事，人人行之，而終身不知其道者，既如此；而身外食貨問題，人人習之，而全國不明其理者，又如彼。此足以證明行之非艱，知之實惟艱也。或曰：「飲食之事，乃天性使然，故有終身行之而不知其道者。至於其他人為之事，則非可與此同日而語也。」今作者更請以人為之事於下章證之。

第二章　以用錢為證

今再以用錢一事，為「行易知難」之證。夫人生用錢一事，非先天之良能，乃後天之習尚；凡文明之人，自少行之以至終身，而無日或間者也。飲食也，非用錢不可；衣服也，非用錢不可；居家也，非用錢不可；行路也，非用錢不可。吾人日日行之，視為自然，惟知有錢用，則事事如意，左右逢源；無錢用則萬般棘手，進退維谷。故莫不孜孜然惟錢是求，惟錢是賴矣。社會愈文明，工商愈發達，則用錢之事愈多，用錢之途愈廣，人之生、死、禍、福、悲、喜、憂、樂，幾悉為錢所裁制；於是金錢萬能之觀念，深中乎人心矣。人之於錢也，既如此其切要，人之用錢也，又如此其慣熟。然則錢究為何物？究屬何用？世能知之者，有幾人乎？吾今欲與讀者先從金錢之為物而研究之。古人有言：「錢幣者，所以易貨物，通有無者也。」泰西之經濟學家亦曰：「錢幣者，亦貨物之屬，而具有二種重要功用：一能為百貨交易之中介，二能為百貨價格之標準者也。」作者統此兩用，而名之日「中準」；故為一簡明之定義曰：「錢幣者，百貨之中準也。」中國上古之錢幣，初以龜、貝、布、帛、珠、玉為之，繼以金、銀、銅、錫為之，今日文化未開之種族，其錢幣多有與我上古初期相同者。而遊牧之國，有以牛、羊為錢幣者；漁獵之鄉，有以皮、貝為錢幣者，耕種之民，有以菓、粟為錢幣者；今之蒙古、西藏，亦尚有以鹽、茶為錢幣者。要之能為錢幣者，固不止一物，而各種族則就其利便之物，而採之為錢幣而已。專門之錢幣學者論之曰：「凡物能為百貨之『中準』者，尤貴有七種重要之性質，方適為錢幣之上選：其一、適用而值價者，其二、便於携帶者，其三、不能燬滅者，其四、體質純淨者，其五、價值有定者，其六、容易分開者，其七、容易識別者。凡物具此七種之性質者，乃為優良之錢幣也。」周制以黃金為上幣，白金為中幣，赤金為下幣。秦并天下，統一幣制，以金鎰銅錢為幣，而廢珠玉、龜貝、布帛、銀錫之屬，不以為幣。周秦而後，雖屢有變更，然總不外乎金、銀、銅三種之物以為幣。而今文明各國，亦採用此三金為錢幣：有以黃金為正幣，而銀、銅為輔幣者；有以銀為正幣而銅為輔幣者。古今中外，皆採用金銀銅為錢幣者，以其物適於為百貨之「中準」也。然則凡物適合於為百貨「中準」者，皆可為錢幣，而金錢亦不過貨物中之一耳，何以今日獨具此萬能之作用也？曰，金錢本無能力，金錢之能力，乃由貨物之買賣而生也。倘無貨物，則金錢等於泥沙矣。倘有貨物，而無買賣之事，則金錢亦無力量矣。今舉兩事以明之：數十年前，山、陝兩省大饑，人相食，死者千餘萬。夫此兩省，古稱「沃野千里，天府之國」也。物產豐富，金錢至多。各省為錢業票號者，皆山、陝人也，無不獲厚利；年年運各省之金錢歸家而藏之者，不可勝數也。乃連年大旱，五穀不登，物產日竭，百貨耗盡，惟其金錢仍無減也。而饑死者之中，家資千百萬者，比比皆是；乃以萬金易斗粟而不可得，卒至同歸於盡也。蓋無貨物，則金錢之能力全失矣。又讀者有曾讀「羅賓遜克魯梳漂流記」者乎？試擬設身其地，而攜有多金，漂流至無人之島，挾金登陸，尋見島中風光明媚，花鳥可人，林中菓實，石上清泉，皆可餐可掬；此時島中之百物，惟彼所有，島中之貨財，惟彼所需；可以取之無禁，用之不竭矣。然而其饑也，必須自行摘菓以充饑；其渴也，必須自行汲泉以止渴；事事無不自食其力，乃能生活，在此孤島，貨物繁殖矣，而無買賣之事，則金錢亦等於無用耳。而其人之依以生活者，非彼金錢也，乃一己之勞力耳。此時此境，金錢萬能乎？勞力萬能乎？然則金錢在文明社會中，能生如此萬能之效力者，其源委可得而窮求矣。吾今欲與讀者再從金錢之為用而研究之。夫金錢之力，雖賴買賣而宏，而買賣之事，原由金錢而起，故金錢未出之前，則世固無買賣之事也。然當此之時，何物為金錢之先河？何事為買賣之導線？不可不詳求確鑿，方能得金錢為用之奧蘊也。欲知金錢之先河，買賣之導線者，必當從人文進化之起源，著眼觀察，乃有所得也。按今日未開化之種族，大都各成小部落，居於深山窮谷之中，自耕而食，自織而衣，雞犬相聞，老死不相往來。其風氣與吾古籍所記載世質民淳者相若。其稍開化者，則居於河流原野之間，土地肥沃，物產豐富，交通利便，於是部落與部落始有交易之事矣。由今以證古，可知古代未開化之時，其人無不各成部落，自耕而食，自織而衣，足以自給，無待外求者也。及其稍開化也，則無不從事於交易，雖守古如許行者，亦不能不以粟易冠，以粟易器矣。是交易者，實為買賣之導線也。或曰：「交易與買賣有何分別？」曰：交易者，以貨易貨也，買賣者，以錢易貨也。錢幣未發生以前，世間只有交易之事耳。蓋自耕而食，自織而衣，以一人或一部落而兼數業者，其必有害於耕，有害於織，斷不若通工分勞之為利大也。即耕者專耕，而織者專織，既無費時失事之虞，又有事半功倍之效；由是則生產增加，而各以有餘而交易也。此交易之所以較自耕自織為進化也。惟自交易既興之後，人漸可免為兼工，而仍不免於兼商也。何以言之？即耕者有餘粟，不得不携其粟出而求交易也；織者有餘布，亦不得不携其布出而求交易也，由此類推，則為漁、為獵、為牧、為樵、為工、為冶者，皆不得不各自携其有餘，出而求交易也。否則，其有餘者，必有貨棄於地之虞；而不足者，必無由取得也。以一人而兼農工兩業，其妨礙固大，然而農工仍各不免於兼商，其缺憾亦非少也。且交易之事，困難殊多，近年倭理思氏之「南洋遊記」有云：彼到未開化之鄉，常有終日不得一食者。蓋土番既無買賣。不識用錢，而彼所備之交易品，間有不適其地之需者，則不能易食物矣。古人與野番所受之困難，常有如下所述之事者：即耕者有餘粟，而欲得布，携之以就有餘布者以求交易；無如有餘布者，不欲得粟而欲得羊，則有餘粟者困矣。有餘布者，携其布以向牧者易羊；而有餘羊者，不欲得布，而欲得器，則有餘布者又困矣。有餘羊者，牽其羊以向工者求易器；而工者不欲得羊，而欲得粟，則有餘羊者又困矣。有餘器者，携其器以向耕者求易粟，乃耕者不欲得器，而欲得布，則有餘器者亦困矣。此四人者，各有所餘，皆為其餘三人中一人所需者，而以所需所有不相當，則四者皆受其困矣。此皆由古人野番無交易之機關，所以勞多而獲少，而文化不能進步者也。神農氏有見於此，所以有教民日中為市，致天下之民，聚天下之貨，交易而退，各得其所也。有此日中為市之制，則交易之困難可以悉免矣。如上所述之四人者，可以同時赴市，集合一地，各出所餘，以求所需，彼此轉接，錯綜交易，而各得其所矣。此利用時間空間為交易之機關者也。自有日中為市為交易之機關，於是易貨物，通有無，乃能暢行無阻矣；其為物雖異乎錢幣，而功效則同也。故作者於此創言曰：「日中為市之制者，實今日金錢之先河也。」乃世之經濟學家，多以為金錢之先天即交易也，不知交易時代之有中介機關，亦猶乎買賣時代之有中介機關也。買賣時代以金錢為百貨之中介。而交易時代則以日中為市，為百貨之中介也。人類用之者，則能受交易而退，各得其所之利；不用之者，則必受種種之困難也。未有金錢之前，則其便利於人類之交易者，無過於日中為市矣。故曰：「日中為市者，金錢之先河也。」自日中為市之制興，則交易通而百貨出，人類之勞力漸省，故其欲望亦漸開。於是前之祇交易需要之物者，今漸進而交易非需要之文飾玩好等物矣。漸而好之者愈多，成為普通之風尚，則凡有貨物以交易者，必先易之，而後以之易他貨物。如是則此等文飾玩好之物，如龜、貝、珠、玉者，轉成為百貨之「中準」矣。此錢幣之起源也。是故錢幣者，初本不急之物也，惟漸變交易而為買賣之後，則錢幣之為用大矣。自有錢幣以易貨物，通有無，則凡以有餘而求不足者，祇就專業之商賈以買賣而已，不必人人為商矣。是錢幣之出世，更減少人之勞力，而增益人之生產，較之日中為市之利，更大百十倍矣。人類自得錢幣之利用，則進步加速，文明發達，物質繁昌，駸駸乎有一日千里之勢矣。考中國錢幣之興，當在神農日中為市之後，而至於成周，則文物之盛，已稱大備矣。前後不過二千年耳，而文化不特超越前古，且為我國後代所不及，此實為錢幣發生後之一大進步也。由此觀之，錢幣者，文明之一重要利器也；世界人類自有錢幣之後，乃能由野蠻一躍而進文明也。錢幣發生數千年而後，乃始有近代機器之發明。自機器發明後，人文之進步更高更速，而物質之發達，更超越於前矣。蓋機器者，羈勒天地自然之力，以代人工，前時人力所不能為之事，機器皆能優為之：任重也，一指可當萬人之負；致遠也，一日可達數千里之程；以之耕，則一人可獲數百人之食；以之織，則一人可成千人之衣；經此一進步也，工業為之革命，天地為之更新，而金錢之力，至此已失其效矣。何以言之？夫機器未出以前，世界之生產，全賴人工為之，則買賣之量，亦無出乎金錢範圍以外者。今日世界之生產，則合人工與自然力為之。其出量加至萬千倍，而買賣之量，亦加至萬千倍，則今日之商業，已出乎金錢範圍之外矣。所以大宗買賣，多不用金錢，而用契券矣。譬如有川商運貨百萬元至滬，分十起而售之，每起獲其十一之利，而得十一萬元，皆收現錢。以銀元計之，每起已四千九百五十斤，一一收之藏之，而後往市以求他貨而買之，又分十起而買入，則運貨往來之外，又須運錢往來。若一人分十起售其貨，又當分十起而收其錢，繼又買入他貨十宗，又分十起以付錢，其費時費力，已不勝其煩矣。倘同時所到之商不止一路，則合數十百人而各有貨百數十萬以買賣，每人皆需數日之時間，以執行其事，則每人所過手之金錢，一人百數十萬元，十人千數百萬元，百人萬數千萬元，則一市中之金錢斷無此數，故大宗買賣，早非金錢之力所能為矣。金錢之力有所窮，則不期然而漸流入於用契券以代金錢，而人類且不之覺也。契券之用為何？此非商賈中人，自不能一聞則了解也。如上述之川客，販貨百萬元至滬，分十起售之，獲其十一之利，每起所收十一萬元，惟此十一萬元，非四千九百五十斤之銀元，乃一張之字紙，列有此數目耳。此等字紙，或為銀行之支票，或為錢莊之莊票，或為貨客本店之期單，或為約束之欠據者是也。售十起之貨，則彼此授受十張之字紙而已，交收貨物之外，再不用交收銀元矣。川客在滬所採買之貨，亦以此等字紙兌換之，如是一買一賣，其百餘萬元之貨物，已省卻主客彼此交收四萬九千五百斤銀元十次運送之勞矣，且免卻運送時之種種盜竊、遺失、意外等危險矣。其節時省事，並得安全無虞，為利之大，以一人計已如此矣。若以社會而言，則其為利實有不可思議者矣。是以在今日之文明社會中，實非用契券為買賣不可矣；金錢萬能云乎哉？而世人猶迷信之者，是無異周末之時，猶有許行之徒，守自耕而食，自織而衣之舊習者也。不知自日中為市之制興，則自耕而食自織而衣之兼業可以廢；至金錢出，則日中為市之制可以廢；至契券出，而金錢之用亦可以廢矣。乃民國元年時，作者曾提議廢金銀，行鈔券，以紓國困，而振工商；而聞者譁然，以為必不可能之事。乃今次大戰，世界各國，多廢金錢而行紙幣，悉如作者七年前所主張之法。蓋行之得其法，則紙幣與金錢等耳。或曰：「元明兩朝皆發行鈔票，乃漸致民窮國困，而卒至於亡者，美國南北戰爭之時，亦發行紙幣，而亦受紙幣之害者，何也？」曰：「以其發之無度，遂至紙幣多，而貨物少故也。」又曰：「北京去年發不兌現之令，豈非廢金錢行紙票乎？何以不見其效，而反生出市面恐慌，人民困苦也？」曰：「北京政府之效人顰，而發不兌現之令也，祇學人一半而違其半。夫人之不兌現，同時亦不收現也；而北京政府之不兌現，同時又收現，此非廢金錢而行紙幣，乃直以空頭票而騙金錢耳。此北京政府之所以失敗也。」英國之不兌現也，同時亦不收現，凡政府之賦稅、借債種種收入，皆非紙幣不收；

是以其戰費之支出，每日六七千萬元，皆給發紙票，而市面流通無滯，人人樂為之用者，何也？以政府每數月必發行一次公債，每次所募之額，在數十萬萬元者，亦皆悉收紙幣，不收現金。有現金之人，或買貨，或納稅者，必須將其金錢向銀行換成紙票，乃能通用；否則其金錢等於廢物耳。此英國不兌現之法也。而北京則政府自發之紙票亦不收，是何異自行宣告其破產乎？天下豈有不自信用之券，而能令他人信用之者乎？奸商市儈尚且不為此，而堂堂政府為之，其愚孰甚？此皆不知錢之為用之過也。世之能用錢而不知錢之為用者，古今中外，比比皆是。昔漢興承秦之敝，丈夫從軍旅，老弱轉糧餉，作業劇而財匱，初以為錢少而困也，乃令民鑄錢，後錢多而又困也。乃禁民鑄錢，皆不得其當也。夫國之貧富，不在錢之多少，而在貨之多少，並貨之流通耳。漢初則以貨少而困，其後則以貨不能流通而又困；於是桑弘羊起而行均輸，平準之法，盡籠天下之貨，賣貴買賤，以均民用，而利國家，卒收國饒民足之效。若弘羊者，可謂知錢之為用者也。惜弘羊而後，其法不行，遂至中國今日受金錢之困較昔尤甚也。方當歐戰大作，舉國從軍，生產停滯，金錢低落，而交戰各國之政府，乃悉收全國工商事業而經營之，以益軍資，而均民用，德奧行之於先，各國效之於後，此亦弘羊的遺意也。歐美學者有言：「人類之生活程度，分為三級，其一曰需要程度，在此級所用之貨物，若有欠缺，則不能生活也。其二曰安適程度，在此級所用之貨物，若有欠缺，則不得安適也。其三曰繁華程度，在此級所用之貨物，乃可有可無者，有之則加其快樂，無之亦不礙於安適也。」然以同時之人類而論，則此等程度，實屬極無界限者也。有此一人以為需要者，彼一人或以為安適，而他一人或以為快樂者也。惟以時代論之，則其界限頗屬分明矣。作者故曰：錢幣未發生之前，可稱為需要時代，蓋當時之人，最大之欲望，無過飽煖而已，此外無所求，亦不能求也。錢幣既發生之後，可稱為安適時代，蓋此時人類之欲望始生，亦此時而人類始得有致安適之具也。自機器發明之後，可稱為繁華時代，蓋此時始有生產過盛，不患貧而患不均者。工業發達之國，有汲汲推廣市場輸貨於外之政策，而文明社會亦有以奢侈為利世之謬見矣。由此三時期之進化，可以知貨物「中準」之變遷也。故曰：需要時代，以日中為市為金錢也；安適時代，以金錢為金錢也；繁華時代，以契券為金錢也。此三時代之交易「中準」，各於其時皆能為人類造最大之幸福，非用之不可也。然同時又非絕不可用其他之制度也。如日中為市既行之後，自耕而食，自織而衣，亦有行之者；而金錢出世之後，日中為市，亦有相並而行者，我國城廂之外，今之三日一趁墟者是也。且未至繁華之時代，世界人類已有先之而用契券者矣，如唐之飛券、鈔引，宋之交子、會子是也。但在今日，則非用契券，工商事業必不能活動也。而同時兼用金錢亦無不可也，不過不如用契券之便而利大耳。此又用錢者所當知也。我中國今日之生活程度尚在第二級，蓋我農工事業，猶賴人力以生產，而尚未普用機器以羈勒自然力，如蒸氣、電氣、煤氣、水力等，以助人工也。故開港通商之後，我商業則立見失敗者，非洋商之金錢勝於我也。實外洋入口之貨物，多於我出口者，每年在二萬萬元以上也。即中國金錢出口，亦當在二萬萬元以上，一年二萬萬，十年則二十萬萬矣，若長此終古，則雖有銅山金穴，亦難抵此漏卮，而必有民窮財盡之日也。必也我亦用機器以生產，方能有濟也。按工業發達之國，其年中出息，以全國人口通計，每年每人可得七八百元；而吾國純用人工以生產，按全國人口男女老少通計，每年每人出息當不過七八元耳。倘我能知用機器以助生產，當亦能收同等之效，則今日每人出息七八元者，可加至七八百元，即富力加於今日百倍矣。如是則我亦可立進於繁華之程度矣。近世歐美各國之工業革命，物質發達，突如其來，生活程度，遂忽由安適地位而驟進至繁華地位；社會之受其影響者，誠有如佐治亨利氏之「進步與貧乏」一書所云：「現代之文明進步，仿如以一尖錐從社會上下階級之間，突然插進。其在尖錐之上者，即資本家極少數人，則由尖錐推之上升，其在尖錐之下者，即勞動者大多數人，則由尖錐推之下降，此所以有富者愈富，貧者愈貧也。」是工業革命之結果，其施福惠於人群者，為極少之數，而加痛苦於人群者，為極大多數也。所以一經工業革命之後，則社會革命之風潮，因之大作矣。蓋不平則鳴，大多數人不能長為極少數人之犧牲者，公理之自然也。人群所以受此極大之痛苦者，即不知變計以應時勢之故也。因在人工生產之時代，所以制豪強之壟斷者，莫善於放任商人，使之自由競爭，而人民因以受其利也。此事已行之於世數千年矣。乃自斯密亞當始發明其理，遂從而鼓吹之。當十八世紀之季，其「富國」一書出世，舉世驚倒，奉之為聖經明訓。蓋其事既為世所通行，又為人所習而不察者，乃忽由斯密氏所道破，是直言人之所欲言，而言人之所不能言者，宜其為世所歡迎，至今猶有奉為神聖者也。不料斯密氏之書出世不滿百年，而工業革命作矣。經此革命之後，世界已用機器以生產，而有機器者，其財力足以鞭笞天下，宰制四海矣。是時而猶守自由競爭之訓者，是無異以跛足而與自動車競走也。容有倖乎？此丕斯麥克之所以行國家社會主義於德意志，而各國先後效法者也。如丕斯麥克者，可知金錢之為用矣，其殆近代之桑弘羊乎？由此觀之，非綜覽人文之進化，詳考財貨之源流，不能知金錢之為用也；又非研究經濟之學，詳考工商歷史，銀行制度，幣制沿革，不能知金錢之現狀也。要之，今日歐美普通之人，其所知於金錢者，亦不過如中國人士只識金錢萬能而已，他無所知也。其經濟學者僅知金錢本於貨物，而社會主義家（作者名之曰民生學者），乃始知金錢實本於人工也（此統指勞心勞力者言也）。是以萬能者人工也，非金錢也。故曰：世人只能用錢，而不能知錢者也。此足為「行之非艱，知之惟艱」之一證也。

第三章 以作文為證

今更以中國人之作文為「行易知難」之證。中國數千年來，以文為尚，上自帝王，下逮黎庶，乃至山賊海盜，無不羨仰文藝。其弊也，乃至以能文為萬能。多數才俊之士，廢棄百藝，惟文是務；此國勢所以弱，而民事所以不進也。然以其文論，終不能不謂為富麗殊絕。夫自庖羲畫卦，以迄於今，文字遞進，逾五千年。今日中國人口四萬萬眾，其間雖不盡能讀，能書，而率受中國文字直接間接之陶冶，外至日本、高麗、安南、交趾之族，亦皆號曰同文。以文字實用久遠言，則遠勝於巴比倫、埃及、希臘、羅馬之死語。以文字傳布流用言，則雖以今日之英語號稱流布最廣，而用之者不過二萬萬人，曾未及用中國文字者之半也，蓋一民族之進化，至能有文字，良非易事，而其文字之勢力，能旁及鄰圉，吸收而同化之。所以五千年前，不過黃河流域之小區，今乃進展成茲世界無兩之鉅國。雖以積弱，屢遭異族吞滅，而侵入之族，不特不能同化中華民族，反為中國所同化，則文字之功為偉矣。雖今日新學之士，間有倡廢中國文字之議，而以作者觀之，則中國文字決不當廢也。夫前章所述機器與錢幣之用，在物質文明方面，所以使人類安適繁華，而文字之用，則以助人類心性文明之發達。實際則物質文明與心性文明，亦相待而後能進步。中國近代物質文明不進步，因之心性文明之進步，亦為之稽遲。顧古來之研究，非可埋沒，持中國近代之文明以比歐美，在物質方面，不逮固甚遠；其在心性方面，雖不如彼者亦多，而能與彼頡頏者正不少，即勝彼者，亦間有之。彼於中國文明一概抹殺者，殆未之思耳。且中國人之心性理想，無非古人所模鑄，欲圖進步改良，亦須從遠祖之心性理想，究其源流，考其利病，始知補偏救弊之方。夫文字為思想傳授之中介，與錢幣為貨物交換之中介，其用正相類，必廢去中國文字，又何由得古代思想而研究之？抑自人類有史以來，能紀四五千年之事翔實無間斷者，亦惟中國文字所獨有；則在學者正當寶貴此資料，思所以利用之。如能用古人，而不為古人所惑，能役古人，而不為古人所奴，則載籍皆似為我調查，而使古人為我書記，多多益善矣。彼歐美學者於埃及、巴比倫之文字，國亡種滅，久不適於用者，猶不憚蒐求破碎，復其舊觀，亦以古人之思想，足資今人學問故耳。而我中國文字，詎反可廢去乎？但中國文言殊非一致，文字之源，本出於言語，而言語每隨時代以變遷。至於為文，雖體製亦有古今之殊，要不能隨言語而俱化。故在三代以前，文字初成，文化限於黃河流域一區；其時言語與文字當然一致，可無疑也。至於周代，文化四播，則黃河流域以外之民，巴、庸、荊、楚、吳、越、江、淮之族，受中國之文字所感化，而各習之以方言，於是言文始分。及乎周衰，戎狄四侵，外來言語，羼入中原，降及五胡，乃至五代、遼、夏、金、元，各以其力，蠶食中國，其言語亦不無遺留於朔北。而文字語言，益以殊矣。漢後文字，踵事增華，而言語則各隨所便；於是始所歧者甚僅，而分道各馳，久且相距愈遠。顧言語有變遷而無進化，而文字則雖仍古昔，其使用之技術，實日見精研。所以中國言語，為世界中之粗劣者，往往文字可達之意，言語不得而傳。是則中國人非不善為文，而拙於用語者也。亦惟文字可傳久遠，故古人所作，模仿匪難。至於言語，非無傑出之士，妙於修辭，而流風餘韻，無所寄託，隨時代而俱湮，故學者無所繼承。然則文字有進化，而言語轉見退步者，非無故矣。抑歐洲文字基於音韻，音韻即表言語，言語有變，文字即可隨之；中華製字，以象形、會意為主，所以言語雖殊，而文字不能與之俱變。要之，此不過為言語之不進步，而中國人民非有所闕於文字。歷代能文之士，其所創作，突過外人，則公論所歸也。蓋中國文字成為一種美術，能文者直美術專門名家，既有天才，復以其終身之精力赴之，其造詣自不易及；惟舉全國人士而範以一種美術，變本加厲，廢絕他途，如上所述，斯其弊為世詬病耳。然雖以中國文字勢力之大，與歷代能文之士之多，試一問此超越歐美之中國文學家中，果有能心知作文之法則，而後含毫命簡者乎？則將應之曰：否。中國自古以來，無文法、文理之學，為文者窮年揣摩，久而忽通，暗合於文法則有之，能自解析文章，窮其字句之所當然，與用此字句之所以然者，未之見也。至其窮無所遁，乃以「神而明之，存乎其人」自解，謂非無學而何？夫學者貴知其當然與所以然，若偶能然，不得謂為學也。欲知文章之所當然，則必自文法之學始；欲知其所以然，則必自文理之學始。文法之學為何？即西人之「葛郎瑪」也，教人分字類詞，聯詞造句以成言文而達意志者也。泰西各國皆有文法之學，各以本國言語文字而成書，為初學必由之徑。故西國學童至十歲左右者，已多通曉文法，而能運用其所識之字，以為淺顯之文矣。故學童之造就，無論深淺，而執筆為文，則深者能深，淺者能淺，無不達意，鮮有不通之弊也。中國向無文法之學，故學作文者非多用功於咿唔呫嗶，熟讀前人之文章，而盡得其格調，不能下筆為文也。故通者則全通，而不通者，雖十年窗下，仍有不能聯詞造句以成文，殆無造就深淺之別也。若只教學童日識十字，而悉解其訓詁，年識三千餘字，而欲其能運用之，而作成淺顯之文章者，蓋無有也。以無文法之學，故不能率由捷徑，以達速成，此猶渡水之無津梁舟楫，必當繞百十倍之道路也。中國之文人，亦良苦矣！自「馬氏文通」出後，中國學者，乃始知有是學。馬氏自稱積十餘年勤求探討之功，而後成此書；然審其為用，不過證明中國古人之文章，無不暗合於文法。而文法之學，為中國學者求速成圖進步不可少者而已。雖足為通文者之參考印證，而不能為初學者之津梁也。繼馬氏之後所出之文法書，雖為初學而作，惜作者於此多猶未窺三昧，訛誤不免，且全引古人文章為證，而不及今時通用語言，仍非通曉作文者不能領略也。然既通曉作文，又何用乎文法？是猶已繞道而渡水矣，更何事乎津梁？所貴乎津梁者，在未渡之前也。故所需乎文法者，多在十齡以下之幼童，及不能執筆為文之人耳。所望吾國好學深思之士，廣搜各國最近文法之書，擇取精義，為一中國文法，以演明今日通用之言語，而改良之也。夫有文法以規正言語，使全國習為普通知識，則由言語以知文法，由文法而進窺古人之文章，則升堂入室，有如反掌，而言文一致，亦可由此而恢復也。文理為何？即西人之邏輯也。作者於此姑偶用文理二字以翻邏輯者，非以此為適當也，乃以邏輯之施用於文章者，即為文理而已。近人有以此學用於推論特多，故翻為論理學者，有翻為辨學者，有翻為名學者，皆未得其至當也。夫推論者，乃邏輯之一部，而辯者，又不過推論之一端，而其範圍尤小，更不足以括邏輯矣。至於嚴又陵氏所翻之名學，則更為遼東白家也。夫名學者，乃「那曼尼利森」也，而非邏輯也；此學為歐洲中世紀時理學二大思潮之一，其他之一，名曰實學。此兩大思潮，當十一世紀時，大起爭論，至十二世紀之中葉乃止，從此名學之傳習亦因之而息。其近代間有復倡斯學者，穆勒氏即其健將也；然穆勒氏亦不過以名理而演邏輯耳，而未嘗名其書為名學也。其書之原名為「邏輯之統系」。嚴又陵氏翻之為名學者，無乃以穆氏之書，言名理之事獨多，遂以名學而統邏輯乎？夫名學者，亦為邏輯之一端耳。凡以論理學、辨學、名學而譯邏輯者，皆如華僑之稱西班雅為呂宋也。夫呂宋者，南洋群島之一也，與中國最接近，千數百年以來，中國航海之客，常有至其地者，故華人習知其名。而近代呂宋為西班雅所占領，其後華僑至其地者，則稱西班雅人為呂宋人。後至墨西哥、比魯、芝利等國，所見多西班雅人為政，亦呼之為呂宋人。尋而知所謂呂宋者，尚有其所來之祖國，於是呼西班雅為大呂宋，而南洋群島之本呂宋為小呂宋，至今因之。夫以學者之眼光觀之，則言西班雅以括呂宋可也，而言呂宋以括西班雅不可也。乃華僑初不知有西班雅，而只知有呂宋，故以稱之。今之譯邏輯以一偏之名者，無乃類是乎？然則邏輯究為何物？當譯以何名而後妥？作者於此，蓋欲有所商榷也。凡稍涉獵乎邏輯者，莫不知此為諸學諸事之規則，為思想云為之門徑也。人類由之而不知其道者，眾矣，而中國則至今尚未有其名。吾以為當譯之為「理則」者也。夫斯學至今尚未大為發明，故專治此學者，所持之說，亦莫衷一是；而此外學者之對於理則之學，則大都如陶淵明之讀書，不求甚解而已。惟人類之稟賦，其方寸自具有理則之感覺，故能文之士，研精構思，而作成不朽之文章，則無不暗合於理則者；而叩其造詣之道，則彼亦不自知其何由也，是故不知文法之學者，不能知文章之所當然也。如曾國藩者，晚清之宿學文豪也，彼之與人論文，有「春風風人，夏雨雨人，解衣衣我，推食食我」，「入其門而無人門焉者，入其閨而無人閨焉者」，其於風風、雨雨、衣衣、食食、門門、閨閨等疊用之字，而解之以上一字為實字實用，下一字為實字虛用，則以為發前人所未發，而探得千古文章之秘奧矣。然以文法解之，則上一字為名詞，下一字為動詞也；此文義當然之事，而宿學文豪有所不知，故強而解之為實字虛用也。又不知理則之學者，不能知文章之所以然也；如近人所著「文法要略」，其第三章第二節曰：

「本名字者，人物獨有之名稱，而非其他所公有。如侯方域王猛論曰：『亮始終心乎漢者也；猛始終心乎晉者也。』孔稚圭北山移文曰：『蕙帳空兮夜鶴怨，山人去兮曉猨驚。』亮與猛雖同為人類，鶴雖同為鳥類，猨雖同為獸類，曰亮、曰猛、曰鶴、曰猨，即為本名；不能人人皆謂之亮猛，亦不能見鳥即謂之鶴，見獸即謂之猨也，故曰本名字。」

此以亮、猛、鶴、猨，視同一律，不待曾涉獵理則學之書者，一見而知其謬，即稍留意於理則之感覺者，亦能知其不當也。世界古今人類，只有一亮一猛其人者耳，而世界古今之鳥獸，豈獨一鶴一猨耶？此不待辨而明也。然著書者何以有此大錯？則以中國向來未有理則學之書，而人未慣用其理則之感覺故也。夫中國之文章，富矣、麗矣，中國之文人，多矣、能矣，其所為文，誠有如揚雄所云：「深者入黃泉，高者出蒼天；大者含元氣，細者入無間」者矣。然而數千年以來，中國文人只能作文章，而不能知文章，所以無人發明文法之學與理則之學，必待外人輸來，而乃始知吾文學向來之缺憾，此足證明行之非艱，而知之惟艱也。

第四章　以七事為證

前三章所引以為知難行易之證者，其一為飲食，則人類全部行之者，其二為用錢，則人類之文明部分行之者，其三為作文，則文明部分中之士人行之者。此三事也，人類之行之不為不久矣，不為不習矣；然考其實，則祇能行之，而不能知之。而間有好學深思之士，專從事於研究其理者，每畢生窮年累月，亦有所不能知，是則行之非艱，而知實艱，以此三事證之，已成為鐵案不移矣。或曰：「此三事則然矣，而其他之事未必皆然也。」今更舉建屋、造船、築城、開河、電學、化學、進化等事為證，以觀其然否。夫人類能造屋宇以安居，不知幾何年代，而後始有建築之學。中國則至今猶未有其學，故中國之屋宇多不本於建築學以造成，是行而不知者也。而外國今日之屋宇，則無不本於建築學，先繪圖設計，而後從事於建築，是知而後行者也。上海租界之洋房，其繪圖設計者，為外國之工師，而結垣架棟者，為中國之苦力。是知之者為外國工師，而行之者為中國苦力，此知行分任而造成一屋者也。至表面觀之，設計者指搖筆劃，而施工者胼手胝足，似乎工師易而苦力難矣；然而細考其詳，則大有天壤之別。設有人欲以萬金而建一家宅，以其所好，及其所需種種內容，就工師以請設計。而工師從而進行，則必先以萬金為範圍，算其能購置何種與若干之材料，此實踐之經濟學所必需知也。次則計其面積之廣狹，立體之高低，地基之壓力如何，樑架之支持幾重，務要求得精確，此實驗之物理學所必需知也。再而家宅之形式如何結構，使之勾心鬬角，以週觀瞻，此應用之美術學所必需知也。又再而宅內之光線如何引接，空氣如何流通，寒暑如何防禦，穢濁如何去除，此居住之衛生學所必需知也。終而客廳如何陳設，飯堂如何布置，書房如何間格，寢室如何安排，方適時流之好尚，此社會心理學所必需知也。工師者，必根據於以上各科學而設計，方得稱為建築學之名家也。今上海新建之崇樓高閣，與及洋房家宅，其設計多出於有此種知識之工師也；而實行建築者，皆華工也。由此觀之，知之易乎？行之易乎？此建築事業可為知難行易之鐵證者四也。民國七年十月，上海有華廠造成一艘三千噸大之汽船下水，西報大為之稱揚，謂從來華人所造之船，其大以此為首屈一指。然華廠之造此船也，乃效法泰西，藉近代科學知識，用外國機器而成之也。按近日上海、香港、及南洋各地之外人船廠，其工匠幾盡數華人，祇一二工師及督理為西人耳。所造之船，其大至萬數千噸者，不可勝數也。要之在東方西人各船廠所造之船，皆謂之華人所造者，亦無不可，蓋其施工建造，悉屬華人也。作者嘗往遊觀數廠，每向華匠叩以造船之道，皆答以施工建造，並不為難，所難者繪圖設計耳；倘計畫既定，按圖施工，則成效可指日而待矣。去年美國與德國宣戰，其第一之需要者為船隻之補充，於是不得不為破天荒之計畫，以擴張造船廠，期一年造成四百萬噸之船。此說一出，舉世為之驚倒。若在平時有為此說者，莫不目之為狂妄。乃自計畫既定之後，則美廠有數十日而造成一艘一萬噸以上之船者；全國船廠百數十，其大者同時落造數十船，小者同時落造十餘船；如是各廠一致施工，萬弩齊發，及時所成，則結果已過於期望之上。近日日本川崎船廠，竟有以二十三日造成一艘九千噸之船者，其迅速為世界第一也。此皆為科學大明之後，本所知以定進行，其成效既如此矣。今就科學未發達以前，舉一同等之事業與之比較，一觀知行之難易也。當明初之世，成祖以搜索建文，命太監鄭和七下西洋，其第一次自永樂三年六月始受命巡洋，至永樂五年九月而返中國。此二十八個月之間，已航巡南洋各地，至三佛齊而止。計其往返水程以及沿途留駐之時日，當非十餘個月不辦；今姑為之折半，則鄭和自奉命以至啟程之日，不過十四個月耳。在此十四個月中，為彼籌備二萬八千餘人之糧食武器及各種需要，而又同時造成六十四艘之大海舶，據「明史」所載，其長四十四丈，寬十八丈，吃水深淺未明，然以意推之，當在一丈以上，如是則其積量總在四五千噸，其長度則等於今日外國頭等之郵船矣。當時無科學知識以助計畫也，無外國機器以代人工也，而鄭和又非專門之造船學家也，當時世界亦無如此巨大之海舶也，乃鄭和竟能於十四個月之中，而造成六十四艘之大舶，載運二萬八千人巡遊南洋，示威海外，為中國超前軼後之奇舉；至今南洋土人，猶有懷想當年三保之雄風遺烈者，可謂壯矣。然今之中國人藉科學之知識，外國之機器，而造成一艘三千噸之船，則以為難能，其視鄭和之成績為何如？此行之非艱，知之惟艱，造船事業可為鐵證者五也。中國最有名之陸地工程者，萬里長城也，秦始皇令蒙恬北築長城，以禦匈奴，東起遼瀋，西迄臨洮，陵山越谷，五千餘里，工程之大，古無其匹，為世界獨一之奇觀。當秦之時代，科學未發明也，機器未創造也，人工無今日之多也，物力無今日之宏也，工程之學，不及今日之深造也，然竟能成此偉大之建築者，其道安在？曰：為需要所迫不得不行而已。西諺有云：「需要者，創造之母也。」秦始皇雖以一世之雄，并吞六國，統一中原，然彼自度掃大漠而滅匈奴，有所未能也。而設邊戍以防飄忽無定之游騎，又有不勝其煩也。為一勞永逸之計，莫善於設長城以禦之。始皇雖無道，而長城之有功於後世，實與大禹之治水等。由今觀之，倘無長城之捍衛，則中國之亡於北狄，不待宋明而在楚漢之時代矣。如是則中國民族必無漢唐之發展昌大，而同化南方之種族也。及我民族同化力強固之後，雖一亡於蒙古，而蒙古為我所同化；再亡於滿洲，而滿洲亦為我所同化。其初能保存孳大此同化之力，不為北狄之侵凌夭折者，長城之功為不少也。而當時之築長城者，祗為保其一姓之私，子孫帝皇萬世之業耳，而未嘗知其收效之廣且遠也。彼迫於需要，祗有毅然力行以成之耳，初固不計其工程之大，費力之多也，殆亦行之而不知其道也。而今日科學雖明，機器雖備，人工物力，亦超越往昔，工程之學，皆遠駕當時矣；然試就一積學經驗之工師，叩以萬里長城之計畫；材料幾何？

人工幾何？所需經費若干？時間若干可以造成？吾思彼之所答，必曰：「此非易知之事也。」即使有不憚煩之工師費數年之力，為一詳細測量，而定有精確計畫，而呈之今之人，今之人必曰：「知之非艱，行之惟艱。」今欲效秦始皇而再築一萬里長城，為必不可能之事也。吾今欲請學者一觀近日歐洲之戰場。當德軍第一次攻巴黎之失敗也，立即反攻為守，為需要所迫，數月之間，築就長濠，由北海之濱，至於瑞士山麓，長一千五百餘里，有第一第二第三線各重之防禦，每重之工程，有陰溝，有地窖，有甬道，有棧房，工程之鞏固繁複，每線每里比較，當過於萬里長城之工程也。三線合計，長約不下五千餘里，而英法聯軍方面所築長濠亦如之。二者合計，長約萬餘里，比之中國之長城，其長倍之。此萬餘里之工程，其初並未預定計畫，皆要臨時隨地施工，而其工程之大，成立之速，真所謂鬼斧神工，不可思議者也。而歐洲東方之戰線，由波羅的海橫亙歐洲大陸，而至於黑海，長約三倍於西方戰場，彼此各築長濠以抵禦，亦若西方，其工程時間皆相等。此等浩大迅速之工程，倘無事實當前，則言之殊難見信。然歐洲東西兩戰場合計約有四萬里之戰濠，今已成為歷史之陳跡矣。而專門之工程家，恐亦尚難測其涯略也。由此觀之，行之非艱，知之惟艱，始皇之長城，歐洲之戰濠，可為鐵證者六也。中國更有一浩大工程，可與長城相伯仲者，運河是也。運河南起杭州，貫江蘇、山東、直隸三省，經長江、大河、白河而至通州；長三千餘里，為世界第一長之運河，成南北交通之要道，其利於國計民生，有不可勝量也。自中西通市之後，汽船出現，海運大通，則漕河日就淤塞，漸成水患。近有議修濬江淮一節以興水利者，聘請洋匠測量計畫，已覺工程之大，為我財力所不能辦，而必謀借洋債，方敢從事。夫修濬必較創鑿為易也，一節必較全河為易也，而今人於籌謀設計之始，已覺不勝其難，多有聞而生畏；乃古人則竟有舉三千里之長河疏鑿而貫通之，若行所無事者，何也？曰：其難不在進行之後，而在籌劃之初也。古人無今人之學問知識，凡興大工，舉大事，多不事籌劃，祗圖進行。為需要所迫，莫之為而為，莫之致而致，其成功多出於不覺。是中國運河開鑿之初，原無預定之計畫也。近代世界新成之運河，不一而足，其最著而為吾人耳熟能詳者，為蘇伊士與巴拿馬是也。蘇伊士地頸處於紅海地中海之間，隔絕東西洋海道之交通，自古以來，已嘗有人議開運河於此矣。當一千七百九十八年，拿破倫占領埃及，已立意開蘇伊士運河，命工師實行測量其地；而結果之報告，為地中海與紅海高低之差，約二十九英尺，因而停止。至五十餘年再有法人從事測量，知前所謂高低差異為不確，其後地拉涉氏乃提倡創立公司以開之。當時世人多以為難，而英人則舉國非之，以為萬不可能之事。而地拉涉氏苦心孤詣，費多年之唇舌，乃得法國資本家及埃及總督之贊助，遂於一千八百五十八年成立公司，翌年開鑿，至一千八百六十九年告厥成功。英人乃大為震驚。於是英相地士刺羶用千方百計，而收買埃及總督之股票，歸於英政府，後且將埃及并為英領土，蓋所以保運河以握東西洋之咽喉，而聯絡印度之交通也。地拉涉開鑿蘇伊士既告成功之後，聲名大著，為世所重，乃更進而提倡開鑿巴拿馬運河，以聯絡大西洋與太平洋之交通，而招股集資，咄嗟立辦。遂於一千八百八十二年動工，至八十九年則一敗塗地，而地拉涉氏竟至破產被刑，末路窮途，情殊可憫。其所以致此之原因，半由預算過差，半由疾疫流行，死亡過眾，難以施工。夫預算過差，尚可挽也；疾疫流行，不可救也。蓋當時科學無今日之進步，多以為地氣惡厲，非人事所能為力，而不留意衛生。乃近年科學進步，始知一切疾疫，皆由微生物所致，而巴拿馬之黃熱疫，則由蚊子所傳染。其後美國政府決議繼續開鑿巴拿馬運河也，由千九百零四年起，先從事於除滅蚊子，改良衛生。此事既竣，由千九百零七年起，始行施工，至千九百十五年，則完全告成，而大西洋太平洋之聯絡通矣。由此觀之，地拉涉氏失敗之大原因者，在不知蚊子之為害而忽略之也；美國政府之成功者，在知蚊子之為害，而先除滅之也。此「行之非艱，知之惟艱」，中外運河之工程，可為鐵證者七也。自古製器尚象，開物成務，中國實在各國之先，而創作之物，大有助於世界文明之進步者，不一而足，如印版也，火藥也，瓷器也，絲茶也，皆為人類所需要者也。更有一物，實開今日世界交通之盛運，成今日環球一家之局者，厥為羅經。古籍所載指南車，有謂創於黃帝者，有謂創於周公者，莫衷一是；然中國發明磁石性質而製為指南針，由來甚古，可無疑義，後西人仿而用之，航海事業，於以發達；倘無羅經以定方向，則汪洋巨浸，水天一色，四顧無涯，誰敢冒險遠離海岸，深蹈迷途，而赴不可知之地哉？若無羅經為航海之指導，則航業無由發達，而世界文明必不能臻於今日之地位。羅經之為用，誠大矣哉！然則羅經者，何物也？曰：是一簡單之電機也。人類之用電氣者，以指南針為始也。自指南針用後，人類乃從而注意於研究磁針之指南，磁石之引鐵，經千百年之時間，竭無窮之心思學力，而後發明電氣之理。乃知電者，無質之物也，其性與光熱通，可互相變易者也。其為物彌漫六合，無所不入，無所不包；而其運行於地面也，有一定之方向，自南而北，磁鐵受電之感，遂成為南北向之性。如定風針之為風所感，而從風向之所之者，同一理也。往昔電學不明之時，人類視雷電為神明而敬拜之者，則視之若牛馬而役使之矣。今日人類之文明，已進於電氣時代矣。從此人之於電，將有不可須臾離者矣。觀於通都大邑之地，其用電之事，以日加增，點燈也用電，行路也用電，講話也用電，傳信也用電，作工也用電，治病也用電，炊爨也用電，禦寒也用電，以後電學更明，則用電之事更多矣。以今日而論，世界用電之人，已不為少，然能知電者，有幾人乎？每遇新創製一電機，則舉世從而用之，如最近之大發明為無線電報，不數年則已風行全世。然當研究之時代，費百十年之工夫，竭無數學者之才智，各貢一知，而後得成全此無線電之知識。及其知識真確，學理充滿，而乃本之以製器，則無所難矣。器成而以之施用，則更無難矣。是今日用無線電以通信者，人人能之也。而司無線電之機生，以應人之通信者，亦不費苦學而能也。至於製無線電機之工匠，亦不過按圖配置，無所難也。其最難能可貴者，則為研求無線電知識之人。學識之難關一過，則其他之進行，有如反掌矣。以用電一事觀之，人類毫無電學知識之時，已能用磁針而製羅經，為航海指南之用。而及其電學知識一發達，則本此知識，而製出奇奇怪怪層出不窮之電機，以為世界百業之用。此「行之非艱，知之惟艱」，電學可為鐵證者八也。近世科學之發達，非一學之造詣，必同時眾學皆有進步，互相資助，彼此乃得以發明。與電學最有密切之關係者為化學，倘化學不進步，則電學必難以發達；亦惟有電學之發明，而化學乃能進步也。然為化學之元祖者，即道家之燒煉術也。古人欲得不死之藥，於是方士創燒煉之術以求之，雖不死之藥不能驟得，而種種之化學工業則由之以興，如製造硃砂、火藥、瓷器、豆腐等事業，其最著者；其他之工業，與化學有關係，由燒煉之術而致者，不可勝數也。中國之有化學製造事業，已數千年於茲，然行之而不知其道，並不知其名，比比皆是也。吾國學者，今多震驚於泰西之科學矣，而科學之最神奇奧妙者，莫化學若；而化學之最難研究者，又莫有機體之物質若；有機體之物質之最重要者，莫糧食若。近日泰西生理學家，考出六畜之肉中，涵有傷生之物甚多，故食肉之人，多有因之而傷生促壽者。然人身所需之滋養料，以肉食為最多，若捨肉食而他求滋養之料，則苦無其道。此食料之衛生問題，為泰西學士所欲解決者非一日矣。近年生物科學進步甚速，法國化學家多偉大之發明，如裴在輅氏創有機化學，以化合之法製有機之質，且有以化學製養料之理想。巴斯德氏發明微生物學，以成生物化學，高第業氏以生物化學研究食品，明肉食之毒質，定素食之優良。吾友李石曾留學法國，並游於巴氏高氏之門，以研究農學而注意大豆，以與開「萬國乳會」而主張豆乳，由豆乳代牛乳之推廣，而主張以豆食代肉食，遠引化學諸家之理，近應素食衛生之需，此巴黎豆腐公司之所由起也。夫中國人之食豆腐尚矣，中國人之造豆腐多矣，甚至窮鄉僻壤三家村中，亦必有一豆腐店，吾人無不以末技微業視之，豈知此即為最奇妙之有機體化學製造耶？豈知此即為最合衛生最適經濟之食料耶？又豈知此等末技微業，即為泰西今日最著名科學家之所苦心孤詣研求而不可得者耶？又夫陶器之製造，由來甚古，巴比倫、埃及則有以瓦為書，以瓦為郭，而墨西哥、比魯等地，於西人未發見美洲以前，亦已有陶器，而近代文明之國，其先祖皆各能自造陶器。是知燒土成器，凡人類文明一進至火食時代則能為之；惟瓷器一物，則獨為中國之創製，而至今亦猶以中國為最精。當一千五百四十年之時，有法人白里思者，見法貴族中有中國瓷器，視為異寶，而決志仿製之，務使民間家家皆能享此異寶。於是苦心孤詣，從事於研究，費十六年之心思，始製出一種似瓷之陶器。此為歐洲仿製中國瓷器之始。至近代泰西化學大明，各種工業從而發達，而其製瓷事業亦本化學之知識而施工，始能與中國之瓷質相伯仲。惟如明朝之景泰、永樂，清朝之康熙、乾隆等時代所製之各種美術瓷器，其彩色質地，則至今仍不能仿效也。夫近時化學之進步，可謂登峰造極矣，其神妙固非吾古代燒煉之術可比，則二十年前之化學家，亦夢想所不到也。前者之化學，有有機體與無機體之分，今則已無界限之可別，因化學之技術，已能使無機體變為有機體矣。又前之所謂元素所謂元子者，今亦推翻矣。因至鐳質發明之後，則知前之所謂元素者，更有元素以成之；元子者，更有元子以成之。從此化學界，當另闢一新天地也。西人之仿造中國瓷器，專賴化學以分析，而瓷之體質，瓷之色料，一以化學驗之，無微不釋；然其燒煉之技術，則屬夫人工與物理之關係，此等技術，今已失傳，遂成為絕藝，故仿效無由。此歐美各國所以貴中國明清兩代之瓷，有出數十萬金而求一器者；今藏於法、英、美等國之博物院中者，則直視為希世之異寶也。然當時吾國工匠之製是物者，並不知物理、化學為何物者也。此「行之非艱，知之惟艱」，化學可為鐵證者九也。進化論乃十九世紀後半期，達爾文氏之「物種來由」出現而後，始大發明者也。由是乃知世界萬物皆由進化而成；然而古今來聰明睿知之士，欲窮天地萬物何由而成者眾矣，而卒莫能知其道也。二千年前，希臘之哲奄比多加利氏及地摩忌里特氏，已有見及天地萬物當由進化而成者，無如繼述無人，至梳格底、巴列多二氏之學興後，則進化之說反因之而晦。至歐洲維新以後，思想漸復自由，而德之哲學家史賓那沙氏及禮尼詩氏二人，窮理格物，再開進化論之階梯，達爾文之祖則宗述禮尼詩者也。嗣後科學日昌，學者多有發明，其最著者，於天文學，則有拉巴刺氏，於地質學，則有利里氏，於動物學，則有拉麥氏，此皆各從其學，而推得進化之理者，洵可稱為進化論之先河也。至達爾文氏則從事於動物之實察，費二十年勤求探討之功，而始成其「物種來由」一書以發明物競天擇之理。自達爾文之書出後，則進化之學，一旦豁然開朗，大放光明，而世界思想為之一變。從此各種學術，皆依歸於進化矣。夫進化者，自然之道也；而物競天擇，適者生存，不適者淘汰，此物種進化之原則也。此種原則，人類自石器時代以來，已能用之以改良物種，如化野草為五穀，化野獸為家畜，以利用厚生者是也。然用之萬千年，而莫由知其道；必待至科學昌明之世，達爾文氏二十年苦心孤詣之功而始知之；其難也如此。夫進化者，時間之作用也；故自達爾文氏發明物種進化之理，而學者多稱之為時間之大發明，與奈端氏之攝力，為空間之大發明相媲美。而作者則以為進化之時期有三：其一為物質進化之時期，其二為物種進化之時期，其三則為人類進化之時期。元始之時，太極（此用以譯西名伊太也）動而生電子，電子凝而成元素，元素合而成物質，物質聚而成地球，此世界進化之第一時期也。今太空諸天體多尚在此期進化之中。而物質之進化，以成地球為目的；吾人之地球，其進化幾何年代而始成，不可得而知也。地球成後以至於今，按科學家據地層之變動而推算，已有二千萬年矣。由生元之始生而至於成人，則為第二期之進化。物種由微而顯，由簡而繁，本物競天擇之原則，經幾許優勝劣敗，生存淘汰，新陳代謝，千百萬年，而人類乃成。人類初出之時，亦與禽獸無異，再經幾許萬年之進化，而始長成人性，而人類之進化，於是乎起源。此期之進化原則，則與物種之進化原則不同，物種以競爭為原則，人類則以互助為原則。社會國家者，互助之體也，道德仁義者，互助之用也；人類順此原則則昌，不順此原則則亡：此原則行之於人類當已數十萬年矣。然而人類今日猶未能盡守此原則者，則以人類本從物種而來，其入於第三期之進化，為時尚淺，而一切物種遺傳之性，尚未能悉行化除也。然而人類自入文明之後，則天性所趨，已莫之為而為，莫之致而致，向於互助之原則，以求達人類進化之目的矣。人類進化之目的為何？即孔子所謂「大道之行也，天下為公。」耶穌所謂「爾旨得成，在地若天。」此人類所希望，化現在之痛苦世界，而為極樂之天堂者是也。近代文明進步，以日加速，最後之百年，已勝於以前之千年，而最後之十年，又勝已往之百年，如此遞推，太平之世，當在不遠；乃至達爾文氏發明物種進化之物競天擇原則後，而學者多以為仁義道德皆屬虛無，而爭競生存，乃為實際，幾欲以物種之原則，而施之於人類之進化；而不知此為人類已過之階級，而人類今日之進化，已超出物種原則之上矣。此「行之非艱，而知之惟艱」，進化論可為鐵證者十也。倘仍有不信吾「行易知難」之說者，請細味孔子「民可使由之，不可使知之。」此可字當作能解。可知古之聖人亦嘗見及，惜其語焉不詳，故後人忽之，遂致漸入迷途，一往不返，深信「知之非艱，行之惟艱」之說，其流毒之烈，有致亡國滅種者，可不懼哉？中國、印度、安南、高麗等國之人，即信此說最篤者也。日本人亦信之，惟尚未深，故猶能維新改制而致富強也。歐美之人，則吾向未聞有信此說者。當此書第一版付梓之夕，適杜威博士至滬，予特以此質證之。博士曰：「吾歐美之人，只知『知之為難』耳，未聞『行之為難』也。」又有某工學博士為予言曰：「彼初進工學校，有教師引一事實以教『知難行易』，謂有某家水管偶生窒礙，家主即雇工匠為之修理；工匠一至，不過舉手之勞，而水管即復回原狀。而家主叩以工值幾何，工匠曰：『五十元零四角。』家主曰：『此舉手之勞，我亦能為之；何索值之奢而零星也？何以不五十元，不五十一元，而獨五十元零四角？何為者？』工匠曰：『五十元者，我知識之值也；四角者，我勞力之值也。如君今欲自為之，我可取消我勞力之值，而只索知識之值耳。』家主啞然失笑，而照索給之。」此足見行易知難，歐美已成為常識矣。

第五章　知行總論

總而論之，有此十證以為「行易知難」之鐵案，則「知之非艱，行之惟艱」之古說，與陽明「知行合一」之格言，皆可從根本上而推翻之矣。或曰：「行易知難之十證，於事功上誠無間言；而於心性上之知行，恐非盡然也。」吾於此請以孟子之說證之。「孟子盡心章」曰：「行之而不著焉，習矣而不察焉，終身由之而不知其道者，眾也。」此正指心性而言也。由是而知「行易知難」，實為宇宙間之真理，施之於事功，施之於心性，莫不皆然也。若夫陽明「知行合一」之說，即所以勉人為善者也，推其意彼亦以為「知之非艱，而行之惟艱」也；惟以人之上進，必當努力實行，雖難有所不畏，既知之則當行之，故勉人以為其難。遂倡為知行合一之說曰：「即知即行，知而不行，是為不知。」其勉人為善之心，誠為良苦。無如其說與真理背馳，以難為易，以易為難；勉人以難，實與人性相反。是前之能行之而不著焉，習矣而不察焉，終身由之而不知其道者；今反為此說所誤，而頓生畏難之心，而不敢行矣。此陽明之說，雖為學者傳誦一時，而究無補於世道人心也。或曰：「日本維新之業，全得陽明學說之功，而東邦人士，咸信為然，故推尊陽明極為隆重。」不知日本維新之前，猶是封建時代，其俗去古未遠，朝氣尚存；忽遇外患憑凌，幕府無措，有志之士，激於義憤，於是倡尊王攘夷之說，以鼓動國人，是猶義和團之倡扶清滅洋，同一步調也。所異者，則時勢有幸有不幸耳。及其攘夷不就，則轉而師夷，而維新之業，乃全得師夷之功。是日本之維新，皆成於行之而不知其道者，與陽明「知行合一」之說，實風馬牛之不相及也。倘「知行合一」之說，果有功於日本之維新，則亦必能救中國之積弱，何以中國學者同是尊重陽明，而效果異趣也，此由於中國習俗，去古已遠，暮氣太深，顧慮之念，畏難之心，較新進文明之人為尤甚。故日本之維新，不求知而便行。中國之變法，則非先知而不肯行，及其既知也，而猶畏難而不敢行。蓋誤於以行之較知之為尤難故也。夫維新變法，國之大事也，多有不能前知者，必待行之成之而後乃能知之也。是故日本之維新，多賴冒險精神，不先求知而行之；及其成功也，乃名之曰維新而已。中國之變法，必先求知而後行，而知永不能得，則行永無其期也。由是觀之，陽明「知行合一」之說，不過不能阻朝氣方新之日本耳，未嘗有以助之也。而施之暮氣既深之中國，則適足以害之矣。夫「知行合一」之說，若於科學既發明之世，指一時代一事業而言，則甚為適當；然陽明乃合知行於一人之身，則殊不通於今日矣。以科學愈明，則一人之知行相去愈遠，不獨知者不必自行，行者不必自知，即同為一知一行，而以經濟學分工專職之理施之，亦有分知分行者也。然則陽明知行合一之說，不合於實踐之科學也。予之所以不憚其煩，連篇累牘以求發明行易知難之理者，蓋以此為救中國必由之道也。夫中國近代之積弱不振奄奄待斃者，實為「知之非艱，行之惟艱」一說誤之也。此說深中於學者之心理，由學者而傳於群眾，則以難為易，以易為難，遂使暮氣畏難之中國，畏其所不當畏，而不畏其所當畏，由是易者則避而遠之，而難者又趨而近之。始則欲求知而後行，及其知之不可得也，則惟有望洋興歎，而放去一切而已。間有不屈不撓之士，費盡生平之力以求得一知者，而又以行之為尤難，則雖知之而仍不敢行之。如是不知固不欲行，而知之又不敢行，則天下事無可為者矣。此中國積弱衰敗之原因也。夫畏難本無害也，正以有畏難之心，乃適足導人於節勞省事，以取效呈功。此為經濟之原理，亦人生之利便也。惟有難易倒置，使欲趨避者無所適從，斯為害矣。曠觀中國有史以來，文明發達之跡，其事昭然若揭也。唐虞三代，甫由草昧而入文明；乃至成周，則文物已臻盛軌，其時之政治制度，道德文章，學術工藝，幾與近代之歐美並駕齊驅，其進步之速，大非秦漢以後所能望塵追跡也。中國由草昧初開之世以至於今，可分為兩時期：周以前為一進步時期，周以後為一退步時期。夫人類之進化，當然踵事增華，變本加厲，而後來居上也。乃中國之歷史，適與此例相反者，其故何也？此實「知之非艱，行之惟艱」一說有以致之也。三代以前，人類混混噩噩，不識不知，行之而不知其道，是以日起有功，而卒底於成周之治化，此所謂不知而行之時期也。由周而後，人類之覺悟漸生，知識日長，於是漸進而入於欲知而後行之時期矣，適於此時也，「知之非艱，行之惟艱」之說漸中於人心，而中國人幾盡忘其遠祖所得之知識，皆從冒險猛進而來。其始則不知而行之，其繼則行之而後知之，其終則因已知而更進於行。古人之得其知也，初或費千百年之時間以行之，而後乃能知之；或費千萬人之苦心孤詣，經歷試驗而後知之；而後人之受之前人也，似於無意中得之。故有以知為易，而以行為難，此直不思而已矣。當此欲知而後行之時代，適中於「知易行難」之說，遂不復以行而求知，因知以進行。此三代而後，中國文化之所以有退無進也。夫以今人之眼光，以考世界人類之進化，當分為三時期：第一由草昧進文明，為不知而行之時期；第二由文明再進文明，為行而後知之時期；第三自科學發明而後，為知而後行之時期。歐美幸而無知易行難之說，為其文明之障礙，故能由草昧而進文明，由文明而進於科學。其近代之進化也，不知固行之，而知之更樂行之，此其進行不息，所以得有今日突飛之進步也。當元代時有意大利人馬哥波羅者，曾游仕中國，致仕後回國著書，述中國當時社會之文明，工商之發達，藝術之進步，歐人見之尚驚為奇絕，以為世界未必有如此文明進化之國也。是猶中國人士於三十年前見張德彝之「四述奇」一書，所誌歐洲文明景象，而以為荒唐無稽者同一例也。是知歐洲六百年前之文物，尚不及中國當時遠甚。而彼近一二百年來之進步，其突飛速率，有非我夢想所能及也。日本自維新以後五十年來，其社會之文明，學術之發達，工商之進步，不獨超過於彼數千年前之進化，且較之歐洲為尤速，此皆科學為之也。自科學發明之後，人類乃始能有具以求其知，故始能進於知而後行之第三時期之進化也。夫科學者，統系之學也。條理之學也。凡真知特識，必從科學而來也。捨科學而外之所謂知識者，多非真知識也。如中國之習聞，有謂天圓而地方，天動而地靜者，此數千年來之思想見識，習為自然，無復有知其非者。然若以科學按之，以考其實，則有大謬不然者矣。又吾俗呼養子為螟蛉，蓋有取於蜾蠃螟蛉之義；古籍所傳螟蛉桑蟲也，蜾蠃蜂蟲也，蜂蟲無子，取桑蟲蔽而殪之，幽而養之，祝曰：「類我，類我。」久則化而成蜂蟲云。吾人以肉眼驟察之，亦必得同等之判決也，惟以科學之統系考之，物類之變化，未有若是其突然者也。若加以理則之視察，將蜾蠃之「取螟蛉，蔽而殪之，幽而養之」之事，集其數起，別其日數，而同時考驗之。又以其一起，分日考驗之，以觀其變態。則知蜾蠃之取螟蛉，蔽而殪之是也，幽而養之非也。蔽而殪之之後，蜾蠃則生卵於螟蛉之體中，及蜾蠃之子長，則以螟蛉之體為糧，所謂幽而養之者，即幽螟蛉以養蜾蠃之子也，是蜾蠃並未變螟蛉為己子也，不過以螟蛉之肉，為己子之糧耳。由此事之發明，令吾人證明一醫學之妙術，為蜾蠃行之在人類之先，即用蒙藥是也。夫蜾蠃之蔽螟蛉於泥窩之中，即用其蜂螫以灌其毒於螟蛉之腦髓而蒙之，使之醉而不死，活而不動也。若螟蛉立死，則其體即成腐敗，不適於為糧矣；若尚生而能動，則必破泥窩而出，而蜾蠃之卵，亦必因而破壞，難以保存以待長矣。是故為蜾蠃者，為需要所迫，而創蒙藥之術以施之於螟蛉。夫蒙藥之術，西醫用之以治病者尚不滿百年，而不期蜾蠃之用之，已不知幾何年代矣。由此觀之，凡為需要所迫，不獨人類能應運而出，創造發明，即物類亦有此良能也。是行之易，知之難，人類有之，物類亦然。惟人類則終有覺悟之希望，而物類則永無能知之期也。吾國人所謂「知之非艱」，其所知者大都類於天圓地方，天動地靜，螟蛉為子之事耳。夫人群之進化，以時考之，則分為三時期，如上所述：曰不知而行之時期，曰行而後知之時期，曰知而後行之時期。而以人言之，則有三系焉：其一先知先覺者，為創造發明；其二後知後覺者，為仿效推行；其三不知不覺者，為竭力樂成。有此三系人相需為用，則大禹之九河可疏，秦皇之長城能築也。乃後世之人，誤於知之非艱之說，雖有先知先覺者之發明，而後知後覺者，每以為知之易而忽略之，不獨不為之仿效推行，且目之為理想難行，於是不知不覺者，則無由為之竭力樂成矣。所以秦漢以後之事功，無一能比於大禹之九河，與始皇之長城者，此也，豈不可慨哉？方今革命造端之始，開吾國數千年來未有之局，又適為科學昌明之時，知之則必能行之，知之則更易行之，以我四萬萬優秀文明之民族，據有四百二十七萬方咪之土地（較之日本前有土地不過十四萬餘方咪，今有土地亦不過二十六萬方咪耳。）為世界獨一廣大之富源。正所謂以有為之人，據有為之地，而遇有為之時者也。倘使我國之後知後覺者，能毅然打破知之非艱行之惟艱之迷信，而奮起以仿效，推行革命之三民主義，五權憲法，而建設一世界最文明進步之中華民國，誠有如反掌之易也。如有河漢予言者，即請以美國之革命與日本之維新以證之。夫美國之革命，以三百萬人據大西洋沿岸十三洲之地，與英國苦戰八年，乃得脫英之羈厄而獨立。其地為蠻荒大陸，內有紅番之抵拒，外有強敵之侵凌，華路藍縷，開始經營，其時科學尚未大明，其地位，其時機，則萬不如我今日之優美也。其建國之資，可為之具，又萬不如我今日之豐富也。其人數則不及我今日百分之一也。然其三百萬之眾，皆具冒險之精神，遠大之壯志，奮發有為，積極猛進，故自一千七百七十六年七月四日宣布獨立，至今民國八年，為時不過一百四十三年耳，而美國已成為世界第一富強之國矣。日本維新之初，人口不及我十分之一，其土地則不及我四川一省之大，其當時之知識學問，尚遠不如我今日也；然能翻然覺悟，知鎖國之非計，立變攘夷為師夷，聘用各國人才，採取歐美良法，力圖改革。美國需百餘年而達於強盛之地位者，日本不過五十年，直三分之一時間耳。準此以推，中國欲達於富強之地位，不過十年已足矣。或猶不信者，請觀於暹羅之維新。暹羅向本中國藩屬之一，土地約等於四川一省，人口不過八百萬，其中為華僑子孫者，約二三百萬，餘皆半開化之蠻族耳。論其人民之知識，則萬不及中國，其全國之工商事業，悉操於華僑之手。論其國勢，則界於英法兩強領土之間，疆土日削。二十年前，幾岌岌可危，朝不保夕。其王室親近，乃驟然發奮為雄，仿日本之維新，聘用外才，採行西法，至今不過十餘年，則全國景象為之一新，文化蒸蒸日上，今則居然亞東一完全獨立國，而國際之地位，竟駕乎中國之上矣。今日亞東之獨立國，祇有日本與暹羅耳；中國尚未得稱為完全之獨立國也，只得謂之為半獨立國而已。蓋吾國之境內尚有他國之租界，有他國之治權，吾之海關猶握於外人之手，日本暹羅則完全脫離此羈厄也。是知暹羅之維新，比之日本更速，暹羅能之，則中國更無不能矣，道在行之而已。學者至此，想當了然於行之易而知之難矣。故天下事惟患於不能知耳，倘能由科學之理則，以求得其真知，則行之決無所難，此已十數回翻覆證明，無可疑義矣。然則行之之道為何？即全在後知後覺者之不自惑以惑人而已。上所謂文明之進化，成於三系之人，其一先知先覺者即發明家也，其二後知後覺者即鼓吹家也，其三不知不覺者即實行家也。由此觀之，中國不患無實行家，蓋林林總總者皆是也。乃吾黨之士有言曰，某也理想家，某也實行家也，其以二三人可為改革國事之實行家，真謬誤之甚也。不觀今之外人在上海所建設之宏大工廠，繁盛市街，崇偉樓閣，其實行家皆中國之工人也，而外人不過為理想家，計畫家而已，並未有躬親實行其建設之事也。故為一國之經營建設所難得者，非實行家也，乃理想家，計畫家也。而中國之後知後覺者，皆重實行而輕理想矣；是猶治化學，而崇拜三家村之豆腐公，而忽於裴在輅、巴斯德等宿學也。是猶治醫學，而崇拜蜂蟲之蜾蠃，而忽於發明蒙藥之名醫也。蓋豆腐公為生物化學之實行家，而蜾蠃為蒙藥之實行家也，有是理乎？乃今之後知後覺者，悉中此病，所以不能鼓吹輿論，倡導文明，而反足混亂是非，阻礙進化也，是故革命以來，而建設事業不能進行者，此也。予於是乎不得不徹底詳闢，欲使後知後覺者，了然於向來之迷誤，而翻然改變，不再為似是而非之說以惑世，而阻撓吾林林總總之實行家，則建設前途大有希望矣。

第六章　能知必能行

當今科學昌明之世，凡造作事物者，必先求知而後乃敢從事於行，所以然者，蓋欲免錯誤而防費時失事，以冀收事半功倍之效也。是故凡能從知識而構成意像，從意像而生出條理，本條理而籌備計畫，按計畫而用工夫，則無論其事物如何精妙，工程如何浩大，無不指日可以樂成者也。近日之無線電，飛行機，事物之至精妙者也，美國之一百二十餘萬里鐵路（當一千九百十六年十二月三十一日，美國收其全國鐵路歸政府管理時，其路線共長三十九萬七千零十四英里，成本一百九十六萬萬餘元美金，合中國洋銀三百九十二萬萬元。）與夫蘇伊士、巴拿馬兩運河，工程之至浩大者也。然於科學之原理既知，四週之情勢皆悉，由工師籌定計畫，則按計畫而實行之，已為無難之事矣。此事實俱在，彰彰可考，吾國人當可一按而知也。予之於革命建設也，本世界進化之潮流，循各國已行之先例，鑑其利弊得失，思之稔熟，籌之有素，而後訂為革命方略，規定革命進行之時期為三：第一軍政時期，第二訓政時期，第三憲政時期。第一為破壞時期，擬在此時期內施行軍法，以革命軍擔任打破滿清之專制，掃除官僚之腐敗，改革風俗之惡習，解脫奴婢之不平，洗淨鴉片之流毒，破滅風水之迷信，廢去釐卡之阻礙等事。第二為過渡時期，擬在此時期內施行約法（非現行者），建設地方自治，促進民權發達，以一縣為自治單位，縣之下再分為鄉村區域，而統於縣。每縣於敵兵驅除戰事停止之日，立頒布約法，以之規定人民之權利義務，與革命政府之統治權，以三年為限，三年期滿，則由人民選舉其縣官，或於三年之內，該縣自治局，已能將其縣之積弊掃除如上所述者，及能得過半數人民能了解三民主義而歸順民國者，能將人口清查，戶籍釐定，警察，衛生，教育，道路各事，照約法所定之低限程度而充分辦就者，亦可立行自選其縣官，而成完全之自治團體。革命政府之對於此自治團體，祇能照約法所規定而行其訓政之權，俟全國平定之後六年，各縣之已達完全自治者，皆得選舉代表一人，組織國民大會，以制定五權憲法。以五院制為中央政府：一日行政院，二日立法院，三日司法院，四日考試院，五日監察院。憲法制定之後，由各縣人民投票選舉總統以組織行政院，選舉代議士以組織立法院，其餘三院之院長，由總統得立法院之同意而委任之，但不對總統立法院負責，而五院皆對國民大會負責。各院人員失職，由監察院向國民大會彈劾之，而監察院人員失職，則國民大會自行彈劾而罷黜之。國民大會職權，專司憲法之修改，及制裁公僕之失職。國民大會及五院職員，與夫全國大小官吏，其資格皆由考試院定之。此五權憲法也。憲法制定，總統議員舉出後，革命政府當歸政於民選之總統，而訓政時期於以告終。第三為建設完成時期，擬在此時期開始，施行憲政，此時一縣之自治團體，當實行直接民權。人民對於本縣之政治，當有普通選舉之權，創制之權，複決之權，罷官之權，而對於一國政治除選舉權之外，其餘之同等權，則付託於國民大會之代表以行之，此憲政時期，即建設告竣之時，而革命收功之日，此革命方略之大要也。乃於民國建元之初，予則極力主張施行革命方略，以達革命建設之目的，實行三民主義，而吾黨之士，多期期以為不可。經予曉諭再三，辯論再四，卒無成效，莫不以為予之理想太高，「知之非艱，行之惟艱」也。嗚呼！是豈予之理想太高哉？毋乃當時黨人之知識太低耶？予於是乎不禁為心灰意冷矣！夫革命之有破壞，與革命之有建設，固相因而至，相輔而行者也。今於革命破壞之後，而不開革命建設之始，是無革命之建設矣；既無革命之建設，又安用革命之總統為？此予之所以萌退志，而於南京政府成立之後，仍繼續停戰，重開和議也。至今事過情遷，則多有怪予於民國建元之後，不當再允和議甘讓總統者。然假使予仍為總統，而黨員於破壞成功之後，已多不守革命之信誓，不從領袖之主張，縱能以革命黨而統一中國，亦不能行革命之建設，其效果不過以新官僚而代舊官僚而已。其於國家治化之源，生民根本之計，毫無所補，是亦以暴易暴而已，夫如是則予無為總統之必要也。或者不察，有以為予當時之勢力不及袁世凱，故不得不與之議和，苟且了事者；甚有誣為受袁世凱百萬之賄，遂以總統讓之者；事至今日，已可不待辯而明矣。苟予果貪也，則必不以百萬而去總統之位矣，不觀今日一督軍一年之聚斂幾何？一師長一年之侵吞幾何？誣者果視予貪而且愚一至此耶？至謂於民國建元之後，予之勢力不及袁世凱，則更擬於不倫也；夫當時民國已有十五省，而山東、河南民黨亦蜂起，直隸則軍隊且內應，稍遲數月，當可全國一律光復，斷無疑義也。且捨當時情勢不計，而以前後之事較之，當明予非畏袁世凱之勢力而議和者；夫革命成功以前，予曾經十次失敗，而奮鬪之氣猶不少衰。民國二年，袁世凱已統一全國，而予已不問政治而從事實業矣。乃以暗殺宋教仁故，予時雖手無寸兵而猶不畏之，而倡議討袁，惜南方同志持重，不敢先發制人，致遭失敗。討袁軍敗後，同人皆頹喪不振，無敢主張再行革命者，予知袁氏必將帝制自為，乃組織中華革命黨以為之備，散布黨員於各省，提倡反對帝制，是故袁氏之帝制未成，而反對之人心已備，帝制一發，全國即起而撲滅之也。由此觀之，則予非由畏勢力而去總統，乃以不能行革命之建設而去總統，當可以了然於國人之心目中矣。夫如是，然後能明予之志，而領會於予革命建設之微意也。何謂革命之建設？革命之建設者，非常之建設也，亦速成之建設也。夫建設固有尋常者，即隨社會趨勢之自然，因勢利導而為之，此異乎革命建設者也。革命有非常之破壞，如帝統為之斬絕，專制為之推翻，有此非常之破壞，則不可無非常之建設。是革命之破壞，與革命之建設，必相輔而行；猶人之兩足，鳥之雙翼也。惟民國開創以來，既經非常之破壞，而無非常之建設以繼之，此所以禍亂相尋，江流日下，武人專橫，政客搗亂，而無法收拾也。蓋際此非常之時，必須非常之建設，乃足以使人民之耳目一新，與國更始也。此革命方略之所以為必要也。試觀民國以前之大革命，其最轟轟烈烈者，為美與法。美國一經革命而後，所定之國體，至今百餘年而不變。其國除黑奴問題，生出國內南北戰爭一次而外，餘無大變亂，誠可謂一經革命而後，其國體則一成不變，長治久安，文明進步，經濟發達，為世界之冠。而法國一經革命之後，則大亂相尋，國體五更，兩帝制而三共和；至八十年後，窮兵黷武之帝，為外敵所敗，身為降虜，而共和之局乃定。較之美國，其治亂得失，差若天壤者，其故何也？說者多稱華盛頓有仁讓之風，所以開國之初，有黃袍之拒；而拿破倫野心勃勃，有鯨吞天下之志，所以起兵共和而終帝制。而不知一國之趨勢，為萬眾之心理所造成，若其勢已成，則斷非一二因利乘便之人智力所可轉移也。夫華拿二人之於美法之革命，皆非原動者。美之十三州既發難抗英而後，乃延華盛頓出為之指揮，法則革命起後，乃拔拿破倫於偏裨之間，苟使二人易地而處，想亦皆然。是故華拿之異趣，不關乎個人之賢否，而在其全國之習尚也。美國土地向為蠻荒大陸，英人移居於其地者，不過二百餘年，英人素富於冒險精神，自治能力，至美而後，即建設自治團體，隨成為十三州。雖歸英王統治之下，然鞭長莫及，無異海外扶餘，英國對之，不過羈縻而已。及一旦征稅稍苛，十三州則聯合以抵抗，此革命之所由起也。血戰八年而得獨立，遂創立亞美利加之聯邦，為共和國。其未獨立以前，十三州已各自為政，而地方自治已經發達，故其立國之後，政治蒸蒸日上，以其政治之基礎，全恃地方自治之發達也。其餘中美、南美之各拉丁人種之殖民地，百十年來，亦先後仿美國，而脫離其母國以改建共和。然其政治進步之不如美國，而變亂常見者，則全係乎其地方自治之基礎不鞏固也。然其一脫母國統治而建共和之後，大小十九國，除墨西哥為外兵侵入，強改帝制外，無一推翻共和者；此皆得立國於新天地之賜，故能洗除舊染之污，而永遠脫離君政之治也。法國則不然，法雖為歐洲先進文化之邦，人民聰明奮厲，且於革命之前，曾受百十年哲理民權之鼓吹，又模範美國之先例，猶不能由革命一躍而幾於共和憲政之治者，其故何也？以彼之國體向為君主專制，而其政治向為中央集權，無新天地為之地盤，無自治為之基礎也。我中國缺憾之點，悉與法同，而吾人民之知識，政治之能力，更遠不如法國，而予猶欲由革命一躍而幾於共和憲政之治者，其道何由？此予所以創一過渡時期為之補救也。在此時期，行約法之治，以訓導人民，實行地方自治。惜當時同志不明其故，不行予所主張，而衹採予約法之名，以定臨時憲法，以為共和之治，可不由其道而一躍可幾。當時眾人之所期者，實為妄想；顧反以予之方略計畫為難行，抑何不思之甚也？當予鼓吹革命之時，擬創建共和於中國，歐美學者亦多以為不可，彼等蓋有鑒於百年來之歷史，而重乎其言之也。民國建元前一年，予過倫敦，有英國名士加爾根者，曾遍遊中土，深悉吾國風土人情，著書言中國事甚多，其「中國變化」一書，尤為中肯。彼聞予提倡改中國為共和，懷疑滿腹，以為萬不可能之事，特來旅館與予辯論者，數日不能釋焉。迨予示以革命方略之三時期，彼乃渙然冰釋，欣然折服，喟然而歎曰：「有如此計畫，當然可免武人專制，政客搗亂，於民權青黃不接之際也；而今而後，吾當助子鼓吹。」故於武昌起義之後，東方之各西文報，皆盛傳吾於民國建設之計畫，滿盤籌備，成竹在胸，不日當可見之施行，凡同情於中國之良友，當拭目以觀其成也云云。此皆加爾根氏在倫敦各報為吾遊揚之言論也。惜予就總統職後，此種計畫，為同志所格而不行，遂致歐美同情之士，亦大失所望。而此後歐美學界之知吾計畫者，亦不敢再為游揚吾說，而不知者，則多以中國人民知識程度不足，斷不能行共和之治矣。此所以美國著名之憲法學者古德諾氏，有勸袁世凱帝制之舉也。中國人對於古德諾氏勸袁帝制一事，頗為詫異，以為彼乃共和國之一學者，何以不右共和而揚帝制？多有不明其故者。予廉得其情，惟彼為共和國人，斯有共和國之經驗；而美國人尤飽嘗知識程度不足之人民之害也。美國之外來人民，一入美境數年，即享民權；美國之黑奴，一釋放後，立享民權，而美國政客，利用此兩種人之民權而擣出滔天之亂，為正人佳士所惱煞者，不知若干年，始定有不識字之人，不得享國民權利之禁例，以防止此等搗亂。是以彼中學者，一聞知識程度不足之人民欲建設共和，則幾有痛心疾首，期期以為不可者，此亦古德諾氏之心理也。夫中國人民知識程度之不足，固無可隱諱者也，且加以數千年來專制之毒，深中乎人心，誠有比於美國之黑奴，及外來人民知識尤為低下也。然則何為而可？袁世凱之流，必以為中國人民知識程度如此，必不能共和，曲學之士亦曰，非專制不可也。嗚呼！牛也尚能教之耕，馬也尚能教之乘，而況於人乎？今使有見幼童將欲入塾讀書者，而語其父兄曰：「此童子不識字，不可使之入塾讀書也。」於理通乎？惟其不識字，故須急於讀書也。況今世界人類，已達於進化童年之運，所以自由平等之思想日漸發達，所謂世界潮流不可復壓者也。故中國今日之當共和，猶幼童之當入塾讀書也。然入塾必要有良師益友以教之。而中國人民今日初進共和之治，亦當有先知先覺之革命政府以教之。此訓政之時期，所以為專制入共和之過渡所必要也，非此則必流於亂也。然當同盟會成立之初，則有會員疑革命方略之難行者，謂清朝偽立憲許人民以預備九年，今吾黨之方略，定以軍政三年，訓政六年，豈不與清朝九年相等耶？吾等望治甚急，故投身革命，若於革命成功之後，猶須九年始得憲政之治，未免太久也云云。予答以非此則無望造成完全之民國。今民國改元已八年於茲矣，不獨憲政之治不能期，而欲求如清朝苟且偷生猶不可得，尚何望九年之有完全民國出現耶？或又疑訓政六年，得毋同於曲學者所倡之開明專制耶。曰：開明專制者，即以專制為目的；而訓政者，乃以共和為目的；此所以有天壤之別也。譬如今次之世界大戰爭，凡參加此戰爭之國，無論共和君主，皆一律停止憲政，行軍政；向來人民之行動自由，言論自由，集會自由，皆削奪之，甚且飲食，營業，皆歸政府支配。而舉國無有異議，且獻其身命為國家作犧牲，以其目的在戰勝而圖存也。人之已行憲政，猶且停之，況我憲政尚未發生，方欲由革命之戰爭以求之，豈可於開戰之初，即施行憲政耶？此誠幼稚無倫之思想也。今民國成立已八年矣，吾黨之士，於此八年間，應得無量之經驗，多少之知識，若能回憶予十數年前之訓誨主張，當能恍然大悟，而不再河漢予言以為理想難行矣。夫以中國數千年專制退化而被征服亡國之民族，一旦革命光復，而欲成立一共和憲治之國家，舍訓政一道，斷無由速達也。美國之欲扶助菲島人民以獨立也，乃先從訓政著手，以造就其地方自治為基礎，至今不過二十年，而已丕變一半開化之蠻種，以成為文明進化之民族。今菲島之地方自治，已極發達，全島官吏，除總督尚為美人，餘多為土人所充任，不日必能完全獨立。將來其政治之進步，民智之發達，當不亞於世界文明之國，此即訓政之效果也。美國對於菲島何以不即許其獨立，而必經一度訓政之時期？此殆有鑑於當年黑奴釋放後之紛擾，故行此策也；我中國人民，久處於專制之下，奴性已深，牢不可破，不有一度之訓政時期，以洗除其舊染之污，奚能享民國主人之權利？此袁氏帝制之時而勸進者之所以多也。夫中華民國者，人民之國也。君政時代則大權獨攬於一人，今則主權屬於國民之全體，是四萬萬人民即今之皇帝也。國中之百官，上而總統，下而巡差，皆人民之公僕也。而中國四萬萬之人民，由遠祖初生以來，素為專制君主之奴隸，向來多有不識為主人，不敢為主人，不能為主人者，而今皆當為主人矣。其忽而躋於此地位者，誰為為之？孰令致之？是革命成功而破壞專制之結果也。此為我國有史以來所未有之變局，吾民破天荒之創舉也。是故民國之主人者，實等於初生之嬰兒耳，革命黨者，即產此嬰兒之母也。既產之矣，則當保養之，教育之，方盡革命之責也。此革命方略之所以有訓政時期者，為保養教育此主人，成年而後還之政也。在昔專制之世，猶有伊尹、周公者，於其國主太甲、成王不能為政之時，已有訓政之事；專制時代之臣僕尚且如此，況為開中國未有之基之革命黨，不尤當負伊尹、周公之責，使民國之主人長成，國基鞏固耶？惜乎當時之革命黨，多不知此為必要之事，遂放棄責任，失卻天職，致使革命事業，祇能收破壞之功，而不能成建設之業，故其結果不過僅得一中華民國之名也。悲乎！夫破壞之革命成功，而建設之革命失敗，其故何也？是知與不知之故也。予之於破壞革命也，曾十起而十敗者，以當時大多數之中國人，猶不知彼為滿洲之所征服，故醉生夢死，而視革命為大逆不道。其後革命風潮漸盛，人多覺悟，知滿清之當革，漢族之當復，遂能一舉而覆滿清，易如反掌。惟對於建設之革命，一般人民固未知之，而革命黨亦莫名其妙也。夫革命事業，莫難於破壞，而莫易於建設，今難者既成功，而易者反失敗，其故又何也？惟其容易也，故人多不知其必要而忽略之，此其所以敗也。何以謂之容易？因破壞已成，而阻力悉滅，阻力一滅，則吾人無所不可，來往自由，較之謀破壞時，稍一不慎則不測隨之之際，何啻天淵？然吾人知革命排滿為救國之必要，則犯難冒險而為之，及夫破壞既成，則以容易安全之建設，可以多途出之，而不必由革命之手續矣，此建設事業之所以墜也。今以一顯淺易行之事證之。吾人之立同盟會以擔任革命也，先從事於鼓吹，而後集其有志於天下國家之任者，共立信誓，以實行三民主義為精神，以創立中華民國為目的。其不信仰此信條當眾正式宣誓者，吾不承認其為革命黨也。其初一國之志士，莫不視吾黨宣誓儀文，為形式上之事，以為無補於進行。乃數年之間，革命黨之勢力膨脹，團體固結，卒能推倒滿清者，則全賴有此宣誓之儀文，以成一黨心理之結合也。一黨尚如此，其況一國乎？常人有言，中國四萬萬人，實等於一片散沙，今欲聚此四萬萬散沙，而成為一機體結合之法治國家，其道為何？則必從宣誓以發其正心誠意之端，而後修、齊、治、平之望可幾也。今世文明法治之國，莫不以宣誓為法治之根本手續也；故其對於入籍歸化之民，則必要其宣誓表示誠心，尊崇其國體，恪守其憲章，竭力於義務，而後乃得認為國民。否則終身居其國，仍以外人相視，而不得同享國民之權利也。其對於本國之官吏、議員亦必先行宣誓，乃得受職。若遇有國體之改革，則新國家之政府，必要全國之人民一一宣誓，以表贊同，否則且以敵人相待，而立逐出境也。此近世文明法治之通例也。請觀今回戰後，歐洲之新成國家，革命國家，其有能實行其國民之宣誓者，則其國必治；如有不能行此，不知行此者，則其國必大亂不止也。中國之有今日者，此也。夫吾人之組織革命黨也，乃以之為先天之國家者也，後果由革命黨而造成民國；當建元之始，予首為宣誓而就總統之職，乃令從此凡文武官吏軍士人民，當一律宣誓，表示歸順民國，而盡其忠勤。而吾黨同志悉以此為不急之務，期期不可，極端反對，予亦莫可如何，姑作罷論。後袁世凱繼予總統任，予於此點特為注重，而同人則多漠視，予以有我之先例在，決不能稍予遷就，而袁氏亦以此為不關緊要之事也，故姑惟予命是聽，於是有宣誓服膺共和永絕帝制之表示也。其後不幸袁氏果有背盟稱帝之舉，而以有此一宣誓之故，俾吾人有極大之理由以討罰之；而各友邦亦直我而曲彼，於是乃有勸告取消之舉。袁氏帝制之所以失敗者，取消帝制為其極大之原因也。蓋以帝制之取消，則凡為袁氏爪牙各具王侯之望者，亦悉成為空想而鬪志全消矣。此陳宧所以獨立，而袁氏即以此氣絕也。帝制之所以不得不取消者，以列強之勸告也，列強之所以勸告者，以民黨之抵抗袁氏，有極充分之理由也。而理由之具體，而可執以為憑，表示於中外者，即袁氏之背誓也。倘當時袁氏無此信誓，則其稱帝之日，民黨雖有抵抗，而列強視之，必以民黨愚而多事，而必無勸告之事，而帝制必不取消，袁氏或不致失敗。何也？蓋袁氏向為君主之臣僕，而不主張共和者也，而民黨昧然讓總統於袁，已自甘於犧牲共和矣。既甘放棄於前，而又爭之於後，非愚而多事乎？惟有此信誓也，則不然矣，故得列強之主張公道，而維持中國之共和也。由是觀之，信誓豈不重哉？乃吾黨之士，於民國建設之始，則以信誓為不急之務而請罷之，且以予主張為理想者，則多屬乎此等淺近易行之事也。夫吾人於結黨之時，已遵行宣誓之儀矣，乃於開國之初，與民更始之日，則罷此法治根本之宣誓典禮，此建設失敗之一大原因也。倘革命當時不河漢予言，則後天民國之進行，亦如先天組黨之手續，凡歸順之官吏，新進之國民，必當對於民國為正心誠意之宣誓：以表示其擁護民國，扶植民權，勵進民生；必照行其宣誓之典禮者，乃得享受民國國民之權利，否則仍視為清朝之臣民。其既宣誓而後，有違背民國之行為者，乃得科以叛逆之罪，於法律上始有根據也。如今之中華民國者，若以法律按之，則祇有少數之革命黨及袁世凱一人，曾立有擁護民國之誓，於良心上法律上，皆不得背叛民國，而其餘四萬萬人，原不負何等良心法律之責任也。而昔日捕戮革命黨之清吏，焚殺革命黨之武人，與夫反對革命之虎倀，今則靦然為民國政府之總長，總理，總統，而毫無良心之自責，法律之制裁，此何怪於八年之間，而數易國體也？夫國者，人之積也，人者，心之器也，國家政治者，一人群心理之現象也，是以建國之基，當發端於心理。故由清朝臣民而歸順民國者，當先表示正心誠意，此宣誓之大典所以為必要也。乃革命黨於結黨時行之，於建國時則不行之，是以為黨人時有奮厲無前之宏願魄力，卒能成破壞之功；而建國後則失此能力，遂致建設無成，此行與不行之效果也。所以不行者，非不能也，坐於不知其為必要也。故曰：「能知必能行也，理想云乎哉？」革命黨既以予所主張建設民國之計畫為理想太高，而不知按照施行，所以由革命而造成此有破壞無建設之局，致使中國人民受此八年之痛苦矣；然而民國之建設一日不完全，則人民之痛苦一日不息，而國治民福，永無可達之期也。故今後建設之責，不得獨委之於革命黨，而先知先覺之國民，當當仁不讓而自負之也。夫革命先烈既捨身流血，而為其極艱極險之破壞事業於前矣；我國民宜奮勇繼進，以完成此容易安全之建設事業於後也。國民，國民！當急起直追，萬眾一心，先奠國基於方寸之地，為去舊更新之始，以成良心上之建設也。予請率先行之。誓曰：

孫文正心誠意，當眾宣誓：從此去舊更新，自立為國民；盡忠竭力，擁護中華民國，實行三民主義，採用五權憲法；務使政治修明，人民安樂，措國基於永固，維世界之和平。此誓！中華民國八年正月十二日孫文立誓。

此宣誓典禮，本由政府執行之，然今日民國政府之自身，尚未有此資格，則不得執行此典禮也。望有志之士，各於其本縣組織一地方自治會，發起者互相照式宣誓，會成而後，由會中各員向全縣人民執行之，必親筆簽名於誓章，舉右手向眾宣讀之。其誓章藏之自治會，而發給憑照，必使普及於縣之成年男女，一縣告竣，當助他縣成立自治會以推行之。凡行此宣誓之典禮者，問良心，按法律，始得無憾，而稱為中華民國之國民，否則仍為清朝之遺民而已。民國之能成立與否，則全視吾國人之樂否行此歸順民國之典禮也，愛國之士，其率先行之。

附錄陳英士致黃克強書

克強我兄足下：美猥以菲材，從諸公後，奔走國事，於茲有年。每懷德音，誼逾骨肉。去夏征颿東發，美正養疴在院，滿擬力疾走別，握手傾愫，迺莫獲我心。足下行期定矣，復以事先日就道，卒無從一面商榷區區之意於足下，緣何慳也？日者晤日友宮崎君，述及近狀，益眷眷國事，彌令美動「榛苓彼美，風雨君子」之思矣！溯自辛亥以前，二三同志，與譚、宋輩過滬上時，談及吾黨健者，必交推足下；以為孫氏理想，黃氏實行。夫謂足下為革命實行家，則海內無賢無愚，莫不異口同聲，於足下無所增損；惟謂中山先生傾於理想，此語一入吾人腦際，遂使中山先生一切政見，不易見諸施行，迫至今日猶有持此言以反對中山先生者也。然而徵諸過去之事實，則吾黨重大之失敗，果由中山先生之理想誤之耶？抑認中山先生之理想為誤而反對之致於失敗耶？惟其前日認中山先生之理想為誤，皆致失敗，則於今日中山先生之所主張，不宜輕以為理想而不從，再貽他日之悔。此美所以追懷往事而欲痛滌吾非者也。爰臚昔日反對中山先生其歷致失敗之點之有負中山先生者數事以告，足下其亦樂聞之否耶？當中山先生之就職總統也，海內風雲，擾攘未已，中山先生政見一未實行，而經濟支絀，更足以掣其肘。俄國借款，經臨時參議院之極端反對，海內士大夫更藉口喪失利權，引為詬病。究其實，實交九七，年息五厘，即有擔保，利權不礙；視後日袁氏五國財團借款之實交八二，鹽稅作抵，不足，復益以四省地丁，且予以監督財政全權者，孰利孰害？孰得孰失？豈可同年語耶？乃群焉不察，終受經濟影響，致妨政府行動。中山先生既束手無策，國家更瀕於阽危，固執偏見，貽誤大局，有負於中山先生者此其一。及南北議和以後，袁氏當選臨時總統。中山先生當時最要之主張，約有三事：一則袁氏須就職南京也。中山先生意謂南北聲氣未見調和，雙方舉動，發生誤會，於共和民國統一前途恐多生障故；除此障故，非袁氏就職南京不為功，蓋所以聯絡南北感情，以堅袁氏對於民黨之信用，而袪民黨對於袁氏之嫌疑也。二則民國須遷都南京也。北京為兩代所都，帝王癡夢，自由之鐘所不能醒，官僚遺毒，江河之水所不能湔。必使失所憑藉，方足鏟鋤專制遺孽，遷地為良，庶可蕩滌一般瑕穢耳。三則不能以清帝退位之詔，全權授袁氏組織共和政府也。夫中華民國，乃根據臨時約法，取決人民代表之公意而後構成，非清帝袁氏所得私相授受也。袁氏之臨時總統，乃得國民所公選之參議院議員推舉之，非清帝所得任意取以予之也。故中山先生於此尤再三加之意焉。此三事者，皆中山先生當日最為適法之主張，而不惜以死力爭之者也。乃竟聽袁氏食其就職南京取決人民公意之前言，以演成弁髦約法、推翻共和之後患者，則非中山先生當日主張政見格而不行有以致之耶？試問中山先生主張政見之所以格而不行，情形雖複雜，而其重要原因，非由黨人當日識未及此，不表同意有以致之耶？有負於中山先生者此其二。其後中山先生退職矣，欲率同志為純粹在野黨，專從事擴張教育，振興實業，以立民國國家百年根本之大計，而盡讓政權於袁氏。吾人又以為空涉理想而反對之。且時有干涉政府用人行政之態度，卒至朝野冰炭，政黨水火，既惹袁氏之忌，更起天下之疑，而中山先生謀國之苦衷，經世之碩畫，轉不能表白於天下，而一收其效，有負於中山先生者此其三。然以上之事，猶可曰一般黨人之無識，非美與足下之過也。獨在宋案發生，中山先生其時適歸滬上，知袁氏將擬專制之死灰，而負民國之付託也，於是誓必去之。所定計畫，厥有兩端：一曰聯日。聯日之舉，蓋所以孤袁氏之援，而厚吾黨之勢也。日國亞東，於我為鄰，親與善鄰，乃我之福。日助我則我勝，日助袁則袁勝；此中山先生之言也。在中山先生認聯日為重要問題，決意親往接洽；而我等竟漠然視之，力尼其行，若深怪其輕身者。卒使袁氏伸其腕臂，孫寶琦、李盛鐸東使，胥不出先生所料，我則失所與矣。（文按民黨向主聯日者，以彼能發奮為雄，變弱小而為強大；我當親之師之，以圖中國之富強也。不圖彼國政府目光如豆，深忌中國之強，尤畏民黨得志，而礙其蠶食之謀，故屢助官僚以抑民黨，必期中國永久愚弱，以遂彼野心，彼武人政策，其橫暴可恨，其愚昧可憫也。倘長此不改，則亞東永無寧日，而日本亦終無以倖免矣！東鄰志士，其有感於世運起而正之者乎？）二曰速戰。中山先生以為袁氏手握大權，發號施令，遣兵調將，行動極稱自由；在我惟有出其不意，攻其無備，迅雷不及掩耳，先發始足制人，且謂宋案證據已確鑿，人心激昂，民氣憤張，正可及時利用，否則時機一縱即逝，後悔終嗟無及，此亦中山先生之言也。乃吾人遲鈍，又不之信，必欲靜待法律之解決，不為宣戰之豫備，豈知當斷不斷，反受其亂，法律以遷延而失效，人心以積久而灰冷，時機坐失，計畫不成，事欲求全，適得其反。設吾人初料及此，何致自貽伊戚耶？有負於中山先生者此其四。無何，刺宋之案，率於袁趙之蔑視國法，遲遲未結，五國借款，又不經國會承認，違法成立，斯時反對之聲，舉國若狂；乃吾人又以為有國會在，有法律在，有各省都督之力爭在，袁氏終當屈服於此數者而取銷之。在中山先生則以為國會乃口舌之爭，法律無抵抗之力，各省都督又多仰袁鼻息，莫敢堅持，均不足以戢「予智自雄」，

「擁兵自衛」之野心家，欲求解決之方，惟有訴諸武力而已矣。其主張辦法，一方面速興問罪之師，一方面表示全國人民不承認借款之公意於五國財團，五國財團，經中山先生之忠告，已允於二星期內停止付款矣。中山先生乃電令廣東獨立，而廣東不聽，欲躬親赴粵主持其事，吾人又力尼之，亦不之聽。不得已令美先以上海獨立，吾人又以上海彈丸地，難與之抗，更不聽之。當此之時，海軍尚來接洽，自願宣告獨立，中山先生力贊其成，吾人以堅持海陸軍同時並起之說，不欲為海軍先發之計。尋而北軍來滬，美擬邀擊海上，不使登陸，中山先生以為然矣，足下又以為非計。其後海軍奉袁之命開赴煙臺，中山先生聞而欲止之曰：「海軍助我則我勝，海軍助袁則袁勝，欲為我助，則宜留之。開赴煙臺，恐將生變。」美與足下則以海軍既表同意於先，斷不中變於後，均不聽之；海軍北上入袁氏牢籠矣。嗣又有吳淞砲臺砲擊兵艦之舉，以生其疑而激之變，於是海軍全部，遂不為我用矣。且中山先生當時屢促南京獨立，某等猶以下級軍官未能一致為諉。及運動成熟，中山先生決擬親赴南京宣告獨立。二三同志，咸以軍旅之事，乃足下所長，於是足下遂有南京之役。夫中山先生此次主張政見，皆為破壞借款推倒袁氏計也，乃遷延時日，逡巡不進，坐誤時機，卒鮮寸效，公理見屈於武力，勝算卒敗於金錢，信用不孚於外人，國法不加於袁氏。袁氏乃借欺人之語，舉二千五百萬鎊之外債，不用之為善後政費，而用之為購軍械，充兵餉，買議員，賞奸細，以蹂躪南方，屠戮民黨，攫取總統之資矣。設當日能信中山先生之言，即時獨立，勝負之數，尚未可知也。蓋其時聯軍十萬，擁地數省，李純未至江西，芝貴不聞南下，率我銳師，鼓其朝氣，以之聲討國賊，爭衡天下無難矣。惜乎粵、湘諸省，不獨立於借款成立之初，李柏諸公，不發難於都督取銷之際；逮借款成立，外人助袁，都督變更，北兵四布，始起而討之，蓋亦晚矣。有負於中山先生者此其五。夫以中山先生之智識，遇事燭照無遺，先幾洞若觀火，而美於其時貿貿然反對之，而於足下主張政見，則贊成之惟恐不及，非美之感情故分厚薄於其間，亦以識不過人，智闇慮物，泥于孫氏理想一語之成見而已。蓋以中山先生所提議者，胥不免遠於事實，故懷挾成見，自與足下為近，豈知拘守尺寸，動失尋丈，貽誤國事，罔不由此乎？雖然，「前事不忘，後事之師」，「前車已覆，來軫方遒」，「亡羊補牢，時猶未晚」，「見兔顧犬，機尚不失」。美之所見如此，未悉足下以為如何，自今而後，竊願與足下共勉之耳。夫人之才識，與時並進，知昨非而今未必是，能取善斯不厭從人。鄙見以為理想者事實之母也，中山先生之提倡革命，播因於二十年前，當時反對之者，舉國士夫，殆將一致；乃經二十年後，卒能見諸實行者，理想之結果也。使吾人於二十年前，即贊成其說，安見所懸理想，必遲至二十年之久，始得收效？抑使吾人於二十年後猶反對之，則中山先生之理想，不知何時始克形諸事實，或且終不成效果，至於靡有窮期者，亦難逆料也。故中山先生之理想能否證實，全在吾人之視察能否了解，能否贊同以奉行不悖是已。夫觀於既往，可驗將來，此就中山先生言之也，東隅之失，桑榆之收，此就美等言之也。足下明敏，勝美萬萬，當鑒及此，何待美之喋喋？然美更有不容已於言者，中山先生之意，謂革命事業，旦暮可期，必不遠待五年以後者。誠以民困之不蘇，匪亂之不靖，軍隊之驕橫，執政之荒淫，有一於此，足以亂國；兼而有之，其何能淑？剝極必復，否極必泰，循環之理，不間毫髮。乘機而起，積極進行，撥亂反正，殆如運掌。美雖愚闇，願竭棉薄，庶乎中山先生之理想即見實行，不至如推倒滿清之必待二十年以後。故中華革命黨之組織，亦時勢有以迫之也。顧自斯黨成立以來，舊日同志，頗滋呰議，以為多事變更，予人瑕隙，計之左者。不知同盟結會於秘密時代，辛亥以後，一變而為國民黨，自形式上言之，範圍日見擴張，勢力固徵膨脹；而自精神上言之，面目全非，分子複雜，薰蕕同器，良莠不齊，腐敗官僚，既朝秦而暮楚，齷齪敗類，更覆雨而翻雲，發言盈庭，誰執其咎？操戈同室，人則何尤？是故欲免敗群，須去害馬；欲事更張，必貴改弦，二三同志，亦有以諒中山先生慘澹經營機關改組之苦衷否耶？至於所定誓約，有「附從先生服從命令」等語，此中山先生深有鑒於前此致敗之故，多由於少數無識黨人誤會平等自由之真意。蓋自辛亥光復以後，國民未享受平等自由之幸福。臨於其上者，個人先有偭規越矩之行為：權利則狺狺以爭，義務則望望以去，彼此不相統攝，何能收臂指相使之功？上下自為從違，更難達精神一貫之旨。所謂既不能令，又不受命者，是耶非耶？故中山先生於此，欲相率同志納於軌物，庶以統一事權，非強制同志尸厥官肢，盡失自由行動。美以為此後欲達革命目的，當重視中山先生主張，必如眾星之拱北辰，而後星躔不亂其度數；必如江漢之宗東海，而後流派不至於紛歧。懸目的以為之赴，而視力乃不分；有指車以示之方，而航程得其向。不然，苟有黨員如吾人昔日之反對中山先生者，以反對於將來，則中山先生之政見，又將誤於毫釐千里之差，一國三公之手。故遵守誓約，服從命令，美認為當然天職而絕無疑義者。足下其許為同志而降心相從否耶？竊維美與足下，共負大局安危之責，實為多年患難之交，意見稍或差池，宗旨務求一貫，惟以情睽地隔，傳聞不無異詞；緩進急行，舉動輒多誤會。相析疑義，道故班荊，望足下之重來，有如望歲。迢迢水闊，懷人思長，嚶嚶鳥鳴，求友聲切，務祈足下尅日命駕言旋，共肩艱鉅，歲寒松柏，至老彌堅；天半雲霞，縈情獨苦。陰霾四塞，相期攜手同仇；滄海橫流，端賴和衷共濟，於乎！長蛇封豕，列強方逞薦食之謀；社鼠城狐，內賊愈肆穿墉之技，飄搖予室，綢繆不忘未雨之思，邪許同舟，慷慨應擊中流之楫。望風懷想，不盡依依，敬掬微忱，耑求指示！寒氣尚重，諸維為國珍攝！言不罄意。陳其美頓首。（按此民國四年春之書也）

第七章　不知亦能行

或曰：「誠如先生所言，今日文明已進於科學時代，凡有興作，必先求知而後從事於行，則中國富強事業，非先從事於普及教育，使全國人民皆有科學知識不可。按以先生之新發明『行之非艱，知之惟艱』，又按之古人之言『十年樹木，百年樹人』，則教育之普及，非百十年不為功；乃先生之論，有一躍而能致中國於富強隆盛之地者，其道何由？」曰：子徒知知之而後能行，而不知不知亦能行也。當科學未發明之前，固全屬不知而行，及行之而猶有不知者。故凡事無不委之於天數氣運，而不敢以人力為之轉移也。迨人類漸起覺悟，始有由行而後知者，乃甫有欲盡人事者矣，然亦不能不聽之於天也。至今科學昌明，始知人事可以勝天，凡所謂天數氣運者，皆心理之作用也。然而科學雖明，惟人類之事仍不能悉先知之而後行之也；其不知而行之事，仍較於知而後行者為尤多也。且人類之進步，皆發軔於不知而行者也，此自然之理則，而不以科學之發明為之變易者也。故人類之進化，以不知而行者為必要之門徑也。夫習練也，試驗也，探索也，冒險也，之四事者，乃文明之動機也。生徒之習練也，即行其所不知以達其欲能也；科學家之試驗也，即行其所不知以致其所知也；探索家之探索也，即行其所不知以求其發見也；偉人傑士之冒險也，即行其所不知以建其功業也。由是觀之，行其所不知者，於人類則促進文明，於國家則圖致富強也。是故不知而行者，不獨為人類所皆能，亦為人類所當行，而尤為人類之欲生存發達者之所必要也。有志國家富強者，宜黽勉力行也。夫古今來一躍而致隆盛者，不可勝數。即近代之列強，亦多有躋於強盛而後乃從事於教育者。夫以中國現在之地位，現有之知識，已良足一躍而致隆盛，比肩於今世之列強矣。所以不能者，究非在於不知不行也；而向來之積弱退化有如江流日下者，其原因實在政府官吏之腐敗，倒行逆施，積極作惡也。其大者則有欲圖一己之私，而至於犧牲國家而不恤；其次者，則以一督軍一師長，而年中聚斂，動至數百萬數十萬；又其次者，則種種之作弊，無一不為斲喪國家之元氣，傷殘人民之命脈。比之他國之政策務在保民而治，獎士勸農勵工惠商以圖富強者，則我無一不與之相反也。由此觀之，若政府官吏能無為而治，不倒行逆施，不積極作惡，以害國害民，則中國之強盛已自然可致，而不待於發奮思為。是今日圖治之道，興利尚可緩，而除害尤宜急；倘能除害，則自然之進化，已足登中國於強盛之地矣。何以言之？夫國之貧弱，必有一定之由也，有以地小而貧者，有以地瘠而貧者，有以民少而弱者，有以民愚而弱者，此貧弱之四大原因也。乃中國之土地則四百餘萬方咪之廣，居世界之第四，尚在美國之上；而物產之豐，寶藏之富，實居世界之第一；至於人民之數，則有四萬萬，亦為世界之第一；而人民之聰明才智，自古無匹，承五千年之文化，為世界所未有，千百年前已嘗為世界之雄矣；四大貧弱之原因，我曾無一焉。然則何為而貧弱至是也？曰：官吏貪污，政治腐敗之為害也，倘此害一除，則致中國於富強，實頭頭是道也。在昔異族專制之時，官吏為君主之鷹犬，高居民上，可任意為惡，民無可如何也。今經革命之後，專制已覆，人民為一國之主，官吏不過為人民之僕，當受人民之監督制裁也。其純良者吾民當任用之，其酷劣者，當淘汰之而已。為人民者，祇知除害足矣。為此需要，不必待於普通教育科學知識，而凡人有切身利害，皆能知能行也。國害一除，則國利自興，而富強之基於是乎立。是中國今日欲富強則富強矣，幾有不待一躍之功也。中國為世界最古之國，承數千年文化，為東方首出之邦，未與歐美通市以前，中國在亞洲之地位，向無有與之匹敵者。即間被外族入寇，如元清兩代之僭主中國，然亦不能不奉中國之禮法。而其他四鄰之國，或入貢稱藩，或來朝親善，莫不羨慕中國之文化，而以中國為上邦也。中國亦素自尊大，目無他國，習慣自然，遂成為孤立之性。故從來若欲有所改革，其採法惟有本國，其取資亦盡於本國而已，其外則無可取材借助之處也。是猶孤人之處於荒島，其所需要皆一人為之，不獨自耕而食，自織而衣，亦必自爨而後得食，自縫而後得衣，其勞苦繁難，不可思議，然其人亦習慣自然，而不知有社會互助之便利，人類交通之廣益也。倘時移勢變，此荒島一旦成為世界航路之中樞，海客接踵而至，有憫此孤人之勞苦者，勸之曰：「君不必事事躬親，祇從所長專於一業足矣。其他當有人為君效勞也。」其人必不之信。蓋以為一己之才力所不能致者，則為必不可能之事也。此猶今日中國之人，不信中國之富強可坐而致者，同一例也。蓋中國之孤立自大，由來已久。而向未知國際互助之益，故不能取人之長，以補己之短。中國所不知所不能者，則以為必無由以致之也。雖閉關自守之局，為外力所打破者，已六七十年，而思想則猶是閉關時代荒島孤人之思想；故尚不能利用外資，利用外才，以圖中國之富強也。夫今日立國於世界之上，猶乎人處於社會之中，相資為用，互助以成者也。中國之為國，擁有廣大之土地，無量之富源，眾多之人力，是無異一富家翁享有廣大之田園，盈倉之財寶，眾多之子孫，而乃不善治家，田園則任其荒蕪，財實則封鎖不用，子孫則日事遊蕩，而舉家則饑寒交迫，朝不保夕，此實中國今日之景象也。嗚呼！誰為為之？孰令致之？吾國人果知天下興亡，匹夫有責，則人人當自奮矣。夫以中國之人處中國之地，際當今之時，而欲致中國於富強之境，其道固多。今試陳其一：即利用今回世界大戰爭各國新設之製造廠，為開發我富源之利器是也。夫此等工廠，專為供給戰品而設，今大戰已息，此等工廠將成為廢物矣。其傭於此等工廠之千百萬工人，亦將失業矣。其投於此等工廠之數十萬萬資本，將無從取償矣。此為歐美戰後問題之一大煩難，而彼中政治家尚無解決之方也。倘我中國人能利用此機會，藉彼將廢之工廠，以開發我無窮之富源，則必為各國所樂許也。此所謂天與之機。語曰：「天與不取，必受其禍」。倘我失此不圖，則三五年後，歐美工業悉復原狀，則其發達必十倍於前，而商戰起矣。吾中國之手工工業，必不能與彼之新機械大規模之工業競爭，如此則我工商之失敗，必將見於十年之內矣。及今圖之，則數年之間，我之機械工業，亦可發達，則此禍可免。此以實業救國之道也，國人其注意之。今之美國，吾人知其為世界最富最強之國也，然其所以致富強者，實業發達也。當其發展實業之初也，資本悉借之歐洲，人才多聘之歐洲，而工人且有招之中國，其進行則多由冒險試驗，而少出於計畫統籌，且向未遇各國有投閒置散之全備工廠，為彼取材之機會如我之今日也。而其富源尚不及我之豐盛，然其實業之發達，今已為世界冠矣。試以其鋼鐵炭油之出產而觀其成績，美國一千九百十六年所產鐵四千萬噸，鋼四千三百四十八萬噸，而我國每年所產之鋼鐵，不過二十餘萬噸，較之美國不過四百分之一耳。美國同年所產煤炭五萬八百四十七萬噸，等於九千八百萬匹馬力；所產燃油二萬九千二百三十萬桶，等於一千九百七十五萬匹馬力；所產自然汽約三百萬匹馬力；所發展水力電約六百萬匹馬力。夫鋼鐵者，實業之體也；炭油汽電者，實業之用也。統計美國所發展之自然力，約一萬萬六千六百七十五萬匹馬力，以一馬力等於八人力計之，則美國約有一十三萬萬有奇之人以助之生產。其人口一萬萬，除人力作工之外，每人尚有十三人之機器力為之助，而此十三人之機力，乃夜以繼日，連作二十四小時之工而不歇者，而人之作工，每日八時耳，機力則每日多作三倍之工，是一機力無異三人也，而十三人之機力，則等於三十九人矣。大學曰：「生之者眾，食之者寡，為之者疾，用之者舒，則財恆足矣。」此美國之所以富也。我中國人口四萬萬，除老少而外，能作工者，不過二萬萬人。然因工業不發達，雖能工作者亦恆無工可作，流為遊手好閒，而寄食於人者，或亦半之，如是有工作可作者，不過一萬萬人耳。且此一萬萬人之中，又不盡作生利之工，而半為消耗之業；其為生產之事業者，實不過五千萬人而已。由此觀之，中國八人中不過一人生產耳。此國之所以貧，尚過於韓愈所云：「農之家一而食粟之家六，工之家一而用器之家六，賈之家一而資焉之家六；奈之何民不窮且盜也？」較之美國人口一萬萬，而當有五千萬人有工可作，而每人更有三十九人之機器力以助之，即三十九人有半作工以給一人，此其所以不患貧反憂生產之過盛，供過於求，而岌岌向外以覓市場為尾閭之疏泄也。此貧弱富強之所由分，亦商戰勝敗之所由決也。然則今日欲求迅速之法，以發展中國之財源，而立救貧弱者，其道為何？倘以中國而言，則本無其法，更無迅速之法也。若欲中國之實業於十年之間，而發達至美國現在之程度，則中國人不獨不能知，不能行，且為夢想所不能及也。是猶望荒島之孤人，以一人之力而發展其荒島，使之田園盡闢，道路悉修，港灣深濬，市場繁盛，樓宇林立，公園宏偉，居宅麗都，生活優逸，如此，雖延長其壽命至萬年，彼必無由以成此等之事業也。然若荒島之孤人，肯出其巖穴所埋藏纍纍之金塊明珠，以與海客謀，將其荒島發展，成為繁盛華麗之海市，而許酬以相當之金塊明珠，則必有人焉，為之經營，為之籌劃，為之招集人才，為之搜羅資料，不期年而諸事可以畢集矣。荒島孤人，直可從心所欲，坐享其成耳。中國之欲發展其工商事業，其道亦猶是也。故其問題已不在能知不能知能行不能行也，而直在欲不欲耳。夫以中國之地位，中國之富源，處今日之時會，倘吾人民能舉國一致，歡迎外資，歡迎外才，以發展我之生產事業；則十年之內，吾實業之發達，必能並駕歐美矣。如其不信，請觀美國工業發達之速率，可以知矣。當十餘年前，美國之議繼鑿巴拿馬運河也，初擬以二十年為期，以達成功，及後實行施工，不過八年而畢厥事。是比其數年前所知之工程，已加速二倍半矣。及美國對德宣戰而後，其戰時之工業進步，更令人不可思議。往時非數十年所不能成者，而今則一年可成之矣。如造船也，昔需一兩年而造成一艘者，今則二十餘日可成矣。倘以戰時大規模大組織之工程，施之於建築巴拿馬運河，則一個月間便可成一運河矣。有此非常速率之工程，若吾國人能曉然於互助之利，交換之益，用人所長，補我所短，則數年之間，即可將中國之實業造成如美國今日矣。中國實業之發達，固不僅中國一國之益也，而世界亦必同沾其利。故世界之專門名家，無不樂為中國效力，如海客之欲為荒島孤人效力者一也。予近日致各國政府「國際共同發展中國實業計畫」一書，已得美國大表贊同，想其他之國當必惟美國之馬首是瞻也。果爾，則此後祇須中國人民之欲之而已。倘知此為興國之要圖，為救亡之急務，而能萬眾一心，舉國一致，而歡迎列國之雄厚資本，博大規模，宿學人才，精練技術，為我籌劃，為我組織，為我經營，為我訓練，則十年之內，我國之大事業必能林立於國中，我實業之人才，亦同時並起。十年之後，則外資可以陸續償還，人才可以陸續成就，則我可以獨立經營矣。若必俟我教育之普及，知識之完備，而後始行，則河清無日，坐失良機，殊可惜也。必也治本為先，救窮宜急，衣食足而知禮節，倉廩實而知榮辱，實業發達，民生暢遂，此時則普及教育乃可實行矣。今者宜乘歐戰告終之機，利用其戰時工業之大規模，以發展我中國之實業，誠有如反掌之易也。故曰：不知亦能行者此也。

第八章　有志竟成

夫事有順乎天理，應乎人情，適乎世界之潮流，合乎人群之需要，而為先知先覺者所決志行之，則斷無不成者也，此古今之革命維新興邦建國等事業是也。予之提倡共和革命於中國也，幸已達破壞之成功，而建設事業雖未就緒，然希望日佳，予敢信終必能達完全之目的也。故追述革命原起，以勵來者，且以自勉焉。夫自民國建元以來，各國文人學士之對於中國革命之著作，不下千數百種，類多道聽途說之辭，鮮能知革命之事實。而於革命之原起，更無從追述，故多有本於予之「倫敦被難記」第一章之革命事由。該章所述，本甚簡略，且於二十餘年之前，革命之成否，尚為問題。而當時雖在英京，然亦事多忌諱，故尚未敢自承興中會為予所創設者，又未敢表示興中會之本旨為傾覆滿清者，今於此特修正之，以輔事實也。茲篇所述，皆就予三十年來所記憶之事實而追述之。由立志之日起至同盟成立之時，幾為予一人之革命也，故事甚簡單，而於贊襄之要人，皆能一一錄之無遺。自同盟會成立以後，則事體日繁，附和日眾，而海外熱心華僑，內地忠烈志士，各重要人物，不能一一畢錄於茲篇，當俟之修革命黨史時，乃能全為補錄也。予自乙酉中法戰敗之年，始決傾覆清廷創建民國之志，由是以學堂為鼓吹之地，借醫術為入世之媒，十年如一日。當予肄業於廣州博濟醫學校也，於同學中物識有鄭士良號弼臣者，其為人豪俠尚義，廣交遊，所結納皆江湖之士，同學無有類之者。予一見則奇之，稍與相習，則與之談革命，士良一聞而悅服。並告以彼曾投入會黨，如他日有事，彼可為我羅致會黨以聽指揮云。予在廣州學醫甫一年，聞香港有英文醫校開設，予以其學課較優，而地較自由，可以鼓吹革命，故投香港學校肄業。數年之間，每於學課餘暇，皆致力於革命之鼓吹，常往來於香港、澳門之間，大放厥辭，無所忌諱。時聞而附和者，在香港祇陳少白、尤少紈、楊鶴齡三人，而上海歸客，則陸皓東而已。若其他之交游，聞吾言者，不以為大逆不道而避之，則以為中風病狂相視也。予與陳、尤、楊三人常住香港，昕夕往還，所談者莫不為革命之言論，所懷者莫不為革命之思想，所研究者莫不為革命之問題，四人相依甚密，非談革命則無以為歡，數年如一日，故港、澳間之戚友交游，皆呼予等為四大寇。此為予革命言論之時代也。及予卒業之後，懸壺於澳門、羊城兩地以問世，而實則為革命運動之開始也。時鄭士良則結納會黨，聯絡防營，門徑既通，端倪略備。予乃與陸皓東北遊京、津，以窺清廷之虛實；深入武漢，以觀長江之形勢。至甲午中東戰起，以為時機可乘，乃赴檀島、美洲，創立興中會，欲糾合海外華僑以收臂助。不圖風氣未開，人心錮塞，在檀鼓吹數月，應者寥寥，僅得鄧蔭南與胞兄德彰二人，願傾家相助，及其他親友數十人之贊同而已。時適清兵屢敗，高麗既失，旅、威繼陷，京、津亦岌岌可危，清廷之腐敗盡露，人心憤激。上海同志宋躍如乃函促歸國，美洲之行，因而中止。遂與鄧蔭南及三五同志，返國以策進行，欲襲取廣州，以為根據。遂開乾亨行於香港為幹部，設農學會於羊城為機關，當時贊襄幹部事務者，有鄧蔭南、楊衢雲、黃詠商、陳少白等，而助運籌於羊城機關者，則陸皓東、鄭士良並歐美技師及將校數人也。予則常往來廣州、香港之間。慘淡經營，已過半載，籌備甚週，聲勢頗眾，本可一擊而生絕大之影響。乃以運械不慎，致海關搜獲手鎗六百餘桿，事機乃洩，而吾黨健將陸皓東殉焉，此為中國有史以來為共和革命而犧牲者之第一人也。同時被株連而死者，則有丘四、朱貫全二人。被捕者七十餘人，而廣東水師統帶程奎光與焉，後竟病死獄中。其餘之人或囚或釋，此乙未九月九日，為予第一次革命之失敗也。敗後三日，予尚在廣州城內，十餘日後，乃得由間道脫險出至香港。隨與鄭士良、陳少白同渡日本，略住橫濱。時予以返國無期，乃斷髮改裝，重遊檀島。而士良則歸國收拾餘眾，布置一切，以謀捲土重來。少白則獨留日本，以考察東邦國情，予乃介紹於日友菅原傳，此友為往日在檀所識者。後少白由彼介紹於曾根俊虎，由俊虎而識宮崎彌藏，即宮崎寅藏之兄也。此為革命黨與日本人士相交之始也。予到檀島後，復集合同志以推廣興中會，然已有舊同志以失敗而灰心者，亦有新聞道而赴義者，惟卒以風氣未開，進行遲滯，以久留檀島，無大可為，遂決計赴美，以聯絡彼地華僑，蓋其眾比檀島多數倍也。行有日矣，一日散步市外，忽遇有馳車迎面而來者，乃吾師康德黎與其夫人也，吾遂一躍登車；彼夫婦不勝詫異，幾疑為暴客，蓋吾已改裝易服，彼不認識也。予乃曰：「我孫逸仙也」，遂相笑握手。問以何為而至此，曰：「回國道經此地，舟停而登岸流覽風光也。」予乃趁車同遊，為之指導。遊畢登舟，予乃告以予將作環繞地球之遊，不日將由此赴美，隨將到英，相見不遠也，遂歡握而別。美洲華僑之風氣蔽塞，較檀島尤甚。故予由太平洋東岸之三藩市登陸，橫過美洲大陸，至大西洋西岸之紐約市，沿途所過多處，或留數日，或十數日，所至皆說以祖國危亡，清政腐敗，非從民族根本改革，無以救亡，而改革之任，人人有責，然而勸者諄諄，聽者終歸藐藐，其歡迎革命主義者，每埠不過數人或十餘人而已。然美洲各地華僑多立有洪門會館，洪門者，創設於明朝遺老，起於康熙時代。蓋康熙以前，明朝之忠臣烈士，多欲力圖恢復，誓不臣清，捨生赴義，屢起屢蹶，與虜拚命，然卒不救明朝之亡。迨至康熙之世，清勢已盛，而明朝之忠烈亦死亡殆盡，二三遺老，見大勢已去，無可挽回，乃欲以民族主義之根苗，流傳後代，故以反清復明之宗旨，結為團體，以待後有起者，可藉為資助也，此殆洪門創設之本意也。然其事必當極為祕密，乃可防政府之察覺也。夫政府之爪牙為官吏，而官吏之耳目為士紳，故凡所謂士大夫之類，皆所當忌而須嚴為杜絕者，然後其根枝乃能保存，而潛滋暗長於異族專制政府之下。以此條件而立會，將以何道而後可？必也以最合群眾心理之事跡，而傳民族國家之思想，故洪門之拜會，則以演戲為之，蓋此最易動群眾之視聽也。其傳布思想，則以不平之心，復仇之事導之，此最容易發常人之感情也。其口號暗語，則以鄙俚粗俗之言以表之，此最易使士大夫聞而生厭遠而避之者也。其固結團體，則以博愛施之，使彼此手足相顧，患難相扶，此最合夫江湖旅客無家遊子之需要也。而最終乃傳以民族主義，以期達其反清復明之目的焉。國內之會黨，常有與官吏衝突，故猶不忘其與清政府居於反對之地位，而反清復明之口頭語，尚多了解其義者。而海外之會黨多處於他國自由政府之下，其結會之需要，不過為手足患難之聯絡而已，政治之意味殆全失矣，故反清復明之口語，亦多有不知其義者。當予之在美洲鼓吹革命也，洪門之人，初亦不明吾旨，予乃反而叩之反清復明何為者？彼眾多不能答也。後由在美之革命同志鼓吹數年，而洪門之眾，乃始知彼等原為民族老革命黨也。然當時予之遊美洲也，不過為初期之播種，實無大影響於革命前途也，然已大觸清廷之忌矣。故於甫抵倫敦之時，即遭使館之陷，幾致不測。幸得吾師康德黎竭力營救，始能脫險。此則檀島之邂逅，真有天幸存焉。否則吾尚無由知彼之歸國，彼亦無由知吾之來倫敦也。倫敦脫險後，則暫留歐洲，以實行考察其政治風俗，並結交其朝野賢豪，兩年之中，所見所聞，殊多心得。始知徒致國家富強，民權發達，如歐洲列強者，猶未能登斯民於極樂之鄉也；是以歐洲志士，猶有社會革命之運動也。予欲為一勞永逸之計，乃採取民生主義，以與民族民權問題，同時解決，此三民主義之主張所由完成也。時歐洲尚無留學生，又鮮華僑，雖欲為革命之鼓吹，其道無由。然吾生平所志，以革命為唯一之天職，故不欲久處歐洲，曠廢革命之時日，遂往日本，以其地與中國相近，消息易通，便於籌劃也。抵日本後，其民黨領袖犬養毅遣宮崎寅藏、平山周二人來橫濱歡迎，乃引至東京相會。一見如舊識，抵掌談天下事，甚痛快也。時日本民黨初握政權，大隈為外相，犬養為之運籌，能左右之；後由犬養介紹，曾一見大隈、大石、尾崎等，此為予與日本政界人物交際之始也。隨而識副島種臣及其在野之志士如頭山、平岡、秋山、中野、鈴木等，後又識安川、犬塚、久原等，各志士之對於中國革命事業，先後多有資助，尤以久原、犬塚為最。其為革命奔走始終不懈者，則有山田兄弟、宮崎兄弟、菊池、萱野等；其為革命盡力者，則有副島、寺尾兩博士。此就其直接於予者而略記之，以誌不忘耳。其他間接為中國革命黨奔走盡力者尚多，不能於此一一悉記，當俟之革命黨史也。日本有華僑萬餘人，然其風氣之錮塞，聞革命而生畏者，則與他處華僑無異也。吾黨同人有往返於橫濱、神戶之間，鼓吹革命主義者，數年之中而慕義來歸者，不過百數十人而已。以日本華僑之數較之，不及百分之一也。向海外華僑之傳播革命主義也，其難固已如此，而欲向內地以傳布，其難更可知矣。內地之人，其間革命排滿之言而不以為怪者，祗有會黨中人耳。然彼眾皆知識薄弱，團體散漫，憑藉全無，只能望之為響應，而不能用為原動力也。由乙未初敗以至於庚子，此五年之間，實為革命進行最艱難困苦之時代也。蓋予既遭失敗，則國內之根據，個人之事業，活動之地位，與夫十餘年來所建立之革命基礎，皆完全消滅；而海外之鼓吹，又毫無效果。適於其時有保皇黨發生，為虎作倀，其反對革命，反對共和，比之清廷為尤甚。當此之時，革命前途，黑暗無似，希望幾絕，而同志尚不盡灰心者，蓋正朝氣初發時代也。時予乃命陳少白回香港，創辦「中國報」，以鼓吹革命；命史堅如入長江，以聯絡會黨；命鄭士良在香港設立機關，招待會黨。於是乃有長江會黨及兩廣福建會黨併合於興中會之事也。旋遇清廷有排外之舉，假拳黨以自衛，有殺洋人，圍使館之事發生，因而八國聯軍之禍起矣。予以時機不可失，乃命鄭士良入惠州招集同志以謀發動，而命史堅如入羊城招集同志以謀響應。籌備將竣，予乃與外國軍官數人繞道至香港，希圖從此潛入內地，親率健兒，組織一有秩序之革命軍以救危亡也。不期中途為奸人告密，船一抵港即被香港政府監視，不得登岸。遂致原定計畫，不得施行。乃將惠州發動之責，委之鄭士良，而命楊衢雲、李紀堂、陳少白等在香港為之接濟。予則折回日本，轉渡臺灣，擬由臺灣設法潛渡內地。時臺灣總督兒玉頗贊中國之革命，以北方已陷於無政府之狀態也。乃飭民政長官後藤與予接洽，許以起事之後，可以相助。予於是一面擴充原有計畫，就地加聘軍官，蓋當時民黨尚無新知識之軍人也。而一面令士良即日發動，並改原定計畫，不直逼省城，而先占領沿海一帶地點，多集黨眾，以候予來乃進行攻取。士良得令，即日入內地，親率已集合於三洲田之眾，出面攻撲新安、深圳之清兵，盡奪其械，隨而轉戰於龍岡、淡水、永湖、梁化、白芒花、三多祝等處，所向皆捷，清兵無敢當其鋒者。遂占領新安、大鵬至惠州、平海一帶沿海之地，以待予與幹部人員之入，及武器之接濟。不圖惠州義師發動旬日，而日本政府忽而更換，新內閣總理伊藤氏，對中國方針，與前內閣大異，乃禁制臺灣總督不許與中國革命黨接洽；又禁武器出口，及禁日本軍官投效革命軍者。而予潛渡之計畫，乃為破壞，遂遣山田良政與同志數人，往鄭營報告一切情形，並令之相機便宜行事。山田等到鄭士良軍中時，已在起事之後三十餘日矣。士良連戰月餘，彈藥已盡，而集合之眾已有萬餘人，渴望幹部軍官及武器之至甚切，而忽得山田所報消息，遂立令解散，而率其原有之數百人間道出香港。山田後以失路為清兵所擒被害，惜哉！此為外國義士為中國共和犧牲者之第一人也。當鄭士良之在惠州苦戰也，史堅如在廣州屢謀響應，皆不得當，遂決意自行用炸藥攻燬兩廣總督德壽之署而殲之，炸發不中，而史堅如被擒遇害。是為共和殉難之第二健將也。堅如聰明好學，真摯懇誠，與陸皓東相若，其才貌英姿，亦與皓東相若，而二人皆能詩能畫亦相若，皓東沉勇，堅如果毅，皆命世之英才，惜皆以事敗而犧牲！元良沮喪，國士淪亡，誠革命前途之大不幸也！而二人死節之烈，浩氣英風，實足為後死者之模範。每一念及，仰止無窮。二公雖死，其精靈之縈繞吾懷者，無日或間也。庚子之役，為予第二次革命之失敗也。經此失敗而後，回顧中國之人心，已覺與前有別矣。當初次之失敗也，舉國輿論莫不目予輩為亂臣賊子，大逆不道，咒詛謾罵之聲，不絕於耳；吾人足跡所到，凡認識者，幾視為毒蛇猛獸，而莫敢與吾人交游也。惟庚子失敗之後，則鮮聞一般人之惡聲相加，而有識之士，且多為吾人扼腕歎惜，恨其事之不成矣。前後相較，差若天淵。吾人睹此情形，中心快慰，不可言狀，知國人之迷夢，已有漸醒之兆。加以八國聯軍之破北京，清帝后之出走，議和之賠款九萬萬兩而後，則清廷之威信已掃地無餘，時而人民之生計從此日蹙。國勢危急，岌岌不可終日，有志之士，多起救國之思，而革命風潮自此萌芽矣。適各省派留學生至日本之初，而赴東求學之士，類多頭腦新潔，志氣不凡，對於革命理想，感受極速，轉瞬成為風氣，故其時東京留學界之思想言論，皆集中於革命問題。劉成禺在學生新年大會演說革命排滿，被清公使逐出學校；而戢元成、沈虬齋、張溥泉等，則發起「國民報」，以鼓吹革命。留東學生提倡於先，內地學生附和於後，各省風潮，從此漸作。在上海則有章太炎、吳稚暉、鄒容等借「蘇報」以鼓吹革命，為清廷所控，太炎、鄒容被拘囚租界監獄，吳亡命歐洲。此案涉及清帝個人，為朝廷與人民聚訟之始，清朝以來所未有也。清廷雖訟勝，而章、鄒不過僅得囚禁兩年而已。於是民氣為之大壯。鄒容著有「革命軍」一書，為排滿最激烈之言論，華僑極為歡迎，其開導華僑風氣，為力甚大。此則革命風潮初盛時代也。壬寅癸卯之交，安南總督韜美氏託東京法公使屢次招予往見，以事未能成行，後以河內開博覽會，因往一行，到安南時適韜美已離任回國，囑其秘書長哈德安招待甚殷。在河內時，識有華商黃龍生、甄吉亭、甄璧、楊壽彭、曾齊等，後結為同志，於欽廉、河口等役，盡力甚多。河內博覽會告終之後，予再作環球漫游，取道日本檀島而赴歐美。過日本時，有廖仲愷夫婦、馬君武、胡毅生、黎仲實等多人來會，表示贊成革命。予乃託以在東物識有志學生，結為團體，以任國事，後同盟會之成立多有力焉。自惠州失敗以至同盟會成立之間，其受革命風潮所感興起而圖舉義者，在粵則有李紀堂、洪全福之事，在湘則有黃克強、馬福益之事，其事雖不成，人多壯之。海外華僑亦漸受東京留學界，及內地革命風潮之影響，故予此次漫游所到，凡有華僑之處，莫不表示歡迎，較之往昔大不同矣。乙巳春間，予重至歐洲，則其地之留學生已多數贊成革命，蓋彼輩皆新從內地或日本來歐近一二年，已深受革命思潮之陶冶，已漸由言論而達至實行矣。予於是乃揭櫫吾生平所懷抱之三民主義、五權憲法以號召之，而組織革命團體焉。於是開第一會於比京，加盟者三十餘人；開第二會於柏林，加盟者二十餘人；開第三會於巴黎，加盟者亦十餘人；開第四會於東京，加盟者數百人，中國十七省之人皆與焉。惟甘肅尚無留學生到日本，故闕之也。此為革命同盟會成立之始。因當時尚多諱言革命二字，故祇以同盟會見稱，後亦以此名著焉。自革命同盟會成立之後，予之希望則為之開一新紀元。蓋前此雖身當百難之衝，為舉世所非笑唾罵，一敗再敗，而猶冒險猛進者，仍未敢望革命排滿事業能及吾身而成者也。其所以百折不回者，不過欲有以振起既死之人心，昭蘇將盡之國魂，期有繼我而起者成之耳。及乙巳之秋，集合全國之英俊而成立革命同盟會於東京之日，吾始信革命大業可及身而成矣。於是乃敢定立中華民國之名稱，而公布於黨員，使之各回本省，鼓吹革命主義，而傳布中華民國之思想焉。不期年而加盟者已逾萬人，支部則亦先後成立於各省；從此革命風潮一日千丈，其進步之速，有出人意表者矣。當時外國政府之對於中國革命黨，亦多刮目相看，一日予從南洋往日本，船泊吳淞，有法國武官布加卑者，奉其陸軍大臣之命來見，傳達彼政府有贊助中國革命事業之好意，叩予革命之勢力如何？予略告以實情，又叩以：「各省軍隊之聯絡如何？若已成熟，則吾國政府立可相助。」予答以未有把握。遂請彼派員相助，以辦調查連絡之事。彼乃於駐紮天津之參謀部，派定武官七人，歸予調遣。予命廖仲愷往天津設立機關，命黎仲實與某武官調查兩廣，命胡毅生與某武官調查川滇，命喬宜齋與某武官往南京、武漢。時南京、武昌兩處新軍皆大歡迎，在南京有趙伯先接洽，約同營長以上各官相見，秘密會議，策畫進行。而武昌則有劉家運接洽，約同同志之軍人在教會之日知會開會，到會者甚眾。聞新軍鎮統張彪亦改裝潛入，開會時各人演說，大倡革命，而法國武官亦演說贊成，事遂不能秘密。而湖廣總督張之洞，乃派洋關員某西人尾法武官之行蹤，途上與之訂交，亦偽為表同情於中國革命也者；法官以彼亦西人，不之疑也，故內容多為彼探悉。張之洞遂奏報其事於清廷，其中所言革命黨之計畫，或確或否；清廷得報，乃大與法使交涉。法使本不知情也，乃請命於政府何以處分布加卑等，政府飭彼勿問，清廷亦無如之何。未幾法國政府變更，而新內閣不贊成是舉，遂將布加卑等撤退回國；後劉家運等則以關於此事被逮而犧牲也。此革命運動之起國際交涉者也。同盟會成立未久，發刊「民報」鼓吹三民主義，遂使革命思潮彌漫全國，自有雜誌以來，可謂成功最著者。其時慕義之士，聞風興起，當仁不讓，獨樹一幟以建議者，踵相接也。其最著者，如徐錫麟、熊成基、秋瑾等是也。丙午萍醴之役，則同盟會會員自動之義師也。當萍醴革命軍與清兵苦戰之時，東京之會員莫不激昂慷慨，怒髮衝冠，亟思飛渡內地，身臨前敵，與虜拚命，每日到機關請命投軍者甚眾。稍有緩卻，則多痛哭流淚，以為求死所而不可得，苦莫甚焉。其雄心義憤，良足嘉尚。獨惜萍鄉一舉，為會員之自動，本部於事前一無所知，故臨時無所備，然而會員之紛紛回國從軍者，已相望於道矣。尋而萍醴之師敗，而禹之謨、劉道一、寧調元、胡英等竟被清吏拿獲，或囚或殺者多人。此為革命同盟會會員第一次之流血也。由此而後，則革命風潮之鼓盪全國者，更為從前所未有，而同盟會本部之在東，亦不能久為沉默矣。時清廷亦大起恐慌，屢向日本政府交涉，將予逐出日本境外。予乃離日本而與漢民、精衛二人同行而之安南，設機關部於河內，以籌劃進行。旋發動潮州、黃岡之師不得利，此為予第三次之失敗也。繼又命鄧子瑜發難於惠州，亦不利，此為予第四次之失敗也。時適欽、廉兩府有抗捐之事發生，清吏派郭人漳、趙伯先二人各帶新軍三四千人往平之。予乃命黃克強隨郭人漳營，命胡毅生隨趙伯先營，而游說之以贊成革命，二人皆首肯，許以若有堂堂正正之革命軍起，彼等必反戈相應。於是一面派人往約欽廉各屬紳士鄉團為一致行動，一面派萱野長知帶款回日本購械，並在安南招集同志，並聘就法國退伍軍官多人，擬器械一到，則占據防城至東興一帶沿海之地，為組織軍隊之用。東興與法屬之芒街，僅隔一河，有橋可達，交通甚為利便也。滿擬武器一到，則吾黨可成正式軍隊二千餘人，然後集合欽州各鄉團勇六七千人，而後要約郭人漳、趙伯先二人，所帶之新軍約六千餘人，便可成一聲勢甚大之軍隊。再加以訓練，當成精銳，則兩廣可收入掌握之中。而後出長江以合南京、武昌之新軍，則破竹之勢可成，而革命可收完全之效果矣。乃不期東京本部之黨員忽起風潮，而武器購買運輸之計畫為之破壞，至時防城已破，武器不來，予不特失信於接收軍火之同志，並失信於團紳矣。而致防城之同志至時不見武器之來，乃轉而逼欽州，冀郭軍之響應；郭見我軍之薄弱，加以他軍為之制，故不敢來。我軍遂進圍靈山，冀趙軍之響應，趙見郭尚未來，彼亦不敢來。我軍以力薄難進，遂退入十萬大山。此為予第五次之失敗也。欽廉計畫不成之後，予乃親率黃克強、胡漢民並法國軍官與安南同志百數十人，襲取鎮南關，占領三要塞，收其降卒，擬由此集合十萬大山之眾，而會攻龍州。不圖十萬大山之眾，以道遠不能至，遂以百餘眾握據三砲臺，而與龍濟光、陸榮廷等數千之眾連戰七晝夜，乃退入安南。予過諒山時為清偵探所察悉，報告清吏，後清廷與法國政府交涉，將予放逐出安南。此為予第六次之失敗也。予於離河內之際，一面令黃克強籌備再入欽、廉，以圖集合該地同志；一面令黃明堂窺取河口，以圖進取雲南，以為吾黨根據之地，後克強乃以二百餘人出安南，橫行於欽、廉、上思一帶，轉戰數月，所向無前，敵人聞而生畏，克強之威名因以大著。後以彈盡援絕而退出，此為予第七次之失敗也。予抵星洲數月之後，黃明堂乃以百數十人襲得河口，誅邊防督辦，收其降眾千有餘人，守之以待幹部人員前往指揮。時予遠在南洋，又不能再過法境，故難以親臨前敵以指揮之，乃電令黃克強前往指揮，不期克強行至半途，被法官疑為日本人，遂截留之而送之回河內，為清吏所悉，與法政府交涉，乃解之出境。而河口之眾，以指揮無人，失機進取，否則蒙自必為我有，而雲南府亦必無抵抗之力，觀當時雲貴總督錫良求救之電，其倉皇失措可知也。黃明堂守候月餘，人自為戰，散漫無紀，而虜四集，其數約十倍於我新集之眾，河口遂不守，而明堂率眾六百餘人退入安南。此為予第八次之失敗也。後黨人由法政府遣送出境，而往英屬星加坡，到埠之日，為英官阻難，不准登岸，駐星法領事乃與星督交涉，稱此六百餘眾，乃在河口戰敗而退入法境之革命軍，法屬政府以彼等自願來星，故送之至此云云。星督答以中國人民，而與其本國政府作戰，而未得他國承認為交戰團體者，本政府不能視為國事犯，而祇視為亂民。亂民入境，有違本政府之禁例，故不准登岸。而法國郵船停泊岸邊兩日，後由法屬政府表白：當河口革命戰爭之際，法政府對於兩方曾取中立態度，在事實上直等於承認革命黨之交戰團體也。故送來星加坡之黨人，不能作亂民看待等語。星政府乃准登岸，此革命失敗之後，所發生之國際問題也。由黃岡至河口等役，乃同盟會幹事由予直接發動，先後六次失敗。經此六次之失敗，精衛頗為失望，遂約合同志數人入北京，與虜酋拼命，一擊不中，與黃復生同時被執繫獄。至武昌起義後乃釋之。同盟會成立之前，其出資以助義軍者，不過予之親友中少數人耳，此外則無人敢助，亦無人肯助也。自同盟會成立後，始有向外籌資之舉矣。當時出資最勇而多者張靜江也，傾其巴黎之店所得六七萬元盡以助餉。其出資勇而摯者，安南堤岸之黃景南也，傾其一生之蓄積數千元，盡獻之軍用，誠難能可貴也。其他則有安南西貢之巨商李卓峯、曾錫周、馬培生等三人，曾各出資數萬，亦當時之未易多見者。予自連遭失敗之後，安南、日本、香港等地與中國密邇者，皆不能自由居處，則予對於中國之活動地盤已完全失卻矣。於是將國內一切計畫，委託於黃克強、胡漢民二人，而予乃再作漫游，專任籌款，以接濟革命之進行。後克強、漢民回香港設南方統籌機關，與趙伯先、倪映典、朱執信、陳炯明、姚雨平等謀，以廣州新軍舉事，運動既熟，擬於庚戌年正月某日發難。乃新軍中有熱度過甚之士，先一日因小事生起風潮，於是倪映典倉卒入營，親率一部分從沙河進攻省城，至橫枝岡，為敵截擊。映典中彈被擒死，軍中無主，遂以潰敗。此吾黨第九次之失敗也。時予適從美東行，至三藩市，聞敗而後，則取道檀島、日本而回東方。過日本時，曾潛行登陸，隨為警察探悉，不准留居，遂由橫濱渡濱榔嶼約伯先、克強、漢民等來會，以商捲土重來之計畫，時各同志以新敗之餘，破壞最精銳之機關，失卻最利便之地盤，加之新軍同志亡命南來者實繁有徒，招待安插，為力已窮，而吾人住食行動之資，將虞不繼，舉目前途，眾有憂色，詢及將來計畫，莫不唏噓太息，相視無言。予乃慰以一敗何足餒，吾曩之失敗，幾為舉世所棄，比之今日，其困難實百倍。今日吾輩雖窮，而革命之風潮已盛，華僑之思想已開，從今而後，只慮吾人之無計畫無勇氣耳。如果眾志不衰，則財用一層，予當力任設法。時各人親見濱城同志之窮，吾等亡命境地之困，日常之費每有不給，顧安得餘資以為活動，予再三言必可設法。伯先乃言如果欲再舉，必當立速遣人携資數千金回國，以接濟某處之同志，免彼散去，然後圖集合，而再設機關以謀進行，吾等亦當繼續回香港與各方接洽。如是日內即需川資五千元；

如事有可為，則又非數十萬大款不可。予乃招集當地華僑同志會議，曷以大義，一夕之間，則醵資八千有奇。再令各同志擔任到各埠分頭勸募，數日之內，已達五六萬元，而遠地更所不計。既有頭批的款，已可分頭進行。計畫既定，予本擬遍遊南洋英、荷各屬，乃荷屬則拒絕不許予往，而英屬及暹羅亦先後逐予出境。如是則東亞大陸之廣，南洋島嶼之多，竟無一寸為予立足之地，予遂不得不遠赴歐美矣。到美之日，遍遊各地，勸華僑捐資以助革命，則多有樂從者矣，於是乃有辛亥三月二十九日廣州之舉。是役也，集各省革命黨之精英，與彼虜為最後之一博，事雖不成，而黃花岡七十二烈士轟轟烈烈之概，已震動全球，而國內革命之時勢，實以之造成矣。此為吾黨第十次之失敗也。先是陳英士、宋鈍初、譚石屏、居覺生等既受香港軍事機關之約束，謀為廣州應援；廣州既一敗再敗，乃轉謀武漢。武漢新軍，自予派法國武官聯絡之後，革命思想，日日進步，早已成熟；無如清吏防範亦日以加嚴，而端方調兵入川，湖廣總督瑞澂則以最富於革命思想之一部分交端方調遣，所以然者，蓋欲弭患於未然也。然自廣州一役之後，各省已風聲鶴唳，草木皆兵，而清吏皆盡入恐慌之地，而尤以武昌為甚。故瑞澂先與某國領事相約，請彼調兵船入武漢，倘有革命黨起事，則開砲轟擊；時已一日數驚，而孫武、劉公等積極進行，而軍中亦躍躍欲動。忽而機關破壞，拿獲三十餘人；時胡英尚在武昌獄中，聞耗，即設法止陳英士等勿來。而砲兵與工程等營兵士已多投入革命黨者，聞彼等名冊，已被搜獲，明日則必拿人等語。於是迫不及待，為自存計，熊秉坤首先開鎗發難，而蔡濟民等率眾進攻，開砲轟擊督署，瑞澂聞砲，立逃漢口，請某領事如約開砲攻擊。以庚子條約，一國不能自由行動，乃開領事團會議；初意欲得多數表決即行開砲攻擊以平之。各國領事對於此事，皆無成見，惟法國領事羅氏，乃予舊交，深悉革命內容，時武昌之起事第一日，則揭豬吾名，稱予命令而發難者。法領事於會議席上，乃力言孫逸仙派之革命黨，乃以改良政治為目的，決非無意識之暴舉，不能以義和拳匪一例看待而加干涉也，時領袖領事為俄國，俄領事與法領事同取一致之態度，於是各國多贊成之，乃決定不加干涉，而並出宣布中立之布告。瑞澂見某領事失約，無所倚恃，乃逃上海。總督一逃，而張彪亦走，清朝方面，已失其統馭之權，秩序大亂矣。然革命黨方面，孫武以造炸彈誤傷未愈，劉公謙讓未遑，上海人員又不能到；於是同盟會會員蔡濟民、張振武等，乃迫黎元洪出而擔任湖北都督，然後秩序漸復。厥後黃克強等乃到；此時湘、鄂之見已萌，而號令已不能統一矣。按武昌之成功，乃成於意外，其主因則在瑞澂一逃；倘瑞澂不逃，則張彪斷不走，而彼之統馭必不失，秩序必不亂也。以當時武昌之新軍，其贊成革命者之大部分，已由端方調往四川，其尚留武昌者，只砲兵及工程營之小部分耳，其他留武昌之新軍，尚屬毫無成見者也。乃此小部分以機關破壞而自危，決冒險以圖功，成敗在所不計，初不意一擊而中也。此殆天心助漢而亡胡者歟？武昌既稍能久支，則所欲救武漢而促革命之成功者，不在武漢之一著，而在各省之響應也。吾黨之士，皆能見及此，故不約而同，各自為戰，不數月而十五省光復矣。時響應之最有力而影響於全國最大者，厥為上海；陳英士在此積極進行，故漢口一失，英士則能取上海以抵之，由上海乃能窺取南京。後漢陽一失，吾黨又得南京以抵之，革命之大局因以益振，則上海英士一木之支者，較他著尤多也。武昌起義之次夕，予適行抵美國哥羅拉多省之典華城，十餘日前，在途中已接到黃克強在香港發來一電，因行李先運送至此地，而密電碼則置於其中，故途上無由譯之。是夕抵埠，乃由行李檢出密碼，而譯克強之電。其文曰：「居正從武昌到港，報告新軍必動，請速匯款應急」等語。時予在典華，思無法可得款，隨欲擬電，覆之令勿動，惟時已入夜。予終日在車中體倦神疲，思慮紛亂乃止，欲於明朝睡醒精神清爽時再詳思審度而後覆之。乃一睡至翌日午前十一時，起後覺餓，先至飯堂用膳，道經迴廊報館，便購一報携入飯堂閱看。坐下一展報紙，則見電報一段曰：「武昌為革命黨占領。」如是我心中躊躇未決之覆電，已為之冰釋矣。乃擬電致克強，申說覆電延遲之由，及予以後之行蹤，遂起程赴美東。時予本可由太平洋潛回，則二十餘日可到上海，親與革命之戰以快生平；乃以此時吾當盡力於革命事業者，不在疆場之上，而在樽俎之間，所得效力為更大也。故決意先從外交方面致力，俟此問題解決而後回國。按當時各國情形，美國政府對於中國則取門戶開放，機會均等，領土保全，而對於革命尚無成見。而美國輿論則大表同情於我。法國則政府民間之對於革命皆有好意。英國則民間多表同情，而政府之對中國政策，則惟日本之馬首是瞻。德、俄兩國當時之趨勢，則多傾向於清政府。而吾黨之與彼政府民間皆向少交際，故其政策無法轉移。惟日本則與中國最密切，而其民間志士不獨表同情於我，且尚有捨身出力以助革命者；惟其政府之方針，實在不可測，按之往事，彼曾一次逐予出境，一次拒我之登陸，則其對於中國之革命事實可知。但以庚子條約之後，彼一國不能在中國單獨自由行動。要而言之，列強之與中國最有關係者有六焉：美、法二國，則當表同情革命者也，德、俄二國，則當反對革命者也，日本則民間表同情，而其政府反對者也，英國則民間同情，而其政府未定者也。是故吾之外交關鍵，可以舉足輕重為我成敗存亡所繫者，厥為英國，倘英國右我，則日本不能為患矣。予於是乃起程赴紐約，覓船渡英，道過聖路易城時，購報讀之，則有武昌革命軍為奉孫逸仙命令而起者；擬建共和國體，其首任總統，當屬之孫逸仙云云。予得此報，於途中格外慎密，避卻一切報館訪員，蓋惡虛聲而圖實際也。過芝加哥時，則帶同志朱卓文一同赴英。抵紐約時，聞粵中同志圖粵急，城將下。予以欲免流血計，乃致電兩廣總督張鳴岐，勸之獻城歸降，而命同志全其性命，後此目的果達。到英國時，由美人同志咸馬里代約四國銀行團主任會談磋商，停止清廷借款之事。先清廷與四國銀行團結約，訂有川漢鐵路借款一萬萬元，又幣制借款一萬萬元，此兩宗借款，一則已發行債票，收款存備待付者；一則已簽約而未發行債票者。予之意則欲銀行團於已備之款停止交付，於未備之款停止發行債票，乃銀行主幹答以對於中國借款之進止，悉由外務大臣主持，此事本主幹當惟外務大臣之命是聽，不能自由作主也云云。予於是乃委託維加砲廠總理為予代表，往與外務大臣磋商，向英政府要求三事：一止絕清廷一切借款，二制止日本援助清廷，三取消各處英屬政府之放逐令，以便予取道回國。三事皆得英政府允許，予乃再與銀行團主任開商革命政府借款之事。該主幹曰：「我政府既允君之請而停止吾人借款清廷，則此後銀行團借款與中國，只有與新政府交涉耳。然必君回中國成立正式政府之後乃能開議也。本團今擬派某行長與君同行歸國，如正式政府成立之日，就近與之磋商可也。」時以予在英國個人所能盡之義務已盡於此矣，乃取道法國而東歸。過巴黎，曾往見其朝野之士，皆極表同情於我，而尤以現任首相格利門梳為最懇摯。予離法國三十餘日，始達上海，時南北和議已開，國體猶尚未定也，當予未到上海之前，中外各報皆多傳布謂予帶有巨款回國，以助革命軍。予甫抵上海之日，同志之所望我者以此，中外各報館訪員所問者亦以此。予答之曰：「予不名一錢也，所帶回者，革命之精神耳！革命之目的不達，無和議之可言也。」於是各省代表乃開選舉會於南京，選舉予為臨時總統，予於基督降生一千九百十二年正月一日就職。乃申令頒布定國號為中華民國，改元為中華民國元年，採用陽曆。於是予三十年如一日之恢復中華，創立民國之志，於斯竟成。

物質建設

自序

歐戰甫完之夕，作者始從事於研究國際共同發展中國實業，而成此六種計劃。蓋欲利用戰時宏大規模之機器，及完全組織之人工，以助長中國實業之發達，而成我國民一突飛之進步；且以助各國戰後工人問題之解決。無如各國人民久苦戰爭，朝聞和議，夕則懈志，立欲復戰前原狀，不獨戰地兵員陸續解散，而後路工廠亦同時休息。大勢所趨，無可如何，故雖有三數之明達政治家，欲贊成吾之計畫，亦無從保留其戰時之工業，以為中國效勞也。我固失一速進之良機，而彼則竟陷於經濟之恐慌，至今未已。其所受痛苦，較之戰時尤甚，將來各國欲恢復其戰前經濟之原狀，尤非發展中國之富源，以補救各國之窮困不可也。然則中國富源之發展，已成為今日世界人類之至大問題，不獨為中國之利害而已也。惟發展之權，操之在我則存，操之在人則亡，此後中國存亡之關鍵，則在此實業發展之一事也。吾欲操此發展之權，則非有此智識不可，吾國人欲有此智識，則當讀此書，尤當熟讀此書。從此觸類旁通，舉一反三，以推求眾理，庶幾操縱在我，不致因噎廢食；方能泛應曲當，馳騁於今日世界經濟之場，以化彼族競爭之性，而達我大同之治也。

此書為實業計畫之大方針，為國家經濟大政策而已；至其實施之細密計畫，必當再經一度專門名家之調查，科學實驗之審定，乃可從事。故所舉之計畫，當有種種之變更改良，讀者幸毋以此書為一成不易之論，庶乎可。

此書原稿為英文，其篇首及第二第三計畫及第四之大部分，為朱執信所譯；其第一計畫為廖仲愷所譯；其第四之一部分及第六計畫及結論，為林雲陔所譯，其第五計畫為馬君武所譯。特此誌之。

民國十年十月十日孫文序於粵京

目錄

第四計畫 192

第五計畫 243

建國方略之二　物質建設

實業計畫

篇首

世界大戰最後之一年中，各國戰費，每日須美金二萬萬四千萬元。此中以極儉計，必有一半費於藥彈及其他直接供給戰爭之品，此已當美金一萬萬二千萬元矣。如以商業眼光觀察此種戰爭用品，則此新工業乃以戰場為其銷場，以兵士為其消費者，改變種種現存之他種實業，以為此供給，而又新建以益之。各交戰國民，乃至各中立國民，日夕縮減其生活所需，至於極度，而儲其向日所費諸繁華及安適者，以增加生產此種戰爭貨品之力。今者戰事告終，誠可為人道慶。顧此戰爭用品之銷場同時閉鎖，吾人當圖善後之策。故首當謀各交戰國之再造，次則恢復其繁華與安適。此兩項事業，若以日費六千萬元計之，只占此戰爭市場所生餘賸之半額，而所餘者，每日仍有六千萬元，尚無所用之地。且此數千百萬軍人，嚮從事於消費者，今又一轉而事生產，則其結果必致生產過多。不特此也，各國自推行工業統一與國有後，其生產力大增，與前此易手工用機器之工業革命相較，其影響更深。吾人欲命以第二工業革命之名，似甚正確。若以其增加生產力而言，此次革命之結果，實較前增加數倍。然則以世界戰爭，而成此工業統一與國有之現象者，於戰後之整理，必多糾紛。今夫一日六千萬，則一年二百一十九萬萬也，貿易如是其鉅也，以戰爭而起者，乃忽以和平而止。試問歐美於此世界中，將向何處覓銷場，以消納戰爭時儲節所贏之如許物產乎？

如當整理戰後工業之際，無處可容此一年二百一十九萬萬之貿易，則其工業必停，而投於是之資本，乃等於虛擲，其結果不惟有損此諸生產國之經濟狀況，即於世界，所失亦已多矣。凡商業國，無不覓中國市場，以為消納各國餘貨之地。然戰前貿易狀態，太不利於中國，輸入超過輸出，年逾美金一萬萬。循此以往，中國市場不久將不復能銷容大宗外貨，以其金錢貨物，俱已枯竭，無復可持與外國市易也。所幸中國天然財源極富，如能有相當開發，則可成為世界中無盡藏之市場；即使不能全消費此一年二百十九萬萬之戰爭生產賸餘，亦必能消費其大半無疑。

中國今尚用手工為生產，未入工業革命之第一步，比之歐美，已臨第二革命者有殊。故於中國兩種革命，必須同時並舉，既廢手工採機器，又統一而國有之。於斯際中國正需機器，以營其鉅大之農業，以出其豐富之礦產，以建其無數之工廠，以擴張其運輸，以發展其公用事業，然而消納機器之市場，又正戰後貿易之要者也。造巨砲之機器廠，可以改製蒸汽轆壓，以治中國之道路；製裝甲自動車之廠，可製貨車以輸送中國各地之生貨；凡諸戰爭機器，一一可變成和平器具，以開發中國潛在地中之富。此種開闢利源之辦法，如不令官吏從中舞弊，則中外利益均霑，中國人民必歡迎之。

歐美人或有未之深思者，恐以戰爭時之機器，戰爭時之組織，與熟練之技工，開闢中國利源，將更引起外國工業之競爭。故余今陳一策，可使中國開一新市場，既以銷其自產之貨，又能銷外國所產，兩不相妨。

其策如左：

㈠交通之開發。

子　鐵路一十萬英里。

丑　碎石路一百萬英里。

寅　修濬現有運河。

㈠杭州、天津間運河。

㈡西江、揚子江間運河。

卯　新開運河。

㈠遼河、松花江間運河。

㈡其他運河。

辰　治河。

㈠揚子江築堤，濬水路，起漢口，迄於海，以便航洋船直達該港，無間冬夏。

㈡黃河築堤，濬水路，以免洪水。

㈢導西江。

㈣導淮。

㈤導其他河流。

巳　增設電報線路，電話及無線電等。使偏布於全國。

(乙)商港之開闢。

子　於中國中部、北部、南部，各建一大洋港口，如紐約港者。

丑　沿海岸建種種之商業港及漁業港。

寅　於通航河流沿岸，建商場船埠。

(丙)鐵路中心及終點，並商港地，設新式市街，各具公用設備。

(丁)水力之發展。

(戊)設冶鐵、製鋼，並造士敏土之大工廠，以供上列各項之需。

(己)礦業之發展。

(庚)農業之發展。

(辛)蒙古、新疆之灌溉。

(壬)於中國北部及中部，建造森林。

(癸)移民於東三省、蒙古、新疆、青海、西藏。

使上述規劃果能逐漸舉行，則中國不特可為各國餘貨消納之地，實可為吸收經濟之大洋海。凡諸工業國，其資本有餘者，中國能盡數吸收之。不論在中國，抑在全世界，所謂競爭，所謂商戰者，可永不復見矣。

近時世界戰爭，已證明人類之於戰爭，不論或勝或負，均受其殃，而始禍者，受害彌重。此理於以武力戰者固真，於以貿易爭者尤確也。威爾遜總統今既以國際同盟，防止將來之武力戰爭，吾更欲以國際共助中國之發展，以免將來之貿易戰爭。則將來戰爭之最大原因，庶可從根本絕去矣。

自美國工商發達以來，世界已大受其益，此四萬萬人之中國，一旦發達工商，以經濟的眼光視之，何啻新闢一世界！而參與於開發之役者，亦必獲超越尋常之利益，可無疑也。且此種國際協助，可使人類博愛之情，益加鞏固，而國際同盟，亦得藉此以鞏固其基礎，此又予所確信者也。

欲使此計畫舉行順利，余以為必分三步以進：第一，投資之各政府，務須共同行動，統一政策。組成一國際團，用其戰爭時任組織、管理等人才，及種種熟練之技師，令其設計有統系，用物有準度，以免浪費，以便作工。第二，必須設法得中國人民之信仰，使其熱心匡助此舉。如使上述兩層已經辦到，則第三步，即為與中國政府，開正式會議，以議此計畫之最後契約；而此種契約，吾以為應取法於曩者吾與倫敦波令公司所立建築廣州重慶鐵路合同，以其為於兩方最得宜，而於向來中國與外國所結契約中，為人民所最歡迎者也。吾人更有不能不豫為戒告者，即往日盛宣懷鐵路國有之覆轍，不可復蹈也。當時外國銀行家不顧中國之民意，以為但與政府商妥，即無事不可為；及後乃始悔其以賄成之契約，終受阻於人民也。假使外國銀行，先遵正當之途，得中國人民之信仰，然後與政府訂契約，則事易行，豈復有留滯之憂？然則於此國際計畫，吾人不可不重視民意也。

如資本團以吾說為然，吾更當繼此有所詳說。

第一計畫

中國實業之開發，應分兩路進行：㈠個人企業，㈡國家經營是也。凡夫事物之可以委諸個人，或其較國家經營為適宜者，應任個人為之，由國家獎勵，而以法律保護之。今欲利便個人企業之發達於中國，則從來所行之自殺的稅制，應即廢止，紊亂之貨幣，立需改良，而各種官吏的障礙，必當排去，尤須輔之以利便交通。至其不能委諸個人及有獨占性質者，應由國家經營之。今茲所論，後者之事屬焉。此類國家經營之事業，必待外資之吸集，外人之熟練而有組織才具者之僱傭，宏大計畫之建設，然後能舉。以其財產，屬之國有，而為全國人民利益計，以經理之。關於事業之建設運用，其在母財子利尚未完付期前，應由中華民國國家所雇專門練達之外人，任經營監督之責；而其條件，必以教授訓練中國之佐役，俾能將來繼承其乏，為受雇於中國之外人必盡義務之一。及乎本利清償而後，中華民國政府對於所雇外人，當可隨意用舍矣。於詳議國家經營事業開發計畫之先，有四原則必當注意：

㈠必選最有利之途，以吸外資。

㈡必應國民之所最需要。

㈢必期抵抗之至少。

㈣必擇地位之適宜。

今據右列之原則，舉其計畫如下：

㈠築北方大港於直隸灣。
㈡建鐵路統系，起北方大港，迄中國西北極端。
㈢殖民蒙古、新疆。
㈣開濬運河，以聯絡中國北部中部通渠，及北方大港。
㈤開發山西煤、鐵礦源，設立製鐵、鍊鋼工廠。

右列五部，為一計畫，蓋彼此互相關聯，舉其一有以利其餘也。北方大港之築，用為國際發展實業計畫之策源地。中國與世界交通運輸之關鍵，亦繫夫此。此為中樞，其餘四事傍屬焉。

第一部　北方大港

茲擬建築不封凍之深水大港於直隸灣中。中國該部必需此港，國人宿昔感之，無時或忘。嚮者屢經設計濬渫大沽口沙，又議築港於岐河口。秦皇島港已見小規模的實行，而葫蘆島港，亦經籌商興築。今余所策，皆在上舉諸地以外，蓋前兩者距深水線過遠而淡水過近，隆冬即行冰結，不堪作深水不凍商港用。後兩者與戶口集中地遼隔，用為商港，不能見利。茲所計畫之港，在大沽口秦皇島兩地之中途，青河、灤河兩口之間，沿大沽口、秦皇島間海岸岬角上。該地為直隸灣中最近深水之一點。若將青河、灤河兩淡水遠引他去，免就近結冰，使為深水不凍大港，絕非至難之事。此處與天津相去，方諸天津秦皇島間，少差七八十咪。且此港能藉運河，以與北部、中部內地水路相連，而秦皇、葫蘆兩島則否。以商港論，現時直隸灣中唯一不凍之港，惟有秦皇島耳。而此港則遠勝秦皇、葫蘆兩島矣。

由營業上觀察，此港築成，立可獲利，以地居中國最大產鹽區域之中央故也。在此地所產至廉價之鹽，祇以日曝法產出。倘能加以近代製鹽新法，且可利用附近廉值之煤，則其產額必將大增，而產費必將大減，如此中華全國所用之鹽價可更廉。今以本計畫遂行之始，僅能成中等商港計之，祇此一項實業，已足支持此港而有餘。此外直接附近地域，尚有中國現時已開最大之煤礦（開灤礦務公司），計其產額，年約四百萬噸。該公司現用自有之港（秦皇島），藉為輸出之路。顧吾人所計畫之港，距其礦場較近，倘能以運河與礦區相聯，則其運費，方諸陸運至秦皇島者，廉省多矣。不特此也，茲港將來必暢銷開灤產煤，則該公司勢必仰資此港，為其運輸出口之所。今天津一處在北方為最大商業之中樞，既無深水海港可言，每歲冬期，封凍數月，亦必全賴此港以為世界貿易之通路。此雖局部需要，然僅以此計，已足為此港之利矣。

顧吾人之理想，將欲於有限時期中，發達此港，使與紐約等大。試觀此港所襟帶控負之地，即足證明吾人之理想能否實現矣。此地西南為直隸、山西兩省，與夫黃河流域，人口之眾，約一萬萬，西北為熱河特別區域及蒙古遊牧之原，土曠人稀，急待開發。夫以直隸生齒之繁，山西礦源之富，必賴此港為其唯一輸出之途。倘將來多倫諾爾，庫倫間鐵路完成，以與西伯利亞鐵路聯絡，則中央西伯利亞一帶，皆視此為最近之海港。由是言之，其供給分配區域，當較紐約為大，窮其究竟，必成將來歐亞路線之確實終點，而兩大陸於以連為一氣。今余所計畫之地，現時毫無價值可言，假令於此選地二三百方咪，置諸國有，以為建築將來都市之用，而四十年後，發達程度，即令不如紐約，僅等於美國費府，吾敢信地值所漲，已足償所投建築資金矣。

中國該部地方，必需如是海港，自不待論。蓋直隸、山西、山東西部、河南北部、奉天之一半、陝、甘兩省之泰半，約一萬萬之人口，皆未嘗有此種海港；蒙古、新疆，與夫煤鐵至富之山西，亦將全恃直隸海岸，為其出海通衢；若乎沿海、沿江各地稠聚人民，必需移殖蒙古、天山一帶，從事墾殖者，此港實為最近門戶，且以由此行旅為最廉矣。

茲港所在，距深水至近，去大河至遠，而無河流滯淤，填積港口，有如黃河口、揚子江口時需濬渫之患，自然之障礙，於焉可免。又為乾燥平原，民居極鮮，人為障礙，絲毫不存，建築工事，儘堪如我所欲。至於海港、都市兩者之工程預算，當有待於專門技士之測勘，而後詳細計畫可定。（參觀附圖一並觀詳圖一、二）

（詳圖之說明：自第一計畫寄到北京公使館之後，美使芮恩詩博士，即派專門技師，往作者所指定之北方大港地點，實行測量，果發見此地確為直隸沿海最適宜於建築一世界港之地。惟其不同之點，只有港口當位於西邊耳，因作者當時無精確之圖也。讀者一觀此兩詳細圖，便可一目了然矣。）

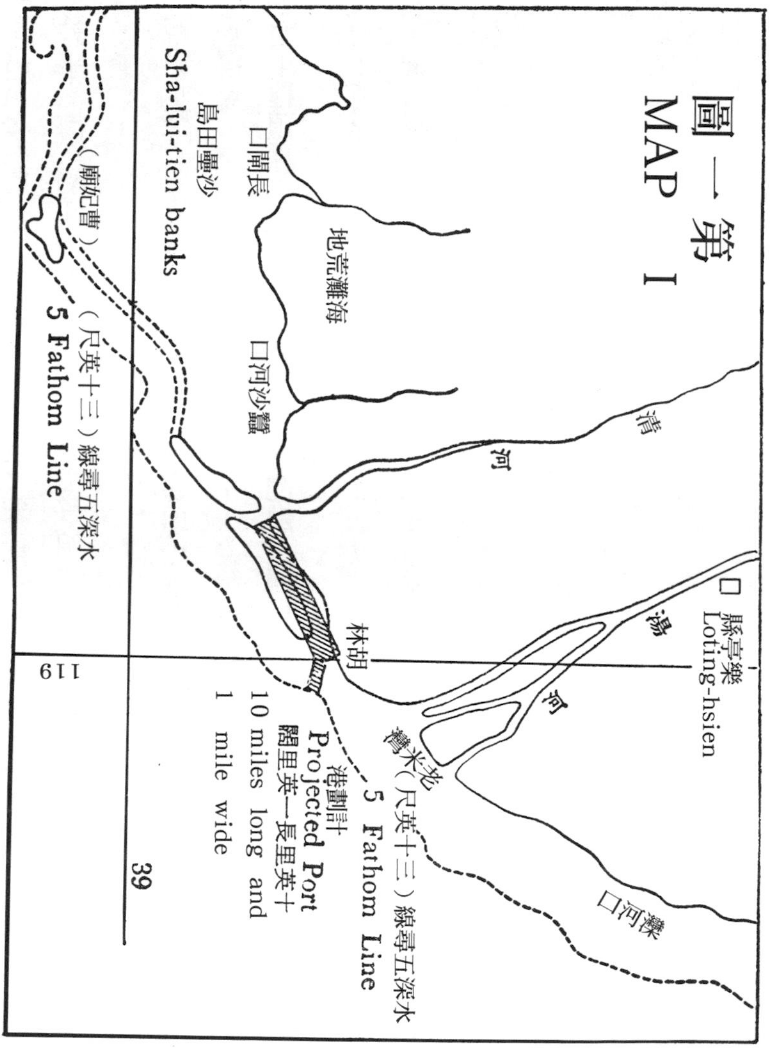
第一圖
MAP I
海灘荒地
鹽沙河口
沙壘田島
Sha-lui-tien banks
（曹妃廟）
水深五尋線（三十英尺）
5 Fathom Line
清河
樂亭縣
Loting-hsien
湯河口
胡林
計劃港
Projected Port
十英里長一英里闊
10 miles long and 1 mile wide
水深五尋線（三十英尺）
5 Fathom Line
灤河口
119
39

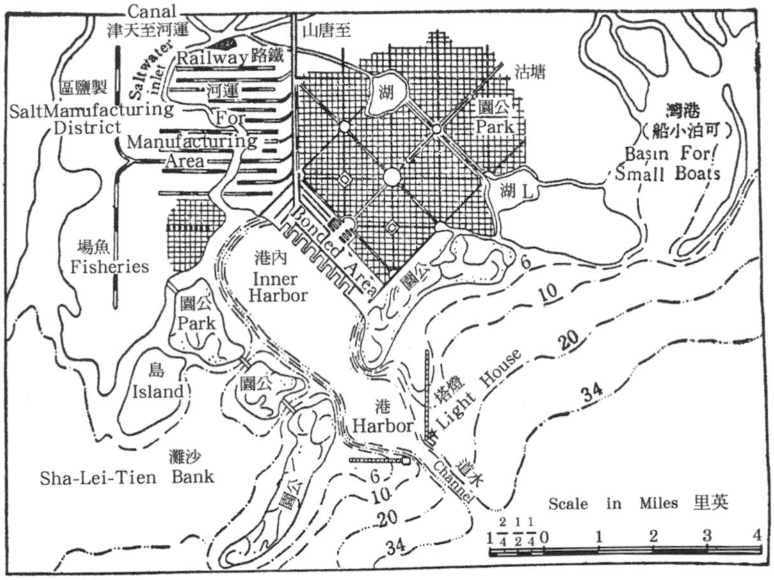

上圖：北方大港詳圖
下圖：北方大港全景

第二部　西北鐵路系統

吾人所計畫之鐵路，由北方大港起，經灤河谷地，以達多倫諾爾，凡三百咪。經始之初，即築雙軌，以海港為出發點，以多倫諾爾為門戶，以吸收廣漠平原之物產，而由多倫諾爾進展於西北。第一線，向北偏東北走，與興安嶺山脈平行，經海拉爾，以赴漠河，漠河者，產金區域，而黑龍江右岸地也。計其延長，約八百咪。第二線，向北偏西北走，經克魯倫，以達中俄邊境，以與赤塔城附近之西伯利亞鐵路相接，長約八百咪。第三線，以一幹線向西北，轉正西，又轉西南，沿沙漠北境，以至國境西端之迪化城，長約一千六百咪。地皆平坦，無崇山峻嶺。第四線，由迪化迤西，以達伊犁，約四百咪。第五線，由迪化東南，超出天山山峽，以入戈壁邊境，轉而西南走，經天山以南沼地與戈壁沙漠北邊之間一帶腴沃之地，以至喀什噶爾；由是更轉而東南走，經帕米爾高原以東，崑崙以北，與沙漠南邊之間一帶沃土以至于闐，即克里雅河岸，延長約一千二百咪，地亦平坦。第六線，於多倫諾爾、迪化間幹線，開一支線。由甲接合點出發，經庫倫，以至恰克圖，長約三百五十咪。第七線，由幹線乙接合點出發，經烏里雅蘇臺，傾北偏西北走，以至邊境，約六百咪。第八線，由幹線丙接合點出發，西北走，達邊境，約四百咪。（參觀附圖二）

茲所計畫之鐵路，證以「抵抗至少」之原則，實為最與理想相符合者。蓋以七千餘咪之路線為吾人計畫所定者，皆在坦途。例如多倫諾爾至喀什噶爾之間，且由斯更進之路線，延袤三千餘咪，所經均肥沃之平野，並無高山大河自然之梗阻橫貫其中也。

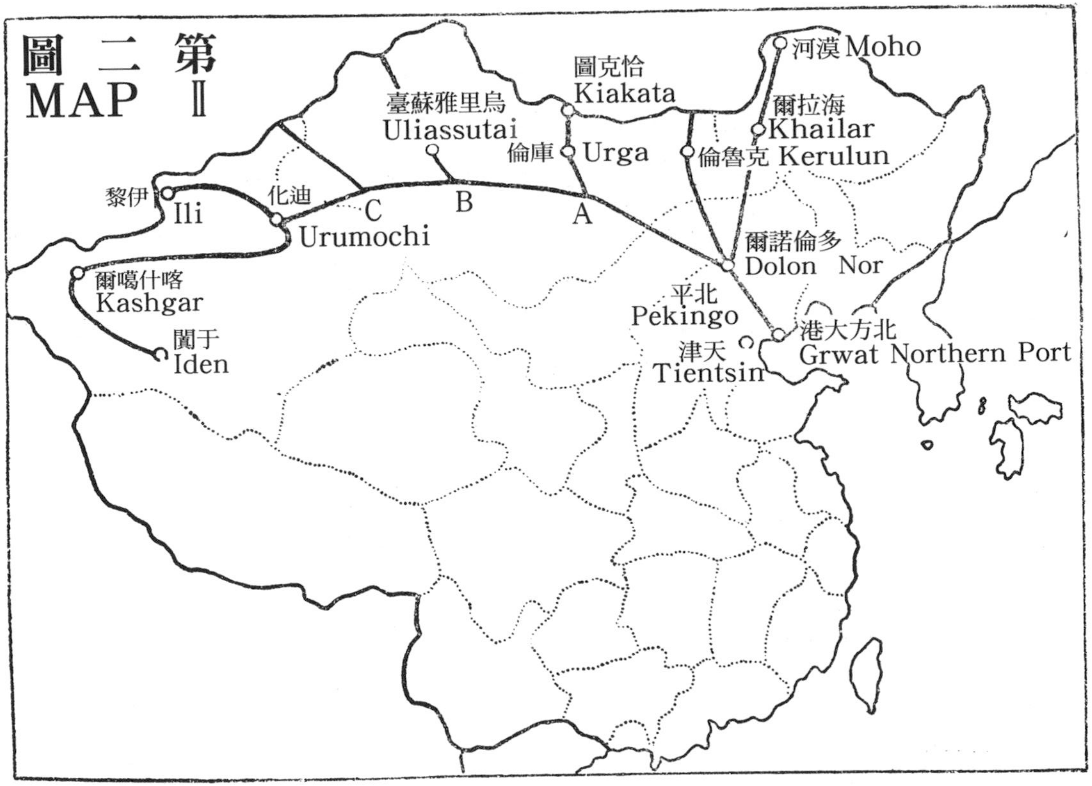
圖二第
MAP Ⅱ
河漠 Moho
圖克恰
Kiakata
爾拉海
Khailar
臺蘇雅里烏
Uliassutai
倫庫 Urga
倫魯克 Kerulun
黎伊
Ili
化迪
Urumochi
C
B
A
爾諾倫多
Dolon Nor
爾噶什喀
Kashgar
平北
Pekingo
港大方北
Grwat Northern Port
津天
Tientsin
闐于
Iden

以「地位適宜」之原則言之，則此種鐵路，實居支配世界的重要位置。蓋將為歐亞鐵路統系之主幹，而中、歐兩陸人口之中心，因以聯絡。由太平洋岸前往歐洲者，以經此路線為最近；而由伊犁發出之支線，將與未來之印度、歐洲線路（即行經伯達，以通達馬斯加斯及海樓府者）聯絡，成一連鎖。將來由吾人所計畫之港，可以直達好望角城。綜觀現在鐵路，於世界位置上，無較此重要者矣。

以「國民需要」之原則言之，此為第一需要之鐵路。蓋所經地方，較諸本部十八行省，尤為廣闊。現以交通運輸機關缺乏之故，豐富地域，委為荒壤，而沿海沿江人口稠密省分，纍聚之貧民無所操作。其棄自然之惠澤，而耗人力於無為者，果何如乎？倘有鐵路與此等地方相通，則稠密省區無業之游民，可資以開發此等富足之地；此不僅有利於中國，且有利世界商業於無窮也。故中國西北部之鐵路統系，由政治上經濟上言之，皆於中國今日，為必要而刻不容緩者也。

吾人所以置「必選有利之途」之第一原則而未涉及者，非遺棄之也，蓋將詳為論列，使讀者三致意焉耳。今夫鐵路之設，間於人口繁盛之區者其利大，間於民居疏散之地者其利微，此為普通資本家、鐵路家所恆信；今以線路橫亙於荒僻無人之境，如吾人所計畫者，必將久延歲月，而後有利可圖。北美合眾國政府，於五十年前，所以給與無垠之土地於鐵路公司，誘其建築橫跨大陸幹路，以達太平洋岸者，職是之故。余每與外國鐵路家、資本家言興築蒙古、新疆鐵路，彼輩恆有不願，彼將以為茲路之設，所過皆人跡稀罕，祇基於政治上軍事上理由，有如西伯利亞鐵路之例，而不知鐵路之所布置，由人口至多以達人口至少之地者，其利較兩端皆人口至多之地為大。茲之事實，蓋為彼輩所未曾聞，請詳言其理。夫鐵路兩端人口至多之所，彼此經濟情況，大相彷彿；不如一方人口至多，他方人口至少者，彼此相差之遠。在兩端皆人口至多者，舍特種物產，此方仰賴彼方之供給而外，兩處居民，大都生活於自足經濟情況之中，而彼此之需要供給不大，貿遷交易，不能得鉅利。至於一方人口多而他方人口少者，彼此經濟情況，大相逕庭。新開土地從事勞動之人民，除富有糧食及原料品，以待人口多處之所需求而外，一切貨物，皆賴他方之繁盛區域供給，以故兩方貿易必臻鼎盛。不特此也，築於兩端皆人口至多之鐵路，對於人民之多數，無大影響，所受益者，惟少數富戶及商人而已；其在一方人口多而他方人口少者，每築鐵路一咪開始輸運，人口多處之眾，必隨之而合群移住於新地，是則此路建築之始，即將充其量以載行客，京奉、京漢兩鐵路比較，其明證也。

京漢路線之延長，八百有餘咪，由北京直達中國商業聚中之腹地，鐵路兩端之所包括，皆戶集人稠之所；京奉路線，長僅六百咪耳，然由人口多處之京、津，開赴人口少處之滿洲。前者雖有收益，則不若後者所得之大，以較短之京奉線，方諸較長之京漢線，每年純利所贏，其超過之數，有至三四百萬者矣。

故自理則上言之，從利益之點觀察，人口眾多之處之鐵路，遠勝於人口稀少者之鐵路，然由人口眾多之處，築至人口稀少之處之鐵路，其利尤大。此為鐵路經濟上之原則，而鐵路家、資本家所未嘗發明者也。

據此鐵路經濟上之新原則，而斷吾人所計畫之鐵路，斯為有利中之最有利者。蓋一方聯接吾人所計畫之港，以通吾國沿海沿江戶口至多省分；又以現存之京漢、津浦兩路，為此港暨多倫諾爾路線之給養；他方聯接大逾中國本部之饒富未開之地，世界他處，欲求似此廣漠腴沃之地，而鄰近於四萬萬人口之中心者，真不可得矣。

第三部　蒙古新疆之殖民

殖民蒙古、新疆，實為鐵路計畫之補助，蓋彼此互相依倚，以為發達者也。顧殖民政策，除有益於鐵路以外，其本身又為最有利之事業。例如北美合眾國、加拿大、澳洲及阿爾然丁等國所行之結果，其證績至為昭彰。至若吾人之所計畫，不過取中國廢棄之人力，與夫外國之機械，施於沃壤，以圖利益昭著之生產。即以滿洲現時殖民言之，雖於雜亂無章之中，虛耗人工地力，不知凡幾，然且奇盛；假能以科學上方法行吾人之殖民政策，則其收效，將無倫比。以此之故，余議於國家機關之下，佐以外國練達之士，及有軍事上組織才者，用系統的方法，指導其事，以特惠移民，而普利全國。

土地應由國家買收，以防專占投機之家，置土地於無用，而遺毒害於社會。國家所得土地，應均為農莊，長期貸諸移民，而經始之資本、種子、器具、屋子，應由國家供給，依實在所費本錢，現款取償，或分年攤還。而興辦此事，必當組織數大機關，行戰時工場制度，以為移民運輸居處衣食之備；第一年中，不取現值，以信用貸借法行之。

一區之移民，為數已足時，應授以自治特權。每一移民，應施以訓練，俾能以民主政治的精神，經營其個人局部之事業。

假定十年之內，移民之數，為一千萬，由人滿之省，徙於西北，墾發自然之富源，其普遍於商業世界之利，當極浩大。靡論所投資本，龐大若何，計必能於短時期中，子償其母。故以有利之原則論，別無疑問也。

以國民需要之原則衡之，則移民實為今日急需中之至大者。夫中國現時應裁之兵，數過百萬，生齒之眾，需地以養，殖民政策於斯兩者，固最善之解決方法也。兵之裁也，必須給以數月恩餉，綜計解散經費，必達一萬萬元之鉅。此等散兵無以安之，非流為餓莩，則化為盜賊，窮其結果，甯可忍言。此弊不可不防，尤不可使防之無效，移民實荒，此其至善者矣。余深望友好之外國資本家，以中國福利為懷者，對於將來中國政府請求貸款，以資建設，必將堅持此旨，使所借款項，第一先用於裁兵之途；其不然者，則所供金錢，反以致禍於中國矣。對於被裁百餘萬之兵，祇以北方大港與多倫諾爾間遼闊之地區，已足以安置之。此地礦源富而戶口少，倘有鐵路由該港出發，以達多倫諾爾，則此等散兵可供利用，以為築港、建路及開發長城以外沿線地方之先驅者，而多倫諾爾將為發展極北殖民政策之基矣。

第四部　開濬運河以聯絡中國北部中部通渠及北方大港

此計畫包含整理黃河及其支流，陝西之渭河，山西之汾河，暨相連諸運河。黃河出口，應事濬渫，以暢其流，俾能驅淤積以出洋海。以此目的故，當築長堤，遠出深海，如美國密西悉比河口然。堤之兩岸，須成平行線，以保河幅之畫一，而均河流之速度，且防積淤於河底，加以堰閘之功用，此河可供航運，以達甘肅之蘭州。同時水力工業，亦可發展。渭河、汾河亦可以同一方法處理之，使於山、陝兩省中，為可航之河道。誠能如是，則甘肅與山、陝兩省，當能循水道與所計畫直隸灣中之南港聯絡，而前此偏僻三省之礦材物產，均得廉價之運輸矣。修理黃河費用，或極浩大，以獲利計，亦難動人。顧防止水災，斯為全國至重大之一事。

黃河之水，實中國數千年愁苦之所寄，水決堤潰，數百萬生靈，數十萬萬財貨，為之破棄淨盡，曠古以來，中國政治家，靡不以為深患者，以故一勞永逸之策，不可不立，用費雖鉅，亦何所惜，此全國人民應有之擔負也。濬渫河口，整理堤防，建築石壩，僅防災工事之半而已；他半工事，則殖林於全河流域傾斜之地，以防河流之漂卸土壤是也。

千百年來，為中國南北交通樞紐之古大運河，其一部分，現在改築中者，應由首至尾全體整理，使北方、長江之內地航運，得以復通。此河之改築整理，實為大利所在，蓋由天津至杭州，運河所經，皆富庶之區也。另應築一新運河，由吾人所計畫之港，直達天津，以為內地諸河及新港之連鎖。此河必深而且廣，約與白河相類，俾供國內沿岸及淺水航船之用，如今日冬期以外之所利賴於白河者也。河之兩岸，應備地以建工廠，則生利者不止運輸一事，而土地價格之所得，亦其一端也。

至於建築之計畫預算，斯則專門家之責，茲付闕如。

第五部　開發直隸山西煤鐵礦源設立製鐵鍊鋼工廠

本計畫所舉諸業，如築北方大港，建鐵路系統，由北方大港，以達中國西北極端，殖民蒙古、新疆，與夫開濬運河，改良水道，以聯絡北方大港。此四者所需物料，當極浩大。夫煤鐵礦源，在各實業國中，累歲銳減，而各國亟思所以保存天惠，以遺子孫。如使為開發中國故，凡夫物料所需，取給各國，則將竭彼自為之富源，貽彼後代患。且以歐洲戰後，各國再造所費，於實業界能供給之煤鐵，行將吸收以盡。故開發新富源以應中國之特別需求者，勢有必然也。

直隸，山西無盡藏之煤鐵，應以大規模採取之，今假以五萬萬或拾萬萬元資本，投諸此事業。當中國一般的開發計畫進行之始，鋼鐵銷場，立即擴大，殊非現時實業界所能供給。試思鐵路、都市、商港等之建築，與夫各種機械器具應用，所需果當何若，質而言之，則中國開發即所以啟各種物品之新需要，而同時不得不就附近原料，謀相當之供給，故製鐵、鍊鋼工廠者，實國家之急需，亦厚利之實業也。

此第一計畫，皆依據前此所述之四原則而成，果如世論所云「一需要即以發生更新之需要，一利益即以增進較多之利益」，則此第一計畫，可視為其他更大發展中國計畫之先導，後當繼續論之。

第二計畫

東方大港之為第二計畫中心，猶之北方大港之為第一計畫中心也。故第二計畫，亦定為五部，即：

(一)東方大港。

(二)整治揚子江水路及河岸。

(三)建設內河商埠。

(四)改良揚子江之現存水路及運河。

(五)創建大士敏士廠。

第一部　東方大港

上海現在雖已成為全中國最大之商港，而苟長此不變，則無以適合於將來為世界商港之需用與要求。故今日在華外國商人有一運動，欲於上海建一世界商港，現經有種種計畫提出，即如將現在之布置更加改良，堵塞黃浦江口及上游以建一泊船塢，於黃浦江口外揚子江右岸建一鎖口商港，於上海東方鑿一船池，並濬一運河到杭州灣，而預算欲使上海成為頭等商港，必須費去洋銀一萬萬元以上然後可。據第一計畫中，吾所舉之四原則，則上海之為中國東方世界商港也，實不可謂居於理想的位置。在此種商港最良之位置，當在杭州灣中乍浦正南之地，依上述四原則以為觀察，論其為東方商港，則此地位遠勝上海，是以吾等於下文將呼之為計畫港，以別於現在中國東方已成之商港，即上海也。

甲、計畫港

計畫港當位於乍浦岬與澉浦岬之間，此兩點相距約十五英里。應自此岬至彼岬建一海堤，而於乍浦一端，離山數百尺之處，開一缺口，以為港之正門。此種海堤可分為五段，每段各長三英里，因現在先築一段，長三英里，闊一英里半，已得三四方英里之港面，足供用矣。至於商務長進，則可以逐段加築，以應其需用。前面海堤，應以石塊或士敏土堅結築之，其橫於海堤與陸地間之堤，則可用砂及柴蓆疊成，作為暫時建造，以備擴張港面時之移動。此港一經作成，永無須為將來濬渫之計。蓋此港近旁，並無挾泥之水，日後能填滿此港面及其通路者也。在杭州灣中，此港正門為最深之部分，由此正門出至公海，平均低潮水深三十六尺至四十二尺，故最大航海洋船，可以隨時進出口，故以此計畫港作為中國中部一等海港，遠勝上海也。（參觀第三圖）

以抵抗最少之原則言，吾之計畫，乃在未開闢地，規劃城市，發展實業，皆有絕對自由，一切公共營造，及交通計畫，均可以最有利之方法建設之。即此一層，已為我等之商港，將來必須發展至大如紐約者之最重要之要素矣。如使人之遠見，在百年前，能豫察紐約今日人口之多，與其周圍之廣，則此空費之無數金錢勞力，與無遠見之失誤，皆可避去，而恰就此市不絕長進之人口及商務，求其適合矣。吾人既知如此，則中國東方大港，務須經始於未開闢之地，以保其每有需用，隨時可以推廣也。

且上海所有天然利益，如其為中國東部長江商港，為其中央市場，我之計畫港，亦復有之，更加以由鐵路以與大江以南各大都市相交通，此港較之上海為近；抑且如將該地近旁與蕪湖之間水路，加以改良，則此港與長江上游水上交通，亦比上海為近。而上海所有一切人為的繁榮，所以成為一大商埠，為中國此方面商務之中心者，不待多年，此港已能追及之矣。

由吾發展計畫之觀察點，以比較上海與此計畫港，則上海較此港遙劣，因其須購高價之土地，須毀除費用甚多之基址，與現存之布置，即此一層所費，已足作成一良好港面，於我所計畫之地矣。是以照我所提，別建一頭等港，供中國東部之用，而留上海作為內地市場，與製造中心，如英國孟遮斯打之於利物浦，日本大阪之於神戶，東京之於橫濱最為得策也。

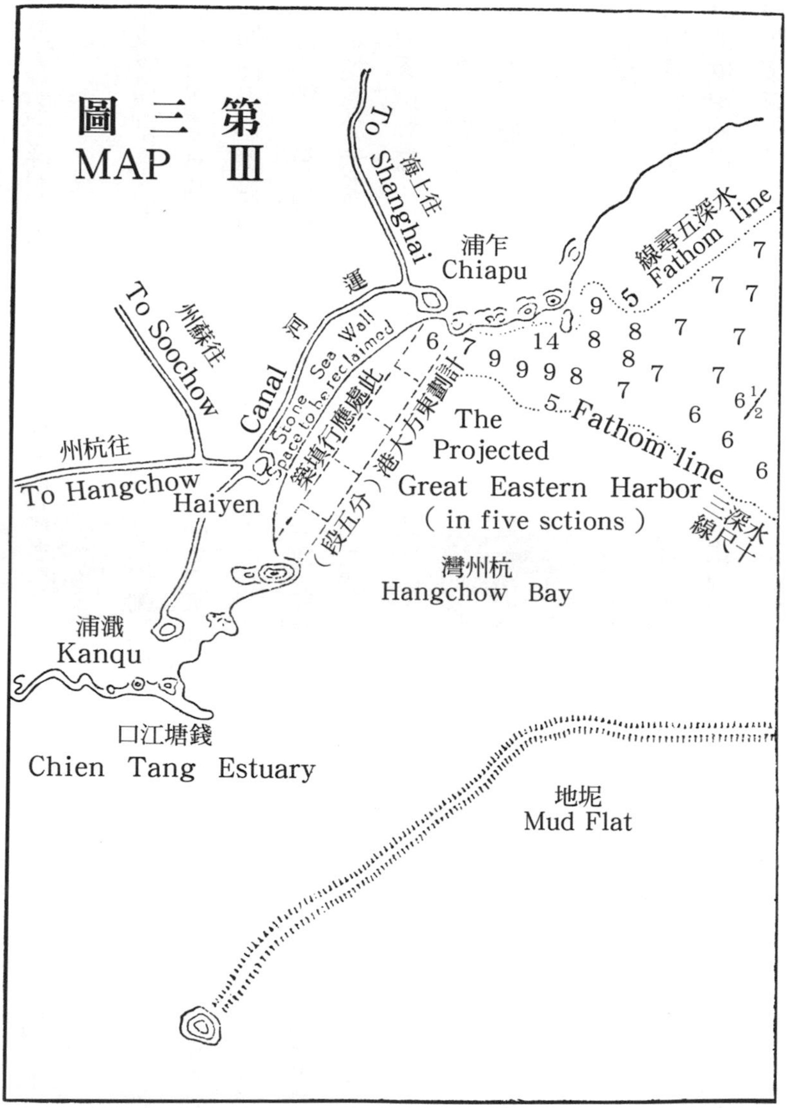
第三圖
MAP Ⅲ
往上海
To Shanghai
乍浦
Chiapu
運河
Canal
往蘇州
To Soochow
往杭州
To Hangchow
Haiyen
Stone Sea Wall
Space to be reclaimed
此處應行填築
計劃東方大港（分五段）
The Projected Great Eastern Harbor
(in five sctions)
水深五尋線
5 Fathom line
5 Fathom line
水深三十尺線
杭州灣
Hangchow Bay
澉浦
Kanqu
錢塘江口
Chien Tang Estuary
泥地
Mud Flat

以其建造將較上海廉數倍，工作亦簡單數倍，故此計畫港將為可獲厚利之規劃。乍浦澉浦間及其附近，土地之價，每畝當不過五十元至一百元，國家當劃取數百英方里之地於其鄰近，以供吾等將來市街發展之計畫所用。假如劃定為二百英方里，每畝價值百元，每六畝當一英畝，而六百四十英畝當一英方里，故二百英方里地價，當費七千六百萬元，以一計畫論，此誠為鉅額。但政府可以先將地價照現時之額限定；僅買取所須用之地，其餘之地，則作為國有地未給價者，留於原主手中，任其使用，但不許轉賣耳。如此，國家但於發展計畫中需用若干地，即隨時取若干地，而其取之，則有永遠不變之定價，而其支付地價，可以徐徐，國家將來即能以其他所增之利益，還付地價。如此，惟第一次所用地區之價，須以資本金支付之，其餘則可以其本身將來價值付之而已足。至港面第一段完成以後，此港發達，斯時地價急速騰貴，十年之內，在其市街界內，地價將起自千元一畝至十萬元之高價，故土地自體已發生利益矣，而又益之以計畫本來之港面及市街之利益。因其所挾卓越之地位，此港實有種種與紐約媲美之可能。而在揚子江流域，控有倍於美國之二萬萬人口之一地區，想當以此為唯一之深水海港也。此種都市長進之率，將與實行此發展計畫全部之率，為正比例；如使用戰時工作之偉大規模，完密組織之方法，以助長此港面與市街之建造，則此時將有東方紐約，崛起於極短時間之中。於是無須更慮其過度擴展，與資本之誤投，因有無限之富源與至大之人口，正待此港而用之也。

乙、以上海為東方大港

如使我之計畫，惟欲以一深水港面，供中國此部分將來商務之用，則必取前之計畫港，而舍上海無疑。任從何點觀察，上海皆為僵死之港。然而在我之中國發展計畫，上海有特殊地位，由此審度之，於上海仍可求得一種救濟法也。揚子江之沙泥，每年填塞通路，迅速異常，此實阻上海為將來商務之世界港之噩神也。據黃浦江濬渫局技師長方希典斯擔君所推算，此種沙泥，每年計有一萬萬噸，此數足以鋪積滿四十英方里之地面，至十英尺之厚；必首先解決沙泥問題，然後可視上海為能永成為一世界商港者也。幸而在吾計畫中，本有整治揚子江水道及河岸一部，將有助於上海通路之解決。故常以此計畫置諸心中，即可將沙泥問題，作為已解決者，而將整治長江入海口一事，讓之次部。現在先商上海港面改良一事。

現在諸專門家，提出種種計畫，以圖上海港面改良，如前所述，其中有欲將十二年來黃浦江濬渫局用一千一百萬兩所作之工程，盡行毀棄者，是以吾欲獻一常人之規畫，以供專門家及一般公眾之研討。我之設世界港於上海之計畫，即仍留存現在黃浦江口起至江心沙上游高橋河合流點止，已成之布置，如此則濬渫局十二年來所作之工程均不虛耗。於是依我計畫，當更延長濬渫局所已開成之水道，又擴張黃浦江右岸之彎曲部由高橋河合流點開一新河，直貫浦東，在龍華鐵路接軌處上流第二轉灣復與黃浦江正流會。如此則由此點直到斜對楊樹浦之一點，江流直幾如繩，由此更以緩曲線達於吳淞，此新河將約三十英方里之地圈入，作為市宅中心，且作成一新黃浦灘；而現在上海前面繚繞濴洄之黃浦江，則填塞之以作廣馬路，及商店地也。此所填塞之地，當然為國家所有，固不待言；且由此線以迄新開河中間之地，暨其附近，亦均當由國家收用，而授諸國際開發之機關所支配。如此，然後上海可以追及前述之計畫港，其建造能為經濟的，可以引致外國資本也。關於改良上海以為將來世界商港（參觀第四圖），在楊樹浦下游，吾主張建一泊船塢。此塢應就現在黃浦江左岸自楊樹浦角起，至江心沙上流轉灣處止，跨舊黃浦江面及新開地，而鄰於新開河之左岸以建之。塢之面積應有約六英方里，並應於江心沙上游之處，建一水閘以通船塢，而塢當鑿至四十尺深。新開河之深，亦當以河流之沖刷，而使之至四十尺。惟此沖刷之水，非如專門家所提議於江陰設一長江太湖間之閉鎖運河而引致之，乃由我計畫所定之改良此部分地方與蕪湖間之水道，而引致之，如此乃能得較猛之水力也。我輩既已見及現在之黃浦江，須由龍華鐵路接軌處上面第二轉灣起，填至楊樹浦角，以供市街規畫，則如何處分蘇州河之問題，又須解決。吾意當導此小河，沿黃浦江故道右岸，直注泊船塢之上端，然後經船塢聯合於新開之河。於此小河與泊船塢之間，當設一水閘，所以便由蘇州及內地之水運統系，直接與船塢聯絡也。

在我計畫，以獲利為第一原則，故凡所規劃，皆當嚴守之。故創造市宅中心於浦東，又沿新開河左岸建一新黃浦灘，以增加其由此計畫圈入上海之新地之價值，皆須特為注意者也。蓋惟如此辦去，而後上海始值得建為深水海港，亦惟為此垂死之港，新造出有價值之土地，然後上海可以與計畫港爭勝也。究竟救濟上海之最重要素，為解決揚子江口沙泥問題，故整治揚子江水道及河岸一事，於此沙泥問題，有何影響有何意義，吾人將於次部論之。

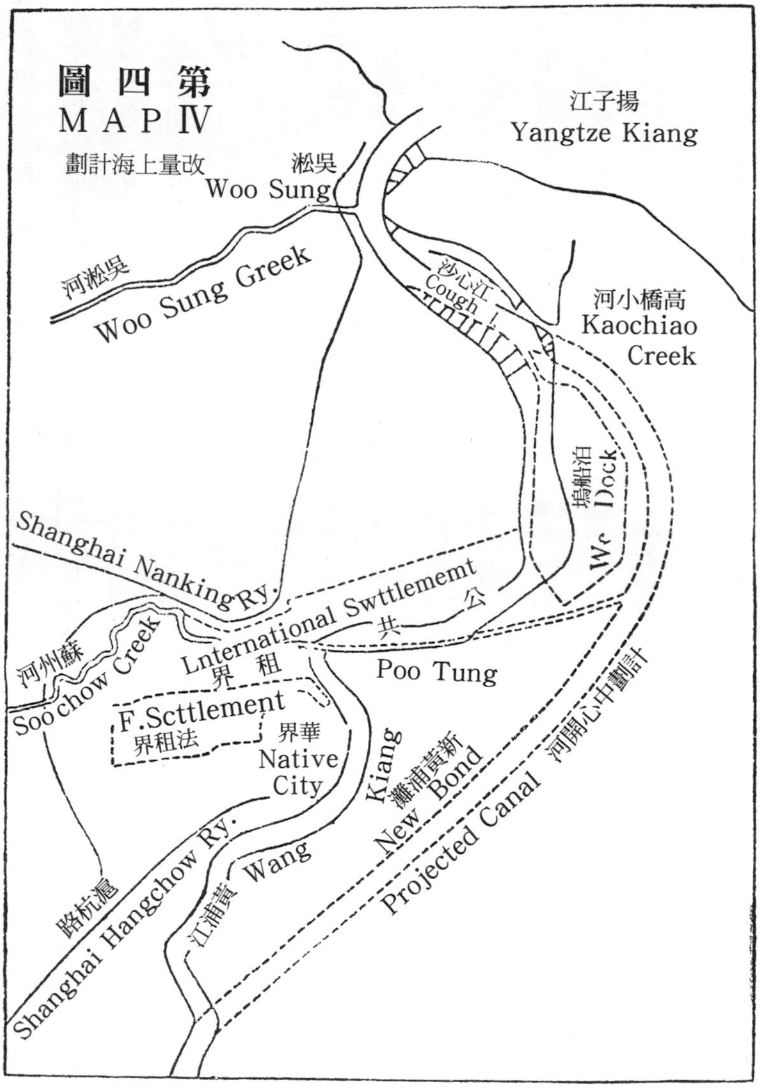
第四圖
MAP Ⅳ
改量上海計劃
吳淞
Woo Sung
揚子江
Yangtze Kiang
吳淞河
Woo Sung Greek
江心沙
Cough
高橋小河
Kaochiao
Creek
泊船塢
We Dock
Shanghai Nanking Ry.
Lnternational Swttlement
公共
租界
蘇州河
Soo chow Creek
Poo Tung
F.Scttlement
法租界
華界
Native
City
新黃浦灘
New Bond
Kiang
Wang
黃浦江
Projected Canal
計劃中心開河
滬杭路
Shanghai Hangchow Ry.

第二部　整治揚子江

整治揚子江一部，當分六節：

甲、由海上深水線起，至黃浦江合流點。
乙、由黃浦江合流點起至江陰。
丙、由江陰至蕪湖。
丁、由蕪湖至東流。
戊、由東流至武穴。
己、由武穴至漢口。

甲　由海上深水線起至黃浦江合流點

凡河流航行之阻塞，必自河口始，此自然原則也；故凡改良河道以利航行，必由其河口發端，揚子江亦不能居於例外也。故吾人欲治揚子江，當先察揚子江口；揚子江入海有三口：最北為北枝流，在左岸與崇明島間。中間為北水道，在崇明島與銅沙坦之間。最南為南水道，在銅沙坦與右岸之間。故為便利計，以後當分別稱之為北水道、中水道、南水道。

凡河口所以被沙泥填塞者，以河水將入海匯流，河口寬闊，湍流減其速力，而沙泥因之沉澱也。救之者，收窄其河口，令與上流無異，以保其湍流之速力；由此道，則沙泥被水裹挾，直抵深海。收窄之工程，當築海堤以成之，或用一連之石壩。如是其沙泥為水所混，直到深海廣闊之處，未及沉澱，復遇回潮衝擊，還填入河口兩旁附近淺水之窪地，以潮漲潮退之動力與反動力，遂使河口常無淤積。凡疏濬一河之河口，皆以利用此天然力助成之。

欲治揚子江口，吾輩須將構成其口之三水道，一一研究，又擇出其一道以為入海之口。在方希典斯擔君所提議，改良上海港面通路策，列有一案：其一，閉塞北中兩水道，獨留南水道，以為揚子江口；其二，獨修濬南水道而置餘兩水道不理。現在彼意以為用第二案已足，此或因經濟上目的而然。顧惟修濬南水道，則上海通路，將常見不絕提心吊膽之情形，仍如方希典斯擔君暨其他專門家現所憂慮者；因揚子江水流之大部，隨時可以改灌入他兩水道，而令南水道淤塞也。故為使上海通路永久安全，一勞永逸計，必須於三水道之中，閉塞其二，獨留一股，以為上海通路，此又整治揚子江口惟一可得實行之路也。

在我整治揚子江口之計畫，本應選用北水道。而閉塞中南二水道，因北水道為入深海最短之線，又用之以為惟一之揚子江口，則其兩旁有更多之沙坦窪地，正待沙泥填堵也。故其費用為較少，而收效為較多。但此本不為上海作計故然耳，如其統籌全局，必須以一箭雙鵰之法行之，而採中水道以為河口，則於治河與築港，兩得其便。蓋專謀治揚子江口與單謀上海之通路者，各有所志，其考察自有不同也。在我治揚子江口之計畫，所取者有兩端：其一，則求深水道以達海洋；其二，則多收其沙泥，以填海為田，惟力所及，中水道具有三堆積場，以受沙泥而成新陸地，即海門坦、崇明坦、銅沙坦是也。此外尚有渟水窪地，千數百英里，循現在之勢以往，不過十年至二十年，便成陸地。以我之第一原則為獲利故，每一舉足，不可忘之。即令二十年不能成地，姑倍之為四十年，而所填築者，有約一千方英里之多，其於利益，已不菲矣。以至賤計之，填積之地，值二十元一畝，如使十年之後，五百英方里之地，可備耕作之用，其所得之利已為三千八百四十萬元，如使由南水道以通上海，則接受沙泥之地面，只在一偏，即惟有銅沙坦在其左方，而右方則為深水之杭州灣，非數百年不能填滿，在此數百年間沙泥之半數，歸於無用矣。夫以上海為海港，故沙泥為之噩神，至於低地，正歡迎沙泥，而以福星視之也。

此種企業，既有填築上述海坦窪地為田之利，我等自可建一雙石堤，自長江入海之處起，直達深海，至離岸四十英里之沙泥山為止。以舟山列島附近有花岡石島，廉價之石，不難運至，故築一石堤，高六英尺至三十英尺，使剛與低潮面平，其平均所需，當不過每一英里費二十萬元，石堤每邊長四十英里，統共八十英里，其所費約在一千六百萬元左右，而在海門坦、崇明坦暨銅沙坦有二三百英方里地。轉瞬之間，可變為農田，計之，則建石堤，已非不值矣。況其建此石堤，實足以為上海世界港得一永久通路，又為揚子江得一深水出路也矣！（參觀附圖五）

右邊之石堤，應從黃浦合流點起，延長其右邊石壩，畫一緩曲線，到南水道深處，然後轉向對岸，橫截鴨窩沙，以至中水道，又折向東方，直築至沙尾山東南水深三十尺處，左邊之堤，由崇寶沙起，直至崇明角，與右堤平行，兩堤中間相距約兩英里。此堤當在崇明之飲水角附近，稍作曲線，然後直達深海三十尺深之線，恰在沙尾山南端經過。試一覽附圖，當知將來上海通路當何如，揚子江出路當何如矣。此一雙水底石堤，斷

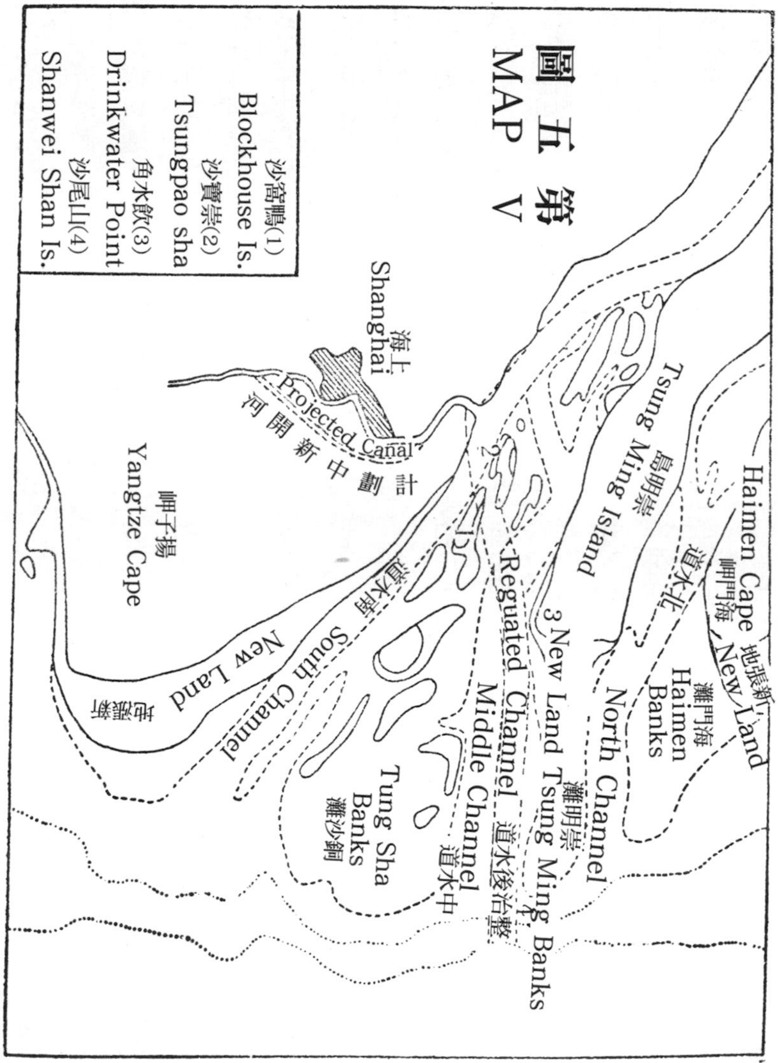
第五圖
MAP V
鴨窩沙(1)
Blockhouse Is.
崇寶沙(2)
Tsungpao sha
飲水角(3)
Drinkwater Point
山尾沙(4)
Shanwei Shan Is.
上海
Shanghai
Projected Canal
計劃中新開河
揚子岬
Yangtze Cape
New Land
新漲地
南水道
South Channel
崇明島
Tsung Ming Island
Haimen Cape
海門岬
新漲地
New Land
北水道
North Channel
海門灘
Haimen
Banks
Regulated Channel
整治後水道
3 New Land Tsung Ming Banks
崇明灘
Middle Channel
中水道
Tung Sha
Banks
銅沙灘

不容高過低潮面，以便潮漲時水流自由通過堤面，如此則潮漲時可將沙泥夾帶回兩堤之旁，於是填塞兩堤旁所括之低地，更迅速矣。現在南水道在黃浦江外面，已有四五十英尺之深，而新水道以兩平行石堤夾成，料必比南水道更深，因其聚三水道入於一流，其水流速力，必較現在者為多也，而河身之深，亦將較現在為確定，且一律。在石堤，雖止於水深三十英尺處，而水流不於是遽停，必過此一點更突入較深之外海而後止，則「上海通路常開，與揚子江口無阻」之兩目的，可得同時俱達矣。

乙　由黃埔江合流點起至江陰

揚子江水道中，此一部分為最不規則，又最轉變無常者。其江流廣處，在十英里以上，至其狹處，纔得四分英里之三，即江陰窄路是也。在此廣闊之處，河深不過三十英尺至六十英尺，至於江陰窄路，實有一百二十尺之深，由江陰窄路之水深以判斷之，必須有一英里半闊之河身，以緩和此地方湍流之速力，令全河流速始終如一，於是在黃浦口之二英里闊河身，在江陰應闊一英里半。（參觀第六圖）

此段左岸（即北岸）築河堤，起自崇寶沙，與海堤相連，作一凸曲線，以至崇明島，在崇明城西北約六英里處，接於灘邊。然後沿崇明灘邊，直至馬孫角（譯音），然後轉而橫過北水道，離北岸約三四英里，作一平行線，直抵金山角（譯音）。在此處截斷近年新成之深水道，向西南，以與靖江縣城東北河岸相接。沿此岸再築七八英里，又挖開陸地，以增河身之闊，令其自江陰砲臺腳下起，算至對岸，常有一英里半之距離。此自崇明寶沙至江陰對面之靖江，河堤共長約一百英里。

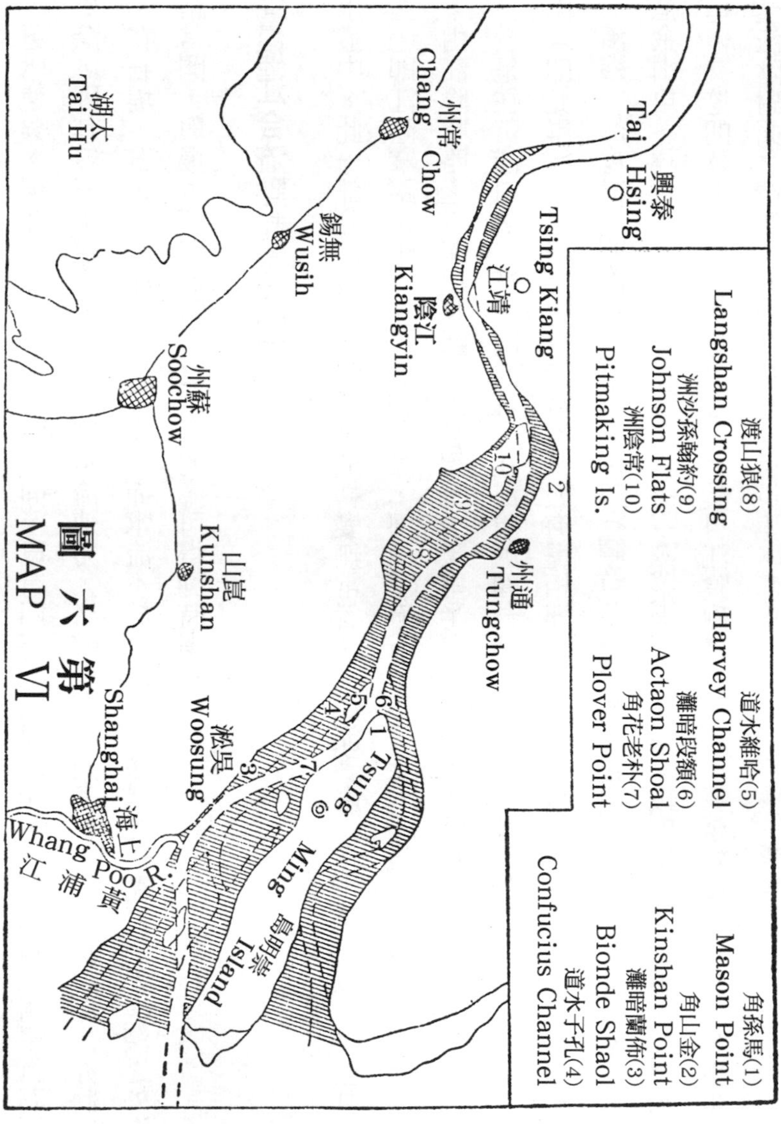
第六圖
MAP VI
馬孫角(1) Mason Point
金山角(2) Kinshan Point
佈蘭暗灘(3) Bionde Shaol
孔子水道(4) Confucius Channel
哈維水道(5) Harvey Channel
額段暗灘(6) Actaon Shoal
朴老花角(7) Plover Point
狼山渡(8) Langshan Crossing
約翰孫沙洲(9) Johnson Flats
常陰沙洲(10) Pitmaking Is.
泰興 Tai Hsing
靖江 Tsing Kiang
江陰 Kiangyin
通州 Tungchow
常州 Chang Chow
無錫 Wusih
蘇州 Soochow
崑山 Kunshan
太湖 Tai Hu
吳淞 Woosung
上海 Shanghai
黃浦江 Whang Poo R.
崇明島 Tsung Ming Island

在崇明島迤南，此河堤之一部，及海堤共圍有淺灘約一百六十方英里，可以填為實地。其河堤之他一部，自崇明島上頭馬孫角起，至靖江河岸止，另圍有淺灘一百三十方英里。

右邊河堤，自黃浦江口石壩盡處起，循寶山岸邊，過布蘭暗灘，直至深處，橫過「孔夫子水道」，穿入額段暗灘（譯音），隨哈維水道（譯音）右邊，泝流築至朴老花角（譯音）。再在狼山渡，橫截深水道，穿過約翰孫沙洲（譯音），與常陰洲相接續。再循此岸，直築至江陰砲臺山腳下。此段河堤圍有淺灘兩處，一在朴老花角上游，他一則在其下游，共約有一百六十方英里。此兩邊河堤之所圍淺灘，共約四百五十方英里，其中大部分已成陸地，亦有一部已於低潮時露出，此等地方，若令不與湍流相遇，則其填塞之進行更速，所以謂二十年之內，此四百五十方英里之地，當完全填成實地可供耕作，亦非奢望也。如使此種新地每畝僅值二十元，則此新填地所生利益，已約有二千九百七十六萬元矣。而此近三千萬之利益，固從新地而生，此新地之利益，自起工以後，則每年增長，直至其填塞完成而後已者也。

以後此二十年間可得三千萬元利益而論，此種提案，自可採供討議。今先計須投資本若干，然後我填築之全計畫可以完成。將欲填此四百五十英方里之地，須築二百英里之河堤，此所計畫之河堤，有一部分為沿河岸線者，而大部分須在中流，更有一小部分須築在深水道之中。沿河岸線者，惟有在凹曲線面之一部，須以石築，或用士敏土堅結，以保護堤面，此外無須費力。在中流者，須用石疊起、至離低潮水面下不及十尺為止，適足以抵抗下層水流，令不軼出正路之外。如此則大股流水，將循此抵抗最少之線，以其自力，從其初級河堤所誘導，開一水道。此種初級河堤所費，比之海堤較廉，而海堤所費，依吾前計算為二十萬元一英里而已。惟有在馬孫角北水道分流點一處，須將該水道完全閉塞，其費已經專門家估算，當在百萬元以外，方能填築此二三英里之堤。是故由新填地所生利益，必足以回復其所築河堤所費，可知即此填新地一節，已足令自海口到江陰兩段導江工程，不致虧本，而又有改良揚子江航路之益也。

丙　自江陰至蕪湖

此段河流，性質與江陰以下全異。其水道較為鞏固，惟有三數處現出急曲線，河流蝕入凹曲線方面之陸地，因此時時於兩岸另開新水道而已。此段長約一百八十英里。（參觀第七圖）

此處整治之工，比之江陰以下，更為困難。蓋其汎濫之地，應填築者，仍與長江下游景況正同，其急曲線須修之使直，旁枝水道應行閉塞，中流小島應行削去，窄隘水路應行濬廣，令全河上下游一律。然而此部分原有河堤，大抵可以聽其自然，惟其河岸凹曲線面，有數處應用石或士敏土堅結以保護之耳。以力求省費之故，此段水道及河堤整治工程，可以一面用人為之工作，一面助以自然之力。此一段河流工程全部所費，不能於測量未竣以前，精密計出，但粗為計算，則四十萬一英里之數，總相去不遠。故全段一百八十英里，應費七千二百萬元。此外尚有開闊南京、浦口中間河面之費，未計在內，此處有多數高價之產業，須全毀去。其費頗多也。

瓜洲開鑿一事，所以令鎮江前面及上下游，三處急曲線改為一處，使河流較直也。此處沿江北岸，約二英里半陸地，正對鎮江，必須鑿開，令成新水道，闊一英里有餘。其舊道在鎮江前面及上下游者，則須填塞

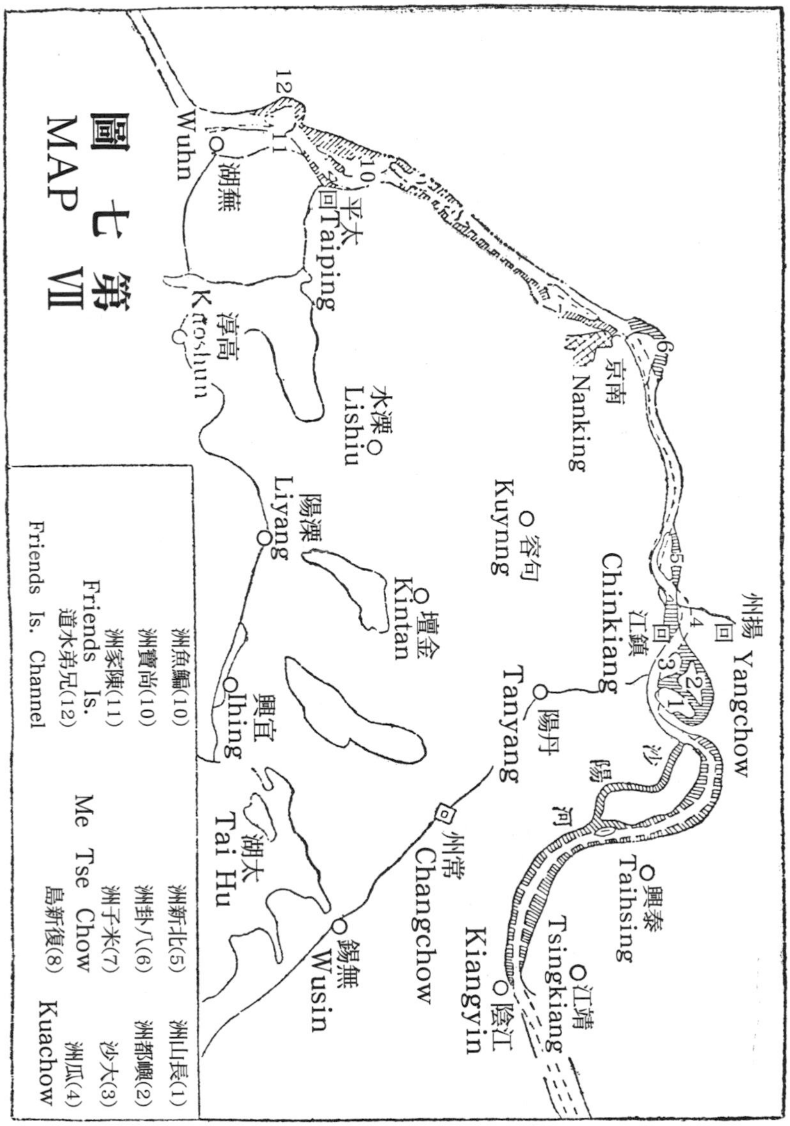
第七圖
MAP Ⅶ
Yangchow 揚州
Chinkiang 鎮江
Nanking 南京
Kuyung 句容
Tanyang 丹陽
Taihsing 泰興
Tsingkiang 靖江
Kiangyin 江陰
Changchow 常州
Wusin 無錫
Tai Hu 太湖
Ihing 宜興
Kintan 金壇
Liyang 溧陽
Lishiu 溧水
Taiping 太平
Wuhn 蕪湖
Ktoshun 高淳
長山洲(1)
頓都洲(2)
大沙(3)
瓜洲(4)
北新洲(5)
八卦洲(6)
米子洲(7)
復新島(8)
鳊魚洲(10)
尚寶洲(10)
陳家洲(11)
兄弟水道(12)
Kuachow
Me Tse Chow
Friends Is.
Friends Is. Channel

之。所填之地，即成為鎮江城外沿江市街，估其價值，優足以償購取瓜洲陸地，及開鑿工程之費。故此一部分，至少總可認為不虧本之提案。

浦口、下關間窄處，自此碼頭至彼碼頭，僅得五分英里之三，即一千二百碼而已。而此處水深最淺處為二十六英尺，最深處為一百三十二英尺，下關一邊陸地，時時以水流過急河底過深之故而崩陷，斯即顯然為此部分河道太窄，不足以容長江洪流通過也。然則非易以廣路不可矣。為此之故，必以下關全市為犧牲，而容河流直洗獅子山腳，然後此處河流有一英里之闊。以賠還下關之高價財產而論，須費幾何，必須提交專門家詳細調查，乃能決定。要之此為整治揚子江全計畫中最耗費之部分，但亦有附近下關沿岸之地，可以成為高價財產無疑，故此工程或可望得自相彌補也。

南京、浦口間窄路下游之水道，應循其最短線路，沿幕府山腳，以至烏龍山腳，其繞過八卦洲後面之幹流，應行填塞，俾水流直下無滯。

由南京至蕪湖一段河流，殆成一直線，其中有汎濫三處，一處剛在南京上游，餘二則在東西梁山之上下游。其第一汎濫之米子洲上游枝流，應行閉塞，另割該洲外面一幅，使本流河幅足用。至欲整治餘二汎濫，則應循其右岸深水道作曲線，向太平府城，而將左邊水道鎖閉。此曲線所經各沙洲，有須全行削去者，亦有須削其一部者，而在東西梁山上游之汎濫，須將兄弟水道完全閉塞，並將陳家洲削去一部，而蕪湖下游左岸，亦須稍加割削，令河流廣狹上下一律。

丁　自蕪湖至東流

此段大江約長一百三十英里，沿流有汎濫六處。其中最顯著者，即在銅陵下之汎濫也，此汎濫兩岸相距在十英里以上。每一汎濫，常分為兩三股水道，其間夾有新漲之沙洲。其深水道時時變遷。忽在此股，忽在彼股，有時竟至數股同時淤塞，逼令航行暫時停止，亦非希覯之事也。（參觀第八圖）

為整治此自蕪湖上游十英里，至大通下游十英里，一段河流，吾擬鑿此三汎濫中流之沙洲，及岸邊之突角，為一新水道，直貫其中，使成一較短較直之河身，即附圖中點線所示之路是也，此項費用，之須詳細測量之後，始能算定。但若兩邊河堤築定之後，則濬渫工程之大部分，將以河流之自然勢力行亦，故開鑿新河之費，必較尋常大為減少。大通以上，左岸有急度彎曲兩處，須行鑿開。第一處即大通上游十二英里，現設塔燈、水標處之左岸，此處左岸陸地有二三英里，須略加刊削。次一處則應在安慶下游，鑿至江龍塔燈、水標，計長六英里左右。既鑿此河，則免去全江口急度之轉灣矣。此次開鑿工程，比之下游疊石為堤之費更多，其旁枝水路，雖能填為耕地，究不能補其開鑿所費，是以此一部分整治之工程，不免為虧本。但以其通長江航道，與保護兩岸陸地，又防止將來洪水為患，則此種工程，必為有益明也。

戊　自東流至武穴

此段長約八十英里，沿右岸皆山地，左岸則大抵低地也。沿流有汎濫四處，此中有三處，以水流之蝕及

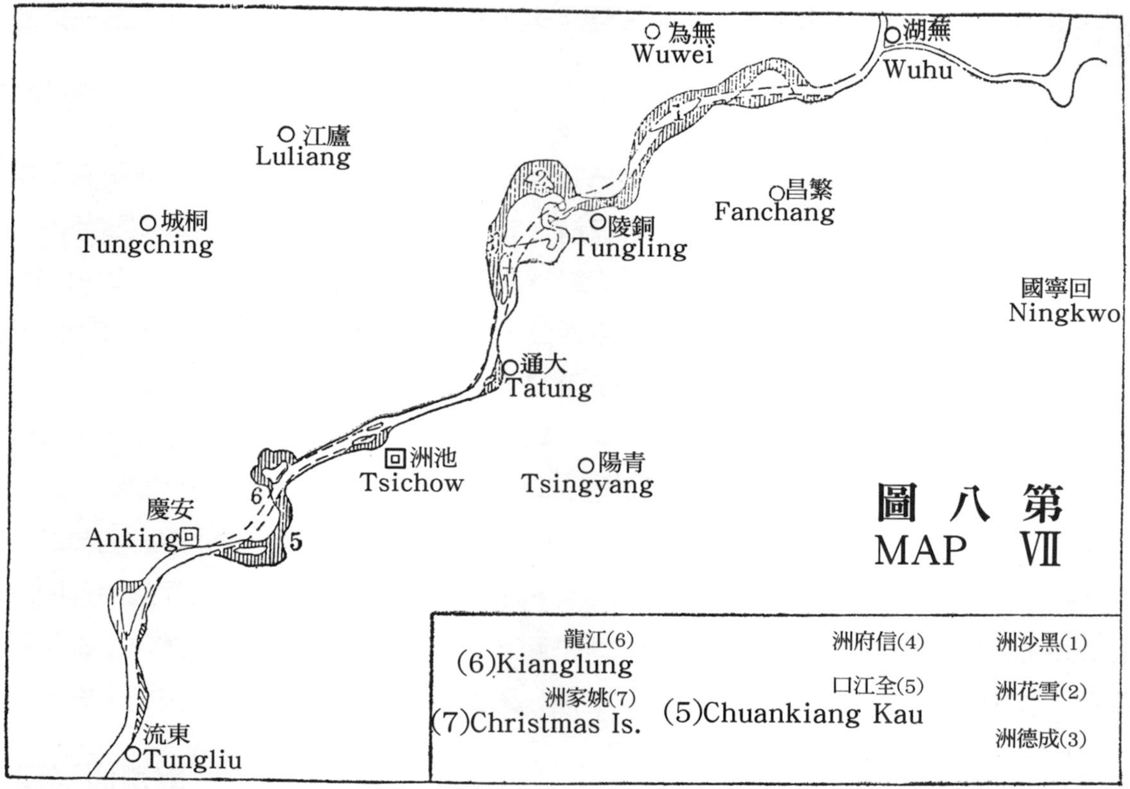

為無
Wuwei
湖蕪
Wuhu
江廬
Luliang
城桐
Tungching
陵銅
Tungling
昌繁
Fanchang
國寧
Ningkwo
通大
Tatung
洲池
Tsichow
陽青
Tsingyang
慶安
Anking
流東
Tungliu
6
5
圖八第
MAP VII
龍江(6)
(6)Kianglung
洲家姚(7)
(7)Christmas Is.
洲府信(4)
口江全(5)
(5)Chuankiang Kau
洲沙黑(1)
洲花雪(2)
洲德成(3)

左岸，成一枝流，復至下游，與正流相會，其會合處殆成直角。在此等地方，河岸殊不鞏固，而此汎濫各股水道之間，正在堆積，將成沙洲矣。（參觀第九圖）

此段整治工程，比之下游各段，施工較易。此三處成半圓形時時轉變之枝流，應從其分枝口施以閉塞，仍留下其游會流之口，任令洪水季節之沙泥，隨水泛入，自然填塞之。其他一處汎濫，則須於兩邊築壩，束而窄之。更有數處須行削截，而小孤山上游及糧洲兩處，尤為重要。江心沙洲有一部分須削去，而河幅闊處，亦有須填窄者，總令水道始終一律，期於全航道常有三十六英尺以上之水深也。

己　自武穴至漢口

此段約長一百英里，自武穴而上，夾岸皆山地，河幅常為半英里內外。水深自三十尺至七十二尺，有數處尚在七十二尺以上。（參觀第十圖）

整理此段，須填塞其寬廣之河面三數處。令水道整齊，有三四處枝流，須行閉塞。如此，然後冬季節俱有三十六尺至四十八尺水深之水道，可得而成也。在戴家洲一段河流，應將埃梨水道（譯音）閉塞，獨留冬季水道，則此島上游下游曲線，均較緩徐。在鴨蛋洲及羅霍洲之處，其大灣曲水道，及兩島間水道，均應閉塞，而另開一新水道，穿過羅霍洲，以成為較短之曲線。在木母洲，其南水道務須閉塞，而此洲之上萬八墻口曲處，亦須挖成較緩徐之曲線。由此處以至漢口，則須先填右岸，收窄河身，至與右岸向西南曲處相接而止。再從對面左岸填起，直過漢口租界面前，以至漢水口，則漢口堤岸面前可以常得三十六英尺至四十八英尺深之水道矣。

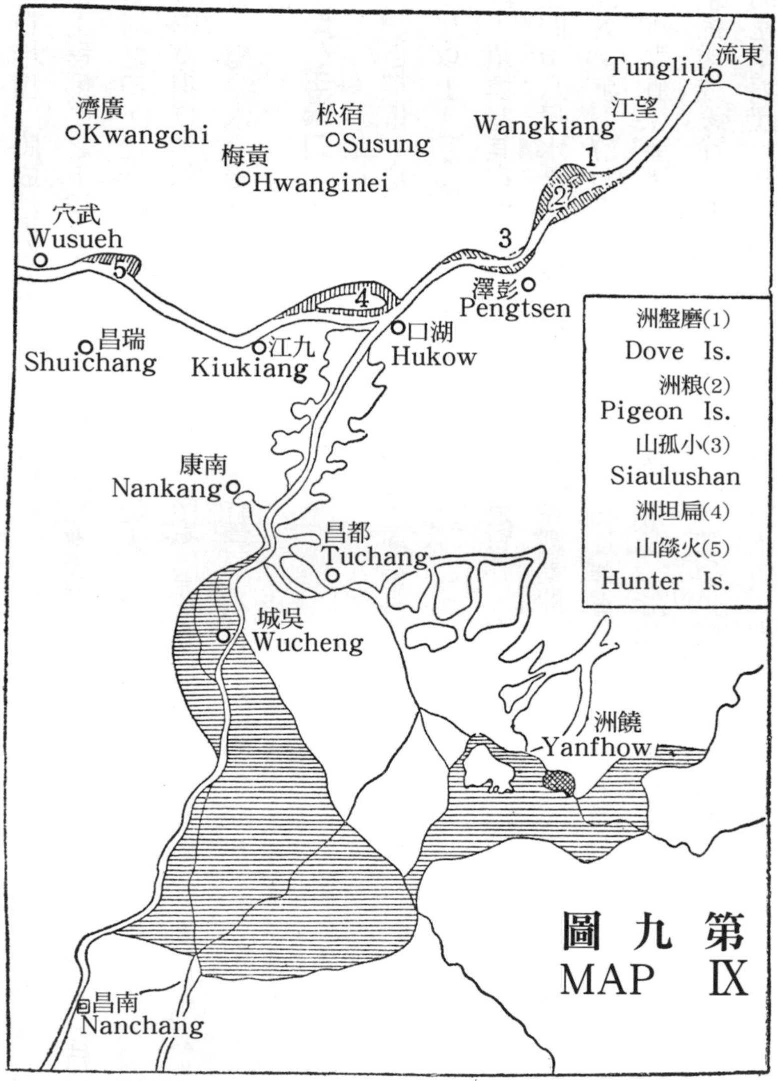
Tungliu 流東
江望
Wangkiang
濟廣
Kwangchi
松宿
Susung
梅黃
Hwanginei
1
2
3
穴武
Wusueh
5
4
澤彭
Pengtsen
口湖
Hukow
昌瑞
Shuichang
江九
Kiukiang
洲盤磨(1)
Dove Is.
洲粮(2)
Pigeon Is.
山孤小(3)
Siaulushan
洲坦扁(4)
山篠火(5)
Hunter Is.
康南
Nankang
昌都
Tuchang
城吳
Wucheng
洲饒
Yanfhow
昌南
Nanchang

圖九第
MAP Ⅸ

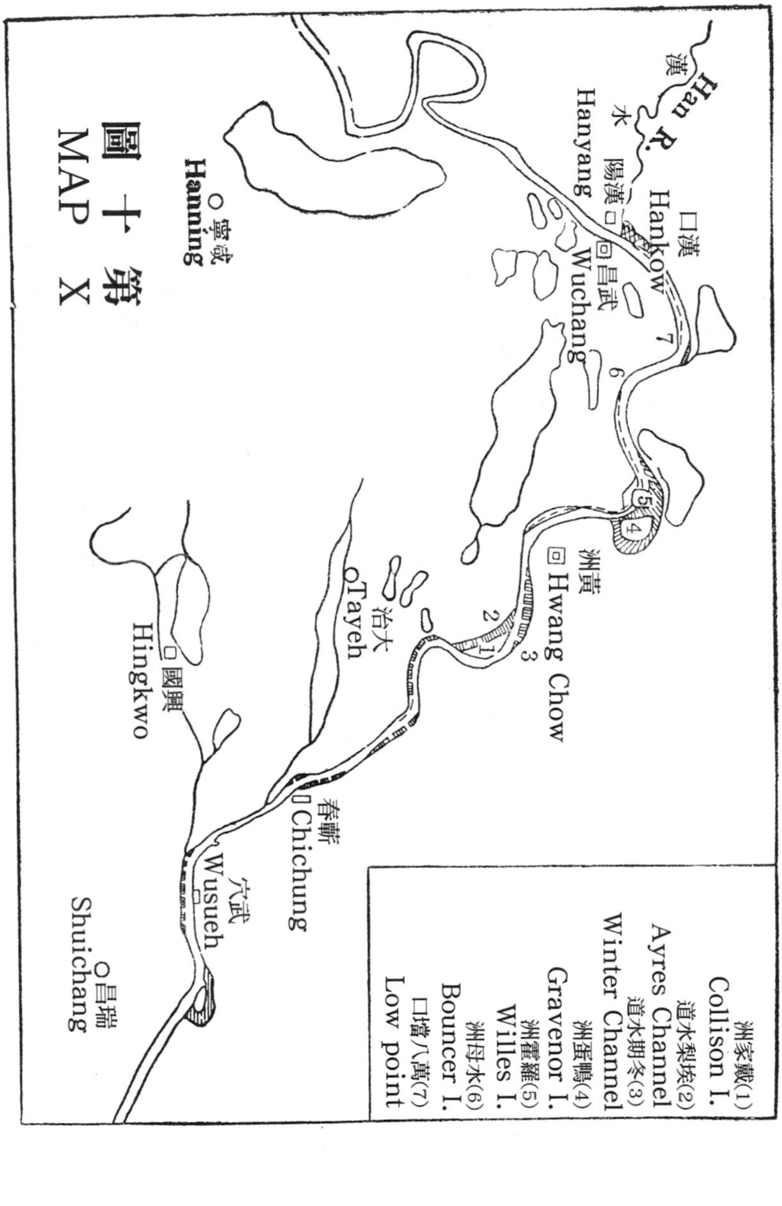

第十圖
MAP X
漢水 Han R.
漢口 Hankow
漢陽 Hanyang
武昌 Wuchang
咸寧 Hanning
黃洲 Hwang Chow
大冶 Tayeh
興國 Hingkwo
蘄春 Chichung
武穴 Wusueh
瑞昌 Shuichang
1 2 3 4 5 6 7
觀家洲(1) Collison I.
埃梨水道(2) Ayres Channel
冬期水道(3) Winter Channel
鴨蛋洲(4) Gravenor I.
羅霍洲(5) Willes I.
水母洲(6) Bouncer I.
萬八嘴口(7) Low point

總計自海中至漢口，治河長約六百三十英里，河堤之長，當得其二倍，即一千二百六十英里也。在江口之堤，吾嘗約計每英里費二十萬元，兩堤四十萬，此項數目，自深海以迄江陰，一百四十英里，均可適用，充足有餘。因此部分惟須建兩堤，此堤亦惟須於水中堆石，令其堅足以約束河流，使從其所導而行，斯已足矣。此兩岸列石既成之後，水道可因於自然之力以成，所以此部工程，尚為簡單。

然而在上游有數處較為困難，其中有五六十英里之實地，水面上有一二十英尺之高，水面下尚有三四十英尺之深，須行削去，以使河身改直；此鑿開及削去之工程，有若干須用人功，有若干可借天然之力，仍須待專門家預算。除此不計外，工程全部每一英里所費不過四十萬元。故自海面至漢口，相距六百三十英里，所費當不過二萬萬五千二百萬元。今姑假定整治揚子江全盤計畫並未知之部分算在其內，須費三萬萬元。由此計畫，吾人開一通路，深入內地六百英里，容航洋巨船駛至住居二萬萬人口之大陸中心，而此中有一萬萬人，住居於此最大水路通衢之兩旁。以工程之利益而論，此計畫比之蘇伊士、巴拿馬兩河，更可獲利。

雖在江陰以上各段，吾人不能發見不虧本之方法，不如江陰下游各段，可以新填之地，補其所費，但在竣工之後，仍可在沿江建立商埠，由之以得利益也。此建設商埠之計畫，將於次部論之。

結論

當結論此二部，吾更須申言關於築港及整治揚子江之工程數目，僅為粗略之豫算，蓋事勢上自然如此也。關於在長江出海口，及諸汎濫地建築初步河堤之豫算，或者有太低之迹，但吾所據之資料，以為計算根源者在下列各層：第一、為吾所親見在廣東河汉，環吾本村，築堤填地之私人企業。第二、為廉價之石，可求之於舟山列島者。第三、為海關沿岸視察員泰羅君之計算，在崇明島上端，閉塞北水道所費，該水道以此處為最狹，約計有三英里，而泰羅君謂所費約須一百萬兩有餘，然則約五十萬元一英里也；比之吾所計算，已為兩倍有半，此其差異可得比較而知。蓋此崇明島上端三英里之水道，平均水深二十英尺，而我所計畫之海堤江堤，建於水中者，平均比此段少三分之二，且閉塞北水道之工程，完全與河流成為直角，則其所費較之建此初步河堤，與水流成平行線者，縱使長短相同，所差亦應數倍。而五十萬元可以建橫截深二十尺之河而閉塞之一英里工程，則其五分之二之經費，亦必足以供吾所規劃之工程之用矣。當吾草此文之際，芝加哥鐵路批評五月十七日所出之報，適有一論文，道及此事。彼謂用鋼鐵骨架，以築河堤及壩，於濁泥河流，如吾輩今所欲治者，比之用石及用其他材料較佳，而又較廉。然則若採此新法，吾等可以用吾前此未知之更廉材料，以建河堤矣。所以吾前所計算，或者不免稍低，而仍離正確之數目不遠，決不如驟見所覺之過低也。

第三部　建設內河商埠

在揚子江此一部，建設內河商埠，將為此發展計畫中最有利之部分，因此部分在中國，為農礦產最富之區，而居民又極稠密也。以整治長江工程完成之後，水路運送，所費極廉，則此水路通衢兩旁，定成為實業薈萃之點，而又有此兩岸之廉價勞工附翼之，則即謂將來沿江兩岸，轉瞬之間，變為兩行相連之市鎮，東起海邊，西達漢口者，非甚奇異之事也。此際應先選最適宜者數點，以為獲利的都市發展。依此目的，吾人將從下游起，泝江逐港論之如下：

甲　鎮江及其北岸，

乙　南京及浦口，

丙　蕪湖，

丁　安慶及其南岸，

戊　鄱陽港，

己　武漢。

甲　鎮江及其北岸

鎮江位於運河與江會之點，在汽機未用以前，為南北內地河運中心重要之地，而若將舊日內地運河濬復，且增濬新運河，則此地必能恢復昔日之偉觀，且更加重要。因鎮江為挈合黃河流域與長江流域中間之聯鎖，而又以運河之南端，直通中國最富饒之錢塘江流域，所以此鎮江一市，將來欲不成為商業中心，亦不可得也。

依吾整治長江計畫，則在鎮江前面，吾人既以大幅餘地，在六英方里以上者，加入鎮江，此項大江南面新填之餘地，當利用以為吾人新鎮江之都市計畫。而江北沿岸之地，亦當由國家收用，以再建一都市。蓋以黃河流域全部，欲以水路與江通，惟恃此一口，故江北此一市，當然超越江南之市也。鎮江、揚州之間，須建船塢，以便內地船舶，又當加以最新設備，以便內地船隻與航洋船之間，盤運貨物之用。此港既用以為東海岸食鹽收集之中心，同時又為其分銷之中心，如此則可用新式方法，以省運輸之費。江之兩岸須以石或士敏土堅結築成堤岸，而更築應潮高下之火車渡頭，以便聯絡南北兩岸鐵路客車貨車之往來。至於商業發達之後，又需建橋樑於江上，且鑿地道於江下，以便兩岸貨物來往。街道須令寬闊，以適合現代之要求，其臨江街道，及其附近，應豫定為工商業所用。此區之後面，即為住宅，各種新式公共營造，均應具備。至於此市鎮計畫詳細之點，吾則讓之專門家。

乙　南京及浦口

南京為中國古都，在北京之前，而其位置乃在一美善之地區，其地有高山，有深水，有平原，此三種天工，鍾毓一處，在世界中之大都市誠難覓如此佳境也。而又恰居長江下游兩岸最豐富區域之中心，雖現在已殘破荒涼，人口仍有一百萬之四分一以上，且曾為多種工業之原產地，其中絲綢特著，即在今日，最上等之綾及天鵝絨，尚在此製出。當夫長江流域東區富源，得有正當開發之時，南京將來之發達，未可限量也。

在整治揚子江計畫內，吾嘗提議削去下關全市，如是則南京碼頭當移至米子洲與南京外郭之間，而米子洲後面水道，自應閉塞，如是則可以作成一泊船塢，以容航洋巨舶。此處比之下關，離南京市宅區域更近，而在此計畫之泊船塢與南京城間曠地，又可以新設一工商業總匯之區，大於下關數倍。即在米子洲，當商業興隆之後，亦能成為城市用地，且為商業總匯之區。此城市界內界外之土地，當照吾前在乍浦計畫港所述方法，以現在價格，收為國有，以備南京將來之發展。

南京對岸之浦口，將來為大計畫中長江以北一切鐵路之大終點，在山西、河南煤鐵最富之地，以此地為與長江下游地區交通之最近商埠，即其與海交通亦然，故浦口不能不為長江與北省間鐵路載貨之大中心，猶之鎮江不能不為一內地河運中心也。且彼橫貫大陸直達海濱之幹線，不論其以上海為終點，抑以我計畫港為終點，總須經過浦口。所以當建市之時，同時在長江之下面穿一隧道以鐵路聯絡此雙聯之市，決非燥急之計。如此則上海、北京間直通之車，立可見矣。

現在浦口上下游之河岸，應以石建，或用士敏土堅結，成為河堤，每邊各數英里。河堤之內應劃分為新式街道，以備種種目的建築所需。江之此一岸陸地，應由國家收用，一如前法，以為此國際發展計畫中公共之用。

丙　蕪湖

蕪湖為有居民十二萬之市鎮，且為長江下游米糧市場之中心，故吾擇取此點為引水沖刷上海黃浦江底之接水口，而此口亦為通上海或乍浦之運河之上口。在整治長江工程之內，青弋河合流點上面之凹曲部分，應行填塞，而對岸突出之點則應削去。此所計畫之運河，起於魯港合流點下游，約一英里之處：此運河應向北東走，至蕪湖城東南角，與山腳中間一點，與青弋河相合；更與濮家店，循此河之支流以行。如此則蕪湖東南循此運河左岸，得一臨水之地。運河兩旁，應建新堤，一如長江兩岸，且建船塢於運河通大江之處，以容內地來往船隻，加以近代之機械，供盤運貨物過船之用。自江岸起，向內地，循運河之方向，規劃廣闊之街道，其近江者，留以供商業之需，其沿運河者，則留為製造廠用地。蕪湖居豐富鐵礦區之中心，此鐵礦既得相當開發之時，蕪湖必能成為工業中心也。蕪湖有廉價材料，廉價人工，廉價食物，且極豐裕，專待現世之學術與機器，變之以為更有價值之財物，以益人類耳。

丁　安慶及其南岸

安慶者，安徽之省城，自從經太平天國戰爭破壞之後，昔日之盛，不可復覩矣。現在人口僅有四萬。其直接鄰近之處，農產礦產均富，若鐵路既成，則六安大產茶區，與河南省之東南角礦區，均當以安慶為其貨物出入之港。在治江工程中，安慶城前面及西邊之江流曲處，應行填築；此填築之地即為推擴安慶城建新市街之用，所有現代運輸機械，均應於此處建之。

在安慶城對面上海江岸最突出之地角應行削去，使江流曲度更為和緩，而全河之廣，亦得一律。新市街即當在此處建造。因皖南、浙西之大產茶區，將於此處指揮掌握之也。如以徽州之內地富饒市鎮，又有產出極盛之鄉土環繞之，則必求此地以為其載貨出入之中站明矣。以蕪湖為米市中心言，則此安慶之雙聯市將為茶市中心，而此雙聯市之介在豐富煤鐵礦中心，又恰與蕪湖相等。此又所以助茲港使於短期之間，成為重要工業中心者也。故在長江北部建此雙聯市，必為大有利益之企業。

戊　鄱陽港

吾欲於長江與鄱陽湖之間，建設一鄱陽港，此港將成為江西富省之惟一商埠矣。江西省每縣均有自然水路聯絡之，若更加以改良，則必成宏偉之水路運輸系統。江西有人民三千萬，礦源最富，如有一新式商埠，以為之工商業中心，以發展此富源饒裕之省分，則必為吾計畫中最獲利之一部分矣。

此港位置，應在鄱陽湖入口西端，長江右岸之處。此港應為新地之上所建之新市，其中一部之地，須由填築湖邊低地成之。在鄱陽湖水道整治工程之中，應建一範堤，起自大姑塘山腳，迄於湖口石鐘山對面之低沙角，此範堤之內，應建造一有閘船塢，以便內河船舶寄泊。而此港市街則應設在長江右岸，鄱陽湖左側，廬山山麓合成之三角地。此三角地，每邊約有十英里，以供市街發展，優良已極。景德鎮磁器工業，應移建之於此地，蓋以運輸便利缺乏之故，景德之磁常因之大受損壞，而出口換船之際，猶常使製成之磁器碰損也。此地應採用最新大規模之設備，以便一面製造最精良之磁器，一面復製廉價之用具，蓋此地收集材料，比之在景德鎮，更為便宜也。以各種製造業，集中於一便利之中心，其結果不特使我計畫之港，長成迅速，且於所以奉給人者，亦可更佳良。但以江西一省觀之，鄱陽湖已必為世界商業製造之大中心。鄱陽湖非特長江中一泊船港，又為中國南北鐵路之一中心。所以從經濟上觀之，以大規模發展此港者，全然非不合宜者也。

己　武漢

武漢者，指武昌、漢陽、漢口三市而言。此點實吾人溝通大洋計畫之頂水點，中國本部鐵路系統之中心，而中國最重要之商業中心也。三市居民，數過百萬，如其稍有改進，則二三倍之，決非難事。現在漢陽已有中國最大之鐵廠，而漢口亦有多數新式工業，武昌則有大紗廠，而此外漢口更為中國中部、西部之貿易中心，又為中國茶之大市場。湖北、湖南、四川、貴州四省，及河南、陝西、甘肅三省之各一部，均恃漢口以為與世界交通唯一之港。至於中國鐵路既經開發之日，則武漢將更形重要，確為世界最大都市中之一矣。所以為武漢將來立計畫，必須定一規模，略如紐約、倫敦之大。

在整治長江堤岸，吾人須填築漢口前面，由漢水合流點龍王廟渡頭起，迄於長江向東屈折之左岸一點，此所填之地，平均約闊五百碼至六百碼。如是，所以收窄此部分之河，全河身一律有五六鏈（每鏈為一海里十分之一）之闊，又令漢口租界得一長條之高價土地，於其臨江之處也。此部之價，可以償還建市所費之一部分。漢水將入江處之急激曲折，應行改直，於是以緩徐曲線，遶龍王角，且使江漢流水，於其會合處，向同一方面流下。漢陽河岸應密接現在之河邊，沿岸建築，毋突過於鐵廠渡頭之外。武昌上游廣闊之空處，當圈為有閘船塢，以供內河外洋船舶之用。武昌下游，應建一大堤，與左岸平行，則將來此市可遠擴至於現在市之下面。在京漢鐵路線，於長江邊第一轉灣處，應穿一隧道過江底，以聯絡兩岸。更於漢水口以橋或隧道，聯絡武昌漢口漢陽三城為一市；至將來此市擴大，則更有數點，可以建橋，或穿隧道。凡此三聯市外圍之地均當依上述大海港之辦法，收歸國有，然後私人獨占土地與土地之投機賭博，可以豫防。如是則不勞而獲之利，即自然之土地增價利，可盡歸之公家，而以之償還此國際發展計畫所求之外債本息也。

第四部　改良揚子江之現存水路及運河

茲將現存水路、運河，揚子江相聯絡者，列舉如下：

甲　北運河，
乙　淮河，
丙　江南水路系統，
丁　鄱陽水路系統，
戊　漢水，
己　洞庭系統，
庚　揚子江上游。

甲　北運河

北運河在鎮江對岸一點與揚子江聯絡，北走直至天津，其長逾六百英里。在江北之一部運河，現已著手為詳細之測量，改良工事，不久可以起工，此吾人所共知者也。在吾計畫，吾將以淮水注江之一段，代江北一段運河之用。

乙　淮河

淮河出河南省西北隅，東南流，又折而東流，至安徽、江蘇兩省之北部，其通海之口，近年已經淤塞，故其水鬱積於洪澤湖，全恃蒸發以為消水之路；於是一入大雨期，洪水氾濫於沿湖廣大區域，人民受其荼毒者以百萬計。所以修濬淮河，為中國今日刻不容緩之問題。近年疊經調查，屢有改良之提案，美國紅十字會技師長詹美生君，曾獻議為淮河開兩出口，其一循黃河舊槽以達海，其一經寶應、高郵兩湖，以達揚子江。在此計畫，吾贊成詹君通海江之方法，但於用黃河舊槽及其經過揚州西面一節，有所商榷。在其出海之口，即淮河北支，已達黃河舊槽之後，吾將導以橫行入於鹽河，循鹽河而下，至其北折一處，復離鹽河過河邊狹地，直入灌河，以取入深海最近之路，此可以大省開鑿黃河舊路之煩也。其在南枝在揚州入江之處，吾意當使運河經過揚州城東，以代詹君經城西入江之計畫，蓋如此則淮河流水，剛在鎮江下面新曲線，以同一方向與大江會流矣。

淮河此兩枝，至少均須得二十英尺深之水流，則沿岸商船，自北方赴長江各地，可免繞道經由江口以入，所省航程近二百英里。而兩枝既各有二十英尺之深，則洪澤與淮河之水流宣暢；而今日高於海面十六英尺之湖底，即時可以變作農田，則以洪澤合之其旁諸湖，依詹美生君之計算，六百萬畝之地，咄嗟可致也。如此以二十元為其一畝之價，則此純粹地價已足一萬萬二千萬元，此政府之直接收入也。而又有一萬七千方英里地，嚮苦水潦之災者，今既無憂，所以昔日五年而僅兩穫者，今一年而可再穫，是一萬七千方英里者，得一千零八十八萬英畝（七千餘萬中畝），各得五倍奇收穫也。假如總生產額一英畝所值為五十元，則此地所產總額原得五萬萬四千四百萬元者，今為二十七萬萬二千萬元也。其在國家，豈非超尋常之利益乎？

丙　江南水路系統

此項系統包含南運河與黃浦江，與太湖，及其與為聯絡之水路而言。此中吾所欲為最重要之改良，乃在濬廣、濬深蕪湖、宜興間之水路，以聯長江與太湖，而又貫通太湖濬一深水道，以達南運河蘇州、嘉興間之一點。其在嘉興，歧為兩支，一支循嘉興、松江之運河，以達黃浦江，他一支則至乍浦之計畫港。此項長江黃浦間水路，當其未達上海之前，應先行濬令廣深至其極限，使能載足流水，一面以洗滌上海港面，不容淤積，一面亦使內河船舶來往於江海之間者經此，大減其路程也。而此水路又可為挾土壤俱來之用，太湖暨旁諸湖沿水路之各區，將來均可因其填塞，成為耕地。故於建此水路之大目的以外，又有此種填築計畫，及本地載貨之利益可收，於是其獲利之性質，可以加倍確實。現在太湖暨其他諸湖沼地之精確測量，尚無可徵，則能填築為田者，當有幾畝，今亦未可遽言，但以粗略算之，則填築江南諸湖所得之地，吾意其畝數必不在江北之田以下。

丁　鄱陽水路系統

此一系統，為江西全省排水之用。每縣，每城，乃至每一重要市鎮，均可由水路達到，全省交通，惟恃水路，此乃未有鐵路前，中國東南各省所同者也。江西下游水路系統，受不規則之害，與長江同，皆以其為低地之故，然則其整治之工亦應與長江相同。鄱陽湖應按各水入湖之路，分為多數水道，然後逐漸匯流，卒至渚溪附近，乃合而為一，度此湖狹隘之部，而與長江合於湖口。此深水道兩傍應各疊水底石堤為一線，使剛與湖中淺處同高，以是其水道可以於排水之外並作航行之用也。水道以外之淺處，將來於相當時間可填為耕地，於是整治鄱陽湖各水道之計畫，可以其填築，而得充足之報酬矣。

戊　漢水

此水以小舟泝其正流，可達陝西西南隅之漢中。又循其旁流可達河南西南隅之南陽，及賒旗店，此可航之水流，支配甚大之分水區域。自襄陽以上，皆為山國。其下以至沙洋，則為廣大開豁之谷地。由沙洋以降，則流注湖北沼地之間，以達於江。

改良此水，應在襄陽上游設水閘，此一面可以利用水力，一面又使巨船均可以通航於現在惟通小舟之處也。襄陽以下，河身廣而淺，須用木樁或疊石，作為初級河堤，以約束其水道，又以自然水力，填築兩岸窪地也。及至沼地一節，須將河身改直濬深。其在沙市，須新開一運河，溝通江漢，使由漢口赴沙市以上各地，得一捷徑。此運河經過沼地之際，對於沿岸各湖，均任其通流，所以使洪水季節挾泥之水，溢入諸湖，益速其填塞也。

己　洞庭系統

此項水路系統，為湖南全省及其上游排水之用，此中最重要之兩支流，為湘江與沅江。湘江縱貫湖南全省，其源遠在廣西之東北隅，有一運河，在桂林附近，與西江系統相聯絡。沅江通布湖南西部，而上流則跨在貴州省之東。兩江均可改良，以供大河舶航行，其湘江、西江分水界上之運河，更須改造，於此運河，及湘江、西江各節，均須設新式水閘，如是則吃水十尺之巨舶，可以自由來往於長江、西江之間。洞庭湖則須照鄱陽湖例，疏為深水道，而依自然之力，以填築其淺地為田。

庚　長江上游

自漢口至宜昌一段，吾亦括之入於長江上游一語之中，因在漢口為航洋船之終點，而內河航運則自茲始，故說長江上游之改良，吾將發軔於漢口。現在以淺水船航行長江上游，可抵嘉定，此地離漢口約一千一百英里。如使改良更進，則淺水船可以直抵四川首府之成都，斯乃中華西部最富之平原之中心，在岷江之上游，離嘉定僅約六十英里耳。

改良自漢口至岳州一段，其工程大類下游各部，當築初步河堤，以整齊其水道；而急灣曲之凹岸，當護以石堤，或用士敏士堅結；中流洲嶼，均應削去；金口上游大灣，所謂簰州曲者，應於簰州地頸，開一新河以通航；至後金關之突出地角，則應削除，使河形之曲折，較為緩徐。

洞庭之北，長江屈曲之部，自荊河口起，以至石首一節，吾意當加閉塞。由石首開新道，通洞庭湖，再由岳州水道，歸入本流。此所以使河身徑直，抑亦縮短航程不少。自石首以至宜昌，中間有汎濫處，當以木石為堤約束之，其河岸有突出點數處，須行削去，而後河形之曲折，可更緩也。

自宜昌而上，入峽行，約一百英里達四川之低地，即地學家所謂紅盆地也。此宜昌以上迄於江源一部分河流，兩岸巖石束江，使窄且深，平均深有六尋（三十六英尺），最深有至三十尋者。急流與灘石，沿流皆是。

改良此上游一段，當以水閘堰其水，使舟得泝流以行，而又可資其水力。其灘石應行爆開除去。於是水深十尺之航路，下起漢口，上達重慶，可得而致。而內地直通水路運輸，可自重慶北走，直達北京，南走直至廣東，乃至全國通航之港，無不可達。由此之道，則在中華西部商業中心，運輸之費，當可減至百分之十也。其所以益人民者，何等巨大！而其鼓舞商業，何等有力耶！

第五部　創建大士敏士廠

鋼鐵與士敏士，為現代建築之基，且為今茲物質文明之最重要分子。在吾發展計畫之種種設計，所需鋼鐵與士敏士，不可勝計，即合世界以製造著名之各國所產，猶恐不足供此所求。所以在吾第一計畫，吾提議建一大鍊鋼廠於煤鐵最富之山西、直隸。則在此第二計畫，吾擬欲沿揚子江岸建無數士敏士廠。長江各地特富於士敏土原料，自鎮江而上，可航之水道，夾岸皆有灰石及煤，是以即為其本地所需要，還於其地得有供給也。今日已有製士敏土之廠在黃石港上游不遠之石灰窯，其位置剛在深水碼頭與灰石山之間。其山既若是近，故直可由山上，以鍬鋤起石，直移之窯中，無須轉運。而在漢口、九江之間，與此相類之便利，尚復多有。九江以下，馬當、黃石磯以及九江、安慶間諸地，又有極多之便利相同之灰石山。其安慶以下，至南京之間，多為極有利於製士敏土之地區，即如大通、荻港、采石磯，均有豐裕之灰石及煤鐵礦，夾江相望也。

築港、建市街、起江河堤岸，諸大工程，同時並舉，士敏土市場既如斯巨大，則應投一二萬萬之資本，以供給此士敏土矣。而此業之進行，即與全盤其他計畫，相為關連，徐徐俱進，則以一規劃獎進其他規劃，各無憂於生產過剩，與資本誤投，而各計畫，俱能自致其為一有利事業矣。

第三計畫

第三計畫主要之點，為建設一南方大港，以完成國際發展計畫篇首所稱中國之三頭等海港。吾人之南方大港當然為廣州，廣州不僅中國南部之商業中心，亦為通中國最大之都市，迄於近世，廣州實太平洋岸最大都市也，亞洲之商業中心也。中國而得開發者，廣州將必恢復其昔時之重要矣。吾以此都會為中心，制定第三計畫如左：

㈠改良廣州為一世界港。

㈡改良廣州水路系統。
㈢建設中國西南鐵路系統。
㈣建設沿海商埠及漁業港。
㈤創立造船廠。

第一部　改良廣州為一世界港

廣州之海港地位，自鴉片戰爭結束，香港歸英領後，已為所奪；然香港雖有深水港面之利益，有技術之改良，又加以英國政治的優勢，而廣州尚自不失為中國南方商業中心也。其所以失海港之位置也，全由中國人民之無識，未嘗合力以改善一地之公共利益，而又益之以滿洲朝代之腐敗政府及官僚耳。自民國建立以來，人民忽然覺醒，於是提議使廣州成為海港之計畫甚多。以此億兆中國人民之覺醒，使香港政府大為警戒，該地當局，用其全力以阻止一切使廣州成為海港之運動。凡諸計畫，稍有萌芽，即摧折之。夫廣州誠成為一世界港，則香港之為泊船載貨站頭之一切用處，自然均將歸於無有矣。但以此既開發之廣州，與既繁榮之中國論，必有他途為香港之利，而比之現在僅為一退化貧窮之中國之獨占海港，利必百倍可知。試徵之英領哥倫比亞域多利港之例，彼固嘗為西坎拿大與美國西北區之惟一海港矣。然而即使有獨占之性質，而當時腹地貧窮，未經開發，其為利益，實乃甚小。及至一方有溫哥華起於同國方面，他方美國又有些路與打金麻並起，為其競爭港，此諸港之距域多利遠近，恰與香港之距廣州相似，而以其腹地開發之故，即使其俱為海港，競爭之切有如是，仍各繁榮非常。所以吾人知競爭海港，有如溫哥華、些路、打金麻者，不惟不如短見者所嘗推測，以域多利埠置之死地，且又使之繁榮，有加於昔。然則何疑於既開發之廣東，既繁榮之中國，不能以與此相同之結果與香港耶？實則此本自然之結果而已，不必有慮於廣東之開發，中國之繁榮，傷及香港之為自由港矣。如是香港當局正當以其全力，鼓勵此改良廣州以為海港一事，不應復如向日以其全力阻止之矣。抑且廣州與中國南方之發展，在於商業上所以益英國全體者，不止百倍於香港今日所以益之者。即使此直轄殖民地之地方當局，無此遠見以實行之，吾信今日寰球最強之帝國之各大政治家各實業首領，必能見及於此。吾既懷此信念，故吾以為以我國際共同發展廣州，以為中國南方世界大港之計畫，布之公眾，絕無礙也。

廣州位於廣州河汊之頂，此河汊由西江、北江、東江三河流會合而成，全面積有三千英方里，而為中國最肥饒之沖積土壤。此地每年有三次收穫，二次為米作，一次為雜糧，如馬鈴薯或甜菜之類。其在蠶絲每年有八次之收成。此河汊又產最美味之果實多種。在中國此為住民最密之區域，廣東全省人口過半，住於此河汊及其附近。此所以縱有河汊沃壤所產出巨額產物，猶須求多數之食料於鄰近之地與外國也。在機器時代以前，廣州以東亞實業中心著名者，幾百年矣。其人民之工作手藝，至今在世界中仍有多處不能與匹。若在吾國際共同發展實業計畫之下，使用機器，助其工業，則廣州不久必復其昔日為大製造中心之繁盛都會矣。

以世界海港論，廣州實居於最利便之地位，既已位於此可容航行之三江會流一點，又在海洋航運之起點，所以既為中國南方內河水運之中軸，又為海洋交通之樞紐也。如使西南鐵路系統完成，則以其運輸便利論，廣州之重要，將與中國北方、東方兩大港相侔矣。廣州通大洋之水路大概甚深，惟有二處較淺，而此二處又甚易範之以堤，且濬渫之，使現代航海最大之船可以隨時出入無礙也。海洋深水線，直到零丁島邊，該處水深自八尋至十尋。（自零丁以上，水道稍淺，其深約三四尋），以達於虎門，凡十五英里。自虎門起，水乃復深，自六尋，至十尋。直至蓮花山腳之第二門洲，其長約二十英里；在第二門洲處，僅有數百碼，水深自十八英尺至二十英尺而已。過第二門洲後，其水又深，平均得三十英尺者，約十英里，以至於第一門洲。此即吾人所欲定為將來廣州港面水界之處也。將改良此通廣州之通海路，吾意須在廣東河口零丁島上游左邊，建兩水底範堤：其一，由海岸築至東新坦頭，他一則由該坦尾起築至零丁坦頂上。此第一範堤之頂，應在水面下三四尺，約與該坦同高，第二範堤一端低於水面四英尺，一端低十六英尺，各按所聯之坦之高低（參照第十一圖之1及3），此堤須橫斷兩坦間深二十四英尺之水道。合此兩堤與此四英尺高之東新坦，將成為一連續海堤之功用，可以導引現在衝過左邊海岸與零丁島之間之下層水流，入於河口當中一部，於是可以在零丁橫沙與同名之坦中間，開一新水道，而與零丁島右邊深水相接。在廣東河口右邊須建一範堤自萬頃沙外面沙坦下面起，向東南行，橫斷二十四英尺深之水道，直穿過零丁橫沙至其東頭盡處為止。（參照第十一圖之2）如是，以此河口兩邊各水底堤。限制下層水流，使趨中央一路，則可得一甚深之水道。自虎門起，直通零丁口，約五十英尺深。於是可得創造一自深海直達珠江之第二門洲之通路矣。

合此各水底堤計之，其長約八英里，而其高只須離海底六英尺至十二英尺而已。其所費者，應不甚多，而其使自然填築進行加速之力則甚大，故因此諸堤兩岸新成之地，必能償還築此諸堤之工程所費，且大有餘裕也。

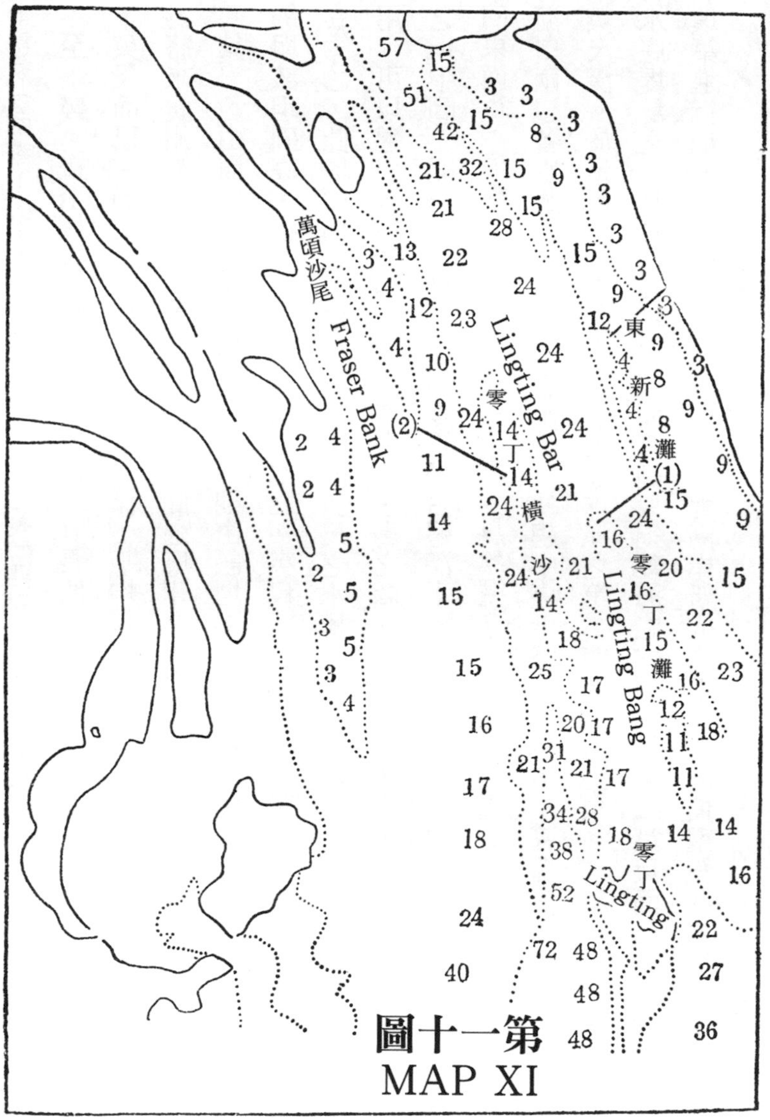
萬頃沙尾
Fraser Bank
Lingting Bar
零丁
橫沙
東新灘
零丁灘
Lingting Bang
零丁
Lingting
(1)
(2)

第十一圖
MAP XI

整治此廣州通海之路，自虎門至黃埔一段珠江，吾意須使東江出口，集中於一枝，即用其最上之水道，於鹿步墟島下游一點，與珠江合流者。其他在第二門洲以下與珠江會流各枝，概須築與尋常水面同高之堰，以截塞之，至入雨期則仍以供宣洩洪水之水道之用。此集會東江全流於第二門洲上面，可以得更強之水，以沖洗珠江上部也。

此一段範水工程，吾意須築多數之壩如下：第一，自江鷗沙之A點築一壩，至攔沙島低端對面加里吉打灘邊，此壩所以堵截江鷗沙與加里吉打灘中間之水流，而轉之入於現在三十六英尺深之水道，以其自然之力，濬使更深。第二，於此河右岸，由海心之B點起，另築一壩，至中流第二門洲下端為終點。第三，於此河左岸，自漳澎尾沙下頭C點，築一壩，至中流，亦以第二門洲下端為終點，以是藉此兩壩所束集中水流之力，可以刷去第二門洲，其兩壩上面淺處，則可濬之至得所求之深為止。若發現河底有巖石，則應炸而去之，然後全部通路可得一律之水深也。第四，在此河右岸與海心沙中間之水道，須堵塞之於D點（即瑞成圍頭）。第五，在漳澎常安圍上游之E點起，築一壩，至第二門洲坦之上端中流，如是則此河左邊水流截斷，而中央水道之流速可以增加也。第六，在右岸長洲島與第二門洲之間適中之處F點起，築一壩，至中流灘之頂上，以截斷此河右邊之水流。第七，於鹿步墟島下端G點起，築一壩至中流，與前述之F壩相對，此EG兩壩所以集中珠江上段水流，而G壩同時又導引東江，使其流向與珠江同一也。（參照第十二圖）

以此七壩，自黃埔以迄虎門之水流可得有條理，而沖刷河底可致四十英尺以上之深，如是則為航洋巨船開一通路，自公海直通至廣州城矣。合此諸壩其長當不過五英里，而又大半建於淺水處。自建以後，水道兩

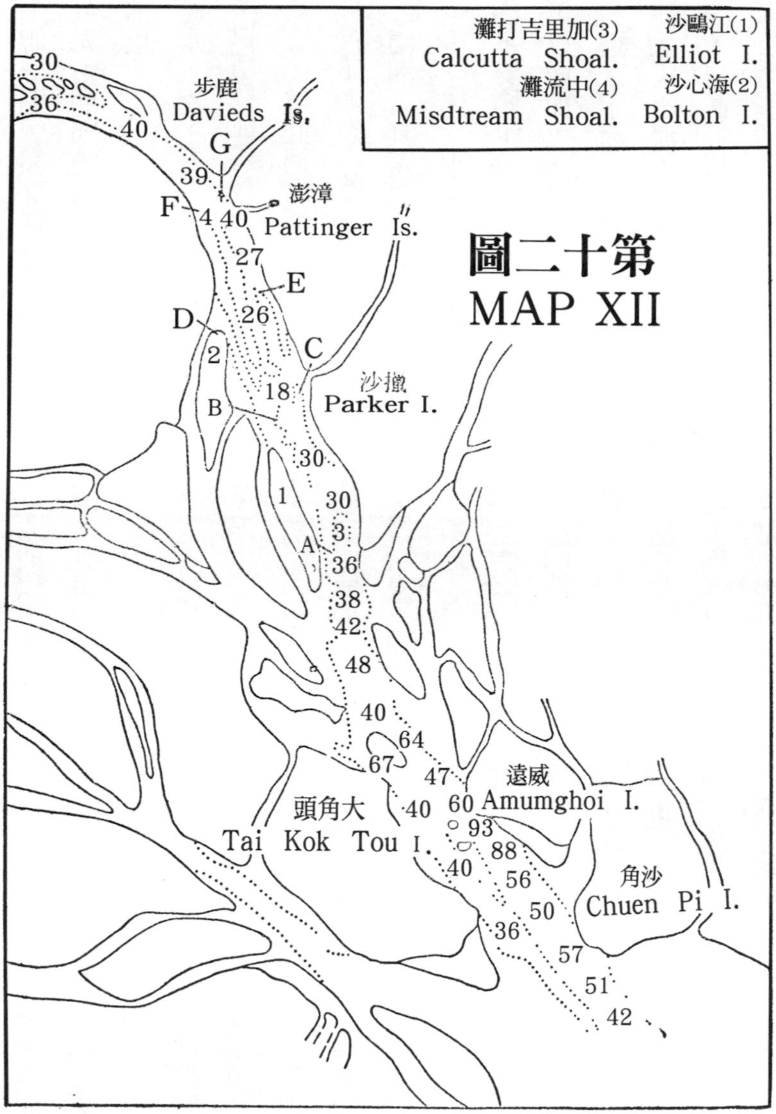
灘打吉里加(3) 沙鷗江(1)
Calcutta Shoal. Elliot I.
灘流中(4) 沙心海(2)
Misdtream Shoal. Bolton I.
步鹿
Davieds Is.
澎漳
Pattinger Is.
沙擸
Parker I.
遠威
Amumghoi I.
頭角大
Tai Kok Tou I.
角沙
Chuen Pi I.
A
B
C
D
E
F
G

圖二十第
MAP XII

旁各壩之間，以其自然之力，新填地出現必極速，單以所填之地而論，必足以償還築壩所費。況又有整治珠江，與為海洋運輸開一深水道之兩大目的，可由此而實現乎？

吾人既為廣州通海水路作計，則可次及改良廣州城，以為世界商港一事矣。廣州港面水界應至第一門洲為止，由此處起，港面應循甘布列治水道（烏涌與大吉沙之間），經長洲、黃埔兩島之間，以入亞美利根水道（深井與崙頭之間）；於是鑿土華小洲之間，開一新路，以達於河南島之南端，復循依里阿水道（瀝滘下滘之間），以至大尾島（三山對面）；於是循佛山舊水道，更鑿一新水道，直向西南方，與潭洲水道會流。如是由第一門洲起，以達潭洲水道，成一新水路矣。其長當有二十五英里。此水路將為北江之主要出口。又以與西江相通連，一面又作為廣州港面，以北江水量全部，及西江水量一部，經此水路，以注於海。故其水流之強，將必足以刷洗此港面，令有四十英尺以上之深也。（參觀第十三圖）

新建之廣州市，應跨有黃埔與佛山，而界之以車賣砲臺及沙面水路。此水以東一段地方，應發展之以為商業地段；其西一段，則以為工廠地段。此工廠一區，又應開小運河，以與花地及佛山水道通連，則每一工廠均可得有廉價運送之便利也。在商業地段，應副之以應潮高下之碼頭，與現代設備及倉庫。而築一堤岸，自第一門洲起，沿新水路北邊及河南島西邊，與沙面堤岸，聯為一起。又另自花地上游起，築一堤岸，沿花地島東邊，至大尾乃轉向西南，沿新水路左岸築之。其現在省城與河南島中間之水道，所謂省河者，應行填塞。自河南頭填起，直至黃埔島，以供市街之用。從利益問題論之，開發廣州以為一世界商港，實為此國際共同發展計畫內，三大港中最有利潤之企業；所以然者，廣州占商業中樞之首要地位，又握有利之條件，恰

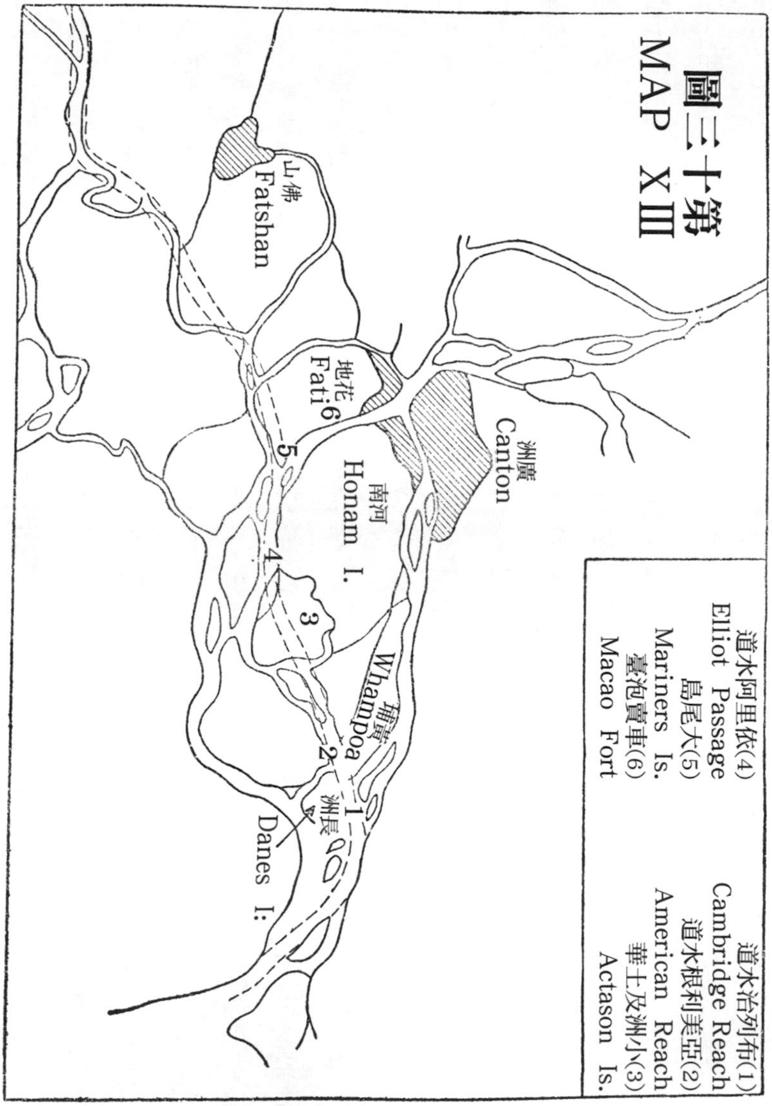

第十三圖
MAP XIII
佛山
Fatshan
花地
Fati
6
5
廣洲
Canton
河南
Honam I.
4
3
黃埔
Whampoa
2
1
長洲
Danes I.
布列治水道(1)
Cambridge Reach
亞美利根水道(2)
American Reach
小洲及士華(3)
Actason Is.
依里阿水道(4)
Elliot Passage
大尾島(5)
Mariners Is.
車賣泡臺(6)
Macao Fort

稱為中國南方製造中心，更加以此部地方之要求新式住宅地甚大也。此河汉內之殷富商民與華人在外國經商致富暮年退隱者，無不切盼歸鄉，度其餘年；但坐缺乏新式之便宜與享樂之故，彼等不免躊躇，仍留外國。然則建一新市街於廣州，加以新式設備，專供住居之用，必能獲非常之利矣。廣州城附近之地，今日每畝約值二百元，如使劃定以為將來廣州市用之地，即應用前此所述方法收用之，則劃定街道加以改良以後，地價立可升高至原價之十倍至五十倍矣。廣州附近景物，特為美麗動人，若以建一花園都市，加以悅目之林囿，真可謂理想之位置也。廣州城之地勢，恰似南京，而其偉觀與美景，抑又過之。夫自然之原素有三：深水、高山，與廣大之平地也。此所以利便其為工商業中心，又以供給美景，以娛居人也。珠江北岸美麗之陵谷，可以經營之，以為理想的避寒地，而高嶺之巔，又可利用之以為避暑地也。

在西北隅市街界內，已經發現一豐富之煤礦，若開採之，而加以新式設計，以產生電力及煤氣，供給市中，則可資其廉價之電力煤氣，以為製造，為運輸，又使居民得光，得熱，得以炊爨也。如是則今日耗費至多之運輸，與煩費之用薪炊爨製造，行於此人煙稠密之市中者，可以悉免矣。是此種改良，可得經濟上之奇效也。現在廣州居民一百萬，若行吾計畫，則於極短時期之中，將見有飛躍之進步，其人口將進至超過一切都市，而吾人企業之利益，亦比例而與之俱增矣。

第二部　改良廣州水路系統

中國南部最重要之水路系統，為廣州系統；除此以外，皆不甚重要，將於論各商埠時附述之。論廣州水路系統，吾將分之為下四項：

甲 廣州河汊，

乙 西江，

丙 北江，

丁 東江。

甲 廣州河汊

吾人論廣州河汊之改良，須從三觀察點以立議：第一、防止水災問題；第二、航行問題；第三、填築新地問題。每一問題皆能加影響於他二者，故解決其一，即亦有裨於其他也。

第一 防止水災問題 近年水災頻頻發生，於廣州附近人民，實為鉅害。其喪失生命以千計，財產以百萬計，受害最甚者，為廣州與蘆包間，其他恰在廣州河汊之直北。吾以為此不幸之點，實因西南下游北江正流之淤塞而成。以此之故，北江須經由三水之短河道，以入西江，藉為出路；同時又經由兩小溪流，一自西南，一自蘆包，以得出路。此二溪者，一向東南行，一向東北行，而再合流於官窰，自官窰起，復東北流，至於金和，又折而東南流，經過廣州之西關。自北江在西南下游淤塞之後，其淤塞點之上游一段，亦逐年變淺；現在三水縣城上游之處，亦僅深四五英尺。當北江水漲之時，常借岡根河（即思賢滘）以洩其水於西江；但若西江同時水漲，則北江之水，無從得其出路，惟有停積，至高過蘆包上下基圍而後已。如是，自然基圍有數處被水衝決，水即橫流，而基圍所護之地域全區，均受水災矣。欲治北江，須重開西南下面之北江正流，而將自清遠至海一段，一律濬深，幸而吾人改良廣州河汊之航行時，亦正有事於此項濬深，故一舉而可兩得也。

救治西江，須於其入海處橫琴與三灶兩島之間，兩岸各築一堤，左長右短以範之，如是則將水流集中，以割此河床，使成深二十英尺以上之水道，如是則水深之齊一，可得而致。蓋自磨刀門以上，通沿廣州河汊之一段，西江平均有二十英尺至三十英尺之深也。如有全段一律之水深，以達於海，則下層水流將愈速，而洪水時洩去其水更速矣。除此濬深之工程以外，兩岸務須改歸齊整，令全河得一律之河闊；中流之暗礁及沙洲，均應除去。東江流域之受水災，不如西北二江之深重。則整治此河，以供航行，即可得其救治，留俟該項論之。

第二　航行問題　廣州河汊之航行問題，與三江相連，論此問題，須自西江始。往日西江流域與廣州間，往來載貨，常經由三水與佛山，此路全長三十五英里。但自佛山水道由西南下游起淤塞之後，載貨船隻，須為大迂迴：沿珠江而下以至虎門，轉向西北，以入沙灣水道，又轉向東南，入於潭州水道，西入於大良水路，又南入於黃色水道（自合成圍至鶯哥嘴），及馬寧水路，於此始入西江。西北泝江，以至三水西北江合流之處，此路全長九十五英里，比之舊路多六十英里。而廣州與西江流域之來往船隻其數甚多，現在廣州與近縣來往之小火輪，有數千艘，其中有大半為載貨往來西江者。夫使廣州三水間水道，得其改良，則今之每船一往復須行九十五英里者，忽減而為三十六英里也，其所益之大，為如何哉！

在吾改良廣州通海路及港面之計畫，吾曾提議濬一深水道，自海至於黃埔，又由黃埔以至潭州水道。今吾人更須將此水道延長，自潭州水道合流點起，以至三水與西江合流之處。此水道至少須有二十英尺水深，以與西江在三水上游深水處相接，而北江自身，亦須保有與此同一之水深，至於三水上游若干里之處，所以便於該河上流既經改良之後，大舶之航行也。為廣州河汊之航行，以改良東江，吾人應將其出口之水流，集中於鹿步墟島上面之處，與珠江合流之最右之一水道。此所以使水道加深，又使異日上流既經改良之日，廣州與東江地區，路程更短也。

為航行計，廣州河汊更須有一改良，即開一直運河，於廣州與江門之間，此所以使省城與四邑間之運輸得一捷徑也。此運河應先將陳村小河改直，達於紫泥，於是橫過潭州水道，以入於順德小河。循此小河，以直角入於順德支流；由此處須鑿新運河一段，直至大良水道近容奇曲處（竹林）；又循此水道，通過黃水道，至匯流路（南沙小欖之間起鶯哥嘴至岡美之對岸）為止；於此處須更鑿一段新運河，以通海洲小河，循古鎮水道，以達西江正流，橫過之以入於江門支流。此即為廣州江門間直達之運河矣。欲更清晰了解廣州河汊之改良，可觀附圖第十四、第十五。

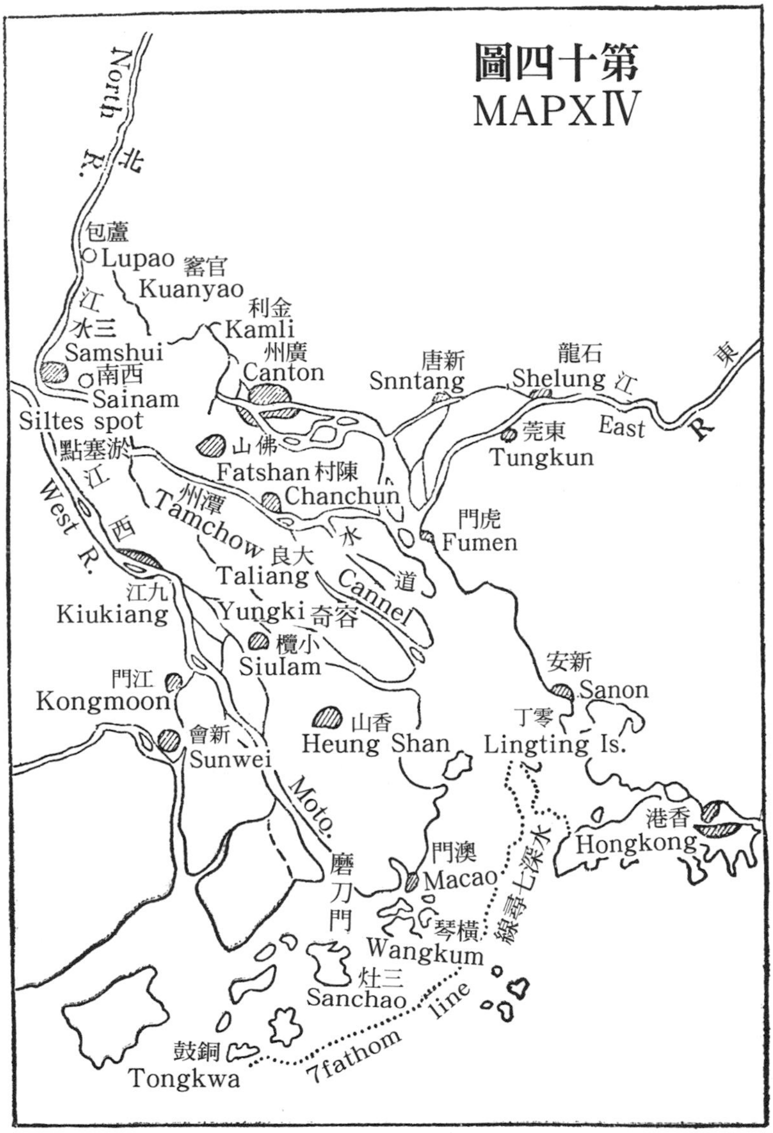
第十四圖
MAP XIV
North R. 北
蘆包 Lupao
官窰 Kuanyao
金利 Kamli
三水江 Samshui
西南 Sainam
廣州 Canton
新唐 Snntang
石龍 Shelung
東江 East R.
東莞 Tungkun
Siltes spot 淤塞點
佛山 Fatshan
陳村 Chanchun
潭州 Tamchow
西江 West R.
水道 Cannel
虎門 Fumen
大良 Taliang
九江 Kiukiang
容奇 Yungki
小欖 Siulam
江門 Kongmoon
新安 Sanon
香山 Heung Shan
伶丁 Lingting Is.
新會 Sunwei
Moto.
磨刀門
香港 Hongkong
澳門 Macao
七深水尋線
橫琴 Wangkum
三灶 Sanchao
7fathom line
銅鼓 Tongkwa

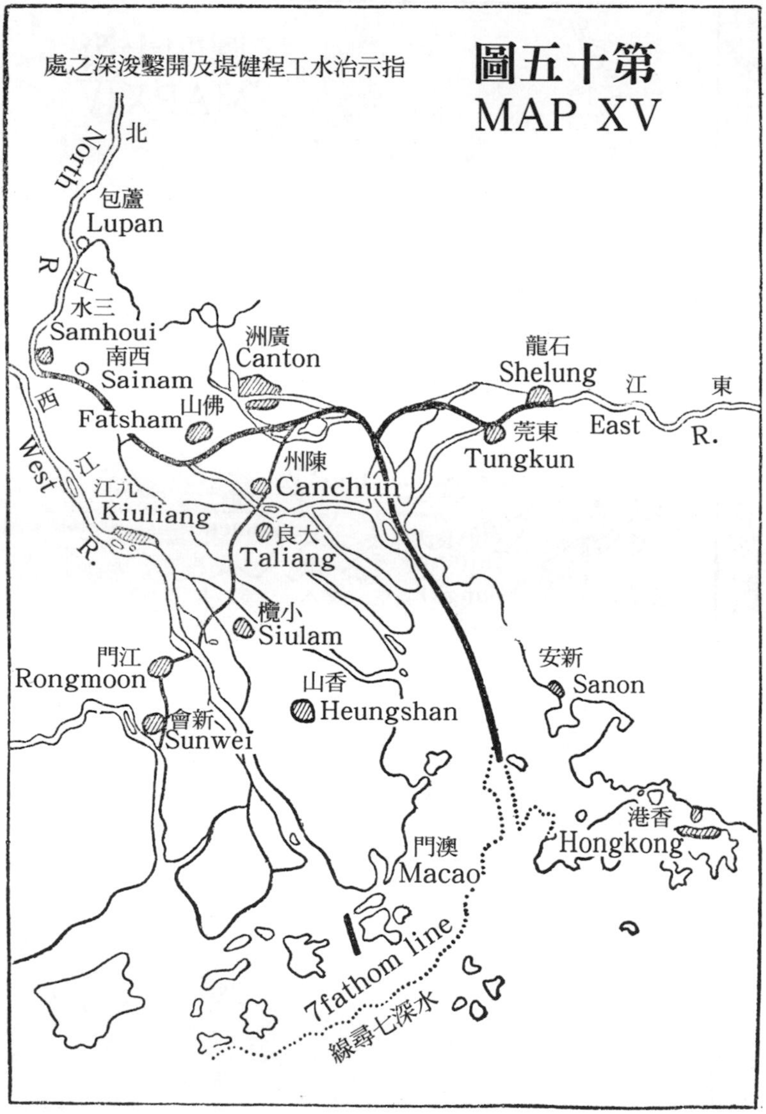
處之深浚鑿開及堤健程工水治示指
圖五十第
MAP XV
北
North
R
包蘆
Lupan
江
水三
Samhoui
南西
Sainam
洲廣
Canton
龍石
Shelung
江
東
East
R.
山佛
Fatsham
莞東
Tungkun
西
West
江
R.
州陳
Canchun
江九
Kiuliang
良大
Taliang
欖小
Siulam
安新
Sanon
門江
Rongmoon
山香
Heungshan
會新
Sunwei
港香
Hongkong
門澳
Macao
7fathom line
線尋七深水

第三　填築新地問題　在廣州河汊，最有利之企業，為填築新地。此項進行，已兆始於數百年前。於是其所增新地供農作之用者，歲逾百十頃。但前此所有填築，僅由私人盡力經營，非有矩矱，於是有時私人經營，有阻塞航路，誘致洪水，等等事情，危及公安，如在磨刀島上游之填築工事，閉塞西江正流水路過半，其最著者也。論整治西江，吾意須將此新坦剷去，為保護公安計，此河汊之填築工作，必須歸之國家，而其利益，則須以償因航行及防水災而改良此水路系統之所費。現在可徐徐填築之地區，面積極廣。在廣州河口左岸，可用之地有四十方英里，其右岸有一百四十方英里；在西江河口，東起澳門，西至銅鼓洲，可用之地，約二百方英里；此三百八十方英里之中，四分一可於十年之內填築成為新坦，即十年之內，有九十五方英里之地，可以填築，變為耕地也。以一方英里當六百四十英畝，而一英畝當六畝計，九十五方英里，將等於三十六萬四千八百畝；而中國此方可耕之地，通常不止值五十元一畝，假以平均五十元一畝算，則此三十六萬四千八百畝，已值一千八百二十四萬元矣。此大有助於償還此河汊為航行及防水災所為改良水路之費也。

乙　西江

現在西江之航行，較大之航河汽船，可至距廣州二百二十英里之梧州，而較小之汽船，則可達距廣州五百里之南寧，無間冬夏；至於小船，則可通航於各枝流，西至雲南邊界，北至貴州邊界，東北則以興安運河通於湖南，以及長江流域。

為航行計，改良西江，吾將以其工程，細分為四：

一　自三水至梧州，

二　自梧州至柳江口，

三　桂江（即西江之北枝）由梧州起，泝流至桂林以上，

四　南枝自潯州至南寧。

一　自三水至梧州　西江此段，水道常深，除三數處外，為吃水十英尺以下之船航行計，不須多加改良。其中流巖石，須行爆去，其沙質之岸，及汎濫之部分，應以水底堤範之，使水深一律，而流速亦隨之。於是有一確實航路，終年保持不替矣。西江所運貨載之多，固儘足以償還吾今所提議改良之一切費用也。

二　自梧州至柳江口　在柳江口應建一商埠，以聯紅水江及柳江之淺水航運，與通海之航運。此兩江實滲入廣西之西北部，與貴州之東南部，豐富之礦產地區者也。此商埠應設於離潯州五十英里之處，潯州即此江與南寧一枝合流處也。是故在此項改良，所須著力之處，祇有五十英里，因梧州至潯州一段，為南寧商埠計畫所包括也。為使吃水十英尺以上之船可以航行，必須築堰，且設水閘於此一部分，而此所設之堰，又同時可借以發生水電也。

三　桂江（即西江之北枝）由梧州起泝流至桂林以上　桂江較小較淺，而沿江水流又較速，故其改良，比之其他水路，更覺困難。然而此實南方水路規劃中，極有利益之案，因此江不特足供此富饒地區運輸之目的而已也，又以供揚子江流域與西江流域載貨來往孔道之用。此項改良，應自梧州分歧點起，以迄桂林，由此再泝流至興安運河，順流至湘江，因之以達長江，於此當建多數之堰及水閘，使船得升至分水界之運河，

他方又須建多數之堰閘，以便其降下，此建堰閘所須之費，非經詳細調查，不能為預算也。然而吾有所確信者，則此計畫為不虧本之計畫也。

四　由潯州至南寧　此右江一部分，上至南寧，可通小輪船，南寧者，廣西南部之商業中心也。自南寧起，由右江，用小船可通至雲南東界，由左江，可通至越南東京之北界。如使改良水道，以迄南寧，則南寧將為中國西南隅，雲南全省，貴州大半省，廣西半省，礦產豐富之全地區之最近深水商埠矣。南寧之直接附近又多產銻、錫、煤、鐵等礦物，而同時亦富於農產，則經營南寧，以為深水交通系統之頂點，必不失為有利之計畫也。改良迄南寧之水道，沿河稍須設堰及水閘，使吃水十英尺之船，可以通航，並資之以生電力。此項工程所費，亦非經詳細測量，不能預算，但比之改良自梧州至興安運河一節桂江所費，當必大減矣。

丙　北江

此江自三水至韶州，約長一百四十英里，全河中有大部分為山地所夾。但自出清遠峽以後，河流入於廣豁之區，其地與廣州平原相聯，此處危險之水災常見，自西南下游水道淤塞之後，自峽至西南一段河身，逐年變淺，左岸靠平原之基圍，時時崩決，致廣州以上之平原，大受水災。所以整治此一部分河流，有二事須加考察：第一、防止洪水；第二、航運改良。關於第一事，無有逾於濬深河身一法者。在改良廣州通海路及港面，並廣州河汊時，吾人應開一深水水路，從深海起，直達西南。在改良北江下段時，吾人祇須將此工程加長，泝流直至清遠峽，擬使有水深自十五尺至二十尺之深水道。其濬此水道，或用人工，或兼用自然之力，既已濬深此河底矣，則即以今日基圍之高言，亦足以防衛此平原不使其遭水患矣。論及此第二事，則既為防止水災，將西南至清遠峽一節之北江濬深，即航行問題同時解決矣。然則今所須商及者，只此上段一部而已。吾欲提議將此北江韶州以下一段改良，令可航行。韶州者，廣東省北部之商業中心也，又其煤鐵礦之中心也。欲改良此峽上一部，令可航行，則須先建堰與水閘於一二處，然後十英尺吃水之船，可以航行無礙，直至韶州。雖此江與粵漢鐵路平行，然而若此地礦山，得有相當開發之後，此等煤鐵重貨，仍須有廉值之運輸，以達之於海，即此水路為不可缺矣。然則於此河中設堰以生水電，設水閘以利航行，固不失為一有利之企業也。況又為發展此一部分地方之必要條件耶？

丁　東江

東江以淺水船航行可達於老龍市，此地離黃埔附近鹿步墟島東江總出口處約一百七十英里。沿此江上段，所在皆有煤鐵礦田。鐵礦之開採於此地也，實在於久遠之往昔，記憶所不及之年代；在今日全省所用各種機器之中，實有一大部分，為用此地所出之鐵製造之者。是故濬一可航行之深水道，直上至於煤鐵礦區中心者，必非無利之業也。改良此東江，一面以防止其水害，一面又便利其航行。吾意欲從鹿步墟島下游之處著手，於前論廣州通海路，已述之矣。由此點起，須濬一深水道，上至新塘，自新塘上游約一英里之處，應鑿一新水道直達東莞城，而以此悉聯東江左邊在東莞與新塘間之各支流為一。以此新水道為界，所有自此新水道左岸，以迄珠江，中間上述各枝流之舊路，悉行閉塞，其閉塞處之高，須約與通常水平相同，而以此已涸之河身，供異日雨期洪水宣流之用。如是東江之他出口，已被一律封閉，則所有之水將匯成強力之水流，此水流即能濬河身使加深，又使全河水深，能保其恆久不變也。河身須沿流加以改削，令有一律之河幅，上至潮水能達之處；自此處起，則應按河流之量多寡，以定河身之廣狹，如是則東江將以其自力，濬深惠州城以下一段矣。石龍鎮南邊之鐵路橋應改建為開合鐵橋，使大輪船可以往來於其間。東江有急激轉灣數處，應改以為緩徐曲線，並將中流沙洲除去。惠州以上，一部江流應加堰與水閘，令吃水十尺之船，可以上溯至極近於此東江流域煤鐵礦田而後已。

第三部　建設中國西南鐵路系統

中國西南一部，所包含者：四川，中國本部最大且最富之省分也；雲南，次大之省也；廣西、貴州，皆礦產最豐之地也；而又有廣東、湖南兩省之一部。此區面積有六十萬英方里，人口過一萬萬，除由老街至雲南府約二百九十英里，法國所經營之窄軌鐵路外，中國廣地眾民之此一部，殆全不與鐵路相接觸也。

於此一地區，大有開發鐵路之機會，應由廣州起，向各重要城市礦產地，引鐵路線，成為扇形之鐵路網，使各與南方大港相聯結。在中國此部建設鐵路者，非特為發展廣州所必要，抑亦於西南各省全部之繁榮，為最有用者也。以建設此項鐵路之故，種種豐富之礦產，可以開發，而城鎮亦可於沿途建之。其既開之地，價尚甚廉，至於未開地，及含有礦產之區，雖非現歸國有，其價之賤，去不費一錢可得者，亦僅一間耳。所以若將來市街用地，及礦產地，預由政府收用，然後開始建築鐵路，則其獲利必極豐厚，然則不論建築鐵路，投資多至若干，可保其償還本息，必充足有餘矣。又況開發廣州，以為世界大港，亦全賴此鐵路系統，如使缺此縱橫聯屬西南廣袤之一部之鐵路網，則廣州亦不能有如吾人所豫期之發達矣。

西南地方，除廣州及成都兩平原地，各有三四千英方里之面積外，地皆險峻。此諸地者，非山即谷，其間處處留有多少之隙地。在此區東部，山嶽之高，鮮逾三千英尺，至其西部與西藏交界之處，平均高至一萬英尺以上。故建此諸鐵路之工程上困難，比之西北平原鐵路系統，乃至數倍。多數之隧道，與鑿山路，須行開鑿，故建築之費，此諸路當為中國各路之冠。

吾提議以廣州為此鐵路系統終點，以建左列之七路：

甲　廣州、重慶線，經由湖南。
乙　廣州、重慶線，經由湖南、貴州。
丙　廣州、成都線，經由桂林、瀘州。
丁　廣州、成都線，經由梧州、敘府。
戊　廣州、雲南、大理、騰越線，至緬甸邊界為止。
己　廣州、思茅線。
庚　廣州、欽州線，至安南界東興為止。

甲　廣州重慶線經由湖南

此線應由廣州出發，與粵漢線同方向，直至連江與北江會流之處。自此點起，本路折向連江流域，循連江岸，上至連州以上，於此橫過連江與道江之分水界，進至湖南之道州；於是隨道江以至永州、寶慶、新化、辰州、沅酉水過川、湘之界入於酉陽；由酉陽橫過山脈而至南川；從南川前行，渡揚子江而至重慶。此路全長有九百英里，經過富饒之礦區與農區；在廣東之北，連州之地，已發見有豐富之煤礦、鐵礦、銻礦、鎢礦；於湖南之西南隅，則有錫、銻、鐵、煤、銅、銀；於四川之酉陽，則有銻與水銀；其在沿線之農產物，則吾可舉砂糖、花生、大麻、桐油、茶葉、棉花、煙葉、生絲、穀物等等；又復多有竹材、木材、及其他一切森林產物。

乙　廣州重慶線經由湖南貴州

此線約長八百英里，但自廣州至道州一段即走於甲線之上，凡二百五十英里，故只有五百五十英里，計入此線。所以實際從湖南道州起築，橫過廣西省東北突出一段，於全州再入湖南西南境，過城步及靖州；於是入貴州界，經三江及清江兩地，橫過山脈，以至鎮遠；此線由鎮遠須橫過沅江、烏江之分水界，以至遵義；由遵義則循商人通路，直至綦江，以達重慶。此鐵路所經，皆為產出木材，礦物極富之區域。

丙　廣州成都線經由桂林瀘州

此線長約一千英里，由廣東西行，直至三水在此處之綏江口地點，渡過北江，循綏江流域，經過四會、廣寧，此於懷集入廣西，經過賀縣及平樂；由此處循桂江水流，上達桂林；於是廣東、廣西兩省省城之間，各煤鐵礦田，可得而開鑿矣；自桂林起，路轉而西，至於永寧，又循柳江流域，上至貴州邊界；越界至古州，由古州過都江及八寨，仍循此河谷而上，踰一段連山至平越；由平越橫渡沅江分水界，於甕安及岳四城，入烏江流域，自岳四城循商人通路踰雷邊山至仁懷、赤水、納溪，於是渡揚子江，以至瀘州；自瀘州起，經過隆昌、內江、資州、資陽、簡州以達成都。此路最後之一段，橫過所謂「四川省之紅盆地」，有名富庶之區也。其在桂林、瀘州之間，此路中段，則富於礦產，為將來開發希望最大者。此路將為兩端人口最密之區，開一土曠人稀之域，以收容之者也。

丁　廣州成都線經由梧州與敘府

此線長約一千二百英里。自丙線渡北江之三水鐵路橋之西端起，循西江之左岸，以入於肇慶峽，至肇慶城，即循此岸，上至德慶、梧州、大湟；在大湟，河身轉而走西南，路轉而走西北，至象州，渡柳江，至柳州及慶遠；於是進至思恩，過桂、黔邊界，入貴州，至獨山及都勻；自都勻起，此路更折偏西走，至貴州省城之貴陽；次進至黔西及大定，離貴州界於畢節；於鎮雄入雲南界，北轉而至樂新渡，過四川界，入敘府；

自敘府起，循岷江而上，至嘉定，渡江，入於成都平原，以至成都。此路起自富庶之區域，迄於富庶之區域，中間經過寬幅之曠土，未經開發，人口極稀之地。沿線富有煤、鐵礦田，又有銀、錫、銻等等貴金屬礦。

戊　廣州雲南大理騰越線

此線長約一千三百英里。起自廣州，迄於雲南緬甸邊界之騰越。其首段三百英里，自廣州至大湟，與丁線相同。自大湟江口，分枝至武宣，循紅水江常道，經遷江，及東蘭；於是經興義縣，橫過貴州省之西南隅，入雲南省，至羅平，從陸涼一路以至雲南省城；自省城，經過楚雄，以至大理，於是折而西南，至永昌，遂至騰越，終於緬甸邊界。

在廣西之東蘭，近貴州邊界之處，此路應引一枝線，約長四百英里。此線應循北盤江流域，上至可渡河與咸寧，於昭通入雲南；在河口過揚子江，即於此處，入四川，橫截大涼山，至於寧遠。此路所以開昭通、寧遠間有名銅礦地之障礙，此項銅礦，為中國全國最豐富之礦區也。

此路本線，自東至西，貫通桂、滇兩省，將來在國際上必見重要，因在此線緬甸界上，當與緬甸鐵路系統之仰光、八莫一線相接，將來此即自印度至中國最捷之路也。以此路故，此兩人口稠密之大邦，必比現在更為接近：今日由海路，此兩地交通，須數禮拜者，異時由此新路，則數日而足矣。

己　廣州思茅線

此線至緬甸界止，約長一千一百英里，起自廣州市西南隅，經佛山、官山，由太平墟，渡過西江，至對岸之三洲墟；於是進入高明、新興、羅定；既過羅定，入廣西界，至平河，進至容縣；於是西向，渡左江，至於貴縣，即循左江之北岸，以達南寧。在南寧應設一枝線，約長一百二十英里，循上左江水路，以至龍州，折而南，至鎮南關、安南東京界上止，與法國鐵路相接。其本線，由南寧循上右江而上，至於百色；於是過省界，入雲南，至剝隘，經巴門、高甘、東都、普子塘一路，至阿迷州，截老街、雲南鐵路而過；自阿迷州，進至臨安府、石屏、元江；於是渡過元江，通過他郎、普洱及思茅，至緬甸邊界近瀾滄江處為止。此線穿入雲南、廣西之南部，錫、銀、銻，三種礦產最富之地，同時沿線又有煤、鐵礦田至多，復有多地產出金、銅、水銀、鉛。論其農產，則米與花生均極豐饒，加以樟腦、桂油、蔗糖、煙葉，各種果類。

庚　廣州欽州線

此線從西江鐵路橋西首起算，約長四百英里。自廣州起，西行至於太平墟之西江鐵路，與己線同軌，過江始分枝，向開平、恩平，經陽春，至高州及化州。於化州，須引一枝線，至遂溪、雷州，達於瓊州海峽之海安，約長一百英里，於海安再以渡船與瓊州島聯絡。其本線，仍自化州西行，過石城、廉州、欽州，達於與安南交界之東興為止。東興對面芒街至海防之間，將來有法國鐵路可與相接。此線全在廣東省範圍之內，經過人口多物產富之區域，線路兩旁，皆有煤鐵礦，有數處產金及銻，農產則有蔗糖、生絲、樟腦、苧麻、靛青、花生及種種果類。

此系統內各線，如上所述，約六千七百英里。此外須加以聯絡成都、重慶之兩線，又須另設一線，起自乙線遵義之東，向南行，至甕安，與丙線接；又一線自丙線之平越起，至丁線之都勻；又一線由丁線貴州界上一點，經南丹、那地，以至戊線之東蘭，再經泗城，以至己線之百色。此聯絡各線，全長約六百英里。故總計應有七千三百英里。

此系統將於下文所舉三線經濟上大有關係：

一　法國經營之老街、雲南府已成線，及雲南府、重慶計畫線。　此線與己線交於阿迷州，與戊線交於咸寧，與丁線交於敘府。與丙線交於瀘州，而與甲乙兩線，會於重慶。

二　英國經營之沙市、興義計畫線。　此線與甲線交於辰州，與乙線交於鎮遠，與丙線交於平越，與丁線交於貴陽，而與戊線之枝線交於永定西方之一點。

三　美國經營之株州、欽州計畫線。　此線與甲線交於永州，乙線交於全州，丙線交與桂林，丁線交於柳州，戊線交於遷江，己線交於南寧，而與庚線會於欽州。

所以此法、英、美三線，與本系統各線，一律完成之後，中國西南各省之鐵道交通，可無缺乏矣。

此諸線皆經過廣大且長之礦產地，其地有世界上有用且高價之多種金屬，世界中無有如此地含有豐富之稀有金屬者，如鎢、如錫、如銻、如銀、如金、如白金等等，同時又有雖甚普通而尤有用之金屬，如鋼、如鐵、如鉛。抑且每一區之中，均有豐裕之煤，南方俗語有云：「無煤不立城。」蓋謂豫計城被圍時，能於地中取炭，不事薪採，此可見其隨在有煤產出也。四川省又有石油礦及自然煤氣（火井），極為豐裕。

是故吾人得知，以西南鐵路系統，開發西南山地之礦產利源，正與以西北鐵路系統，開發蒙古、新疆大平原之農產利源，同其重要。此兩鐵路系統，於中國人民，為最必要，而於外國投資者，又為最有利之事業也。論兩系統之長短，大略相同，約七千英里。此西南系統，每英里所費平均須在彼系統兩倍以上，但以其開發礦產利源之利益言，又視開發農產利源之利益，更多數倍也。（參照第十六圖）

第四部　建設沿海商埠及漁業港

既於中國海岸為此三世界大港之計畫，今則已至進而說及發展二三等海港及漁業港於沿中國全海岸，以完成中國之海港系統之機會矣。近日以吾北方大港計畫為直隸省人民所熱心容納，於是省議會贊同此計畫，而決定作為省營事業，立即舉辦，以此目的，經已票決募債四千萬元，此為一種猛進之徵兆。而其他規畫，亦必或早或晚，或由省營，或由國營，隨於民心感其必要，次第採用。吾意則須建四個二等海港，九個三等海港及十五個漁業港。

此四個二等海港，應以下列之情形配置之，即一在北極端，一在南極端，其他之港，則間在此三世界大港之間。

此項港口，按其將來重要之程度排列之，如左：

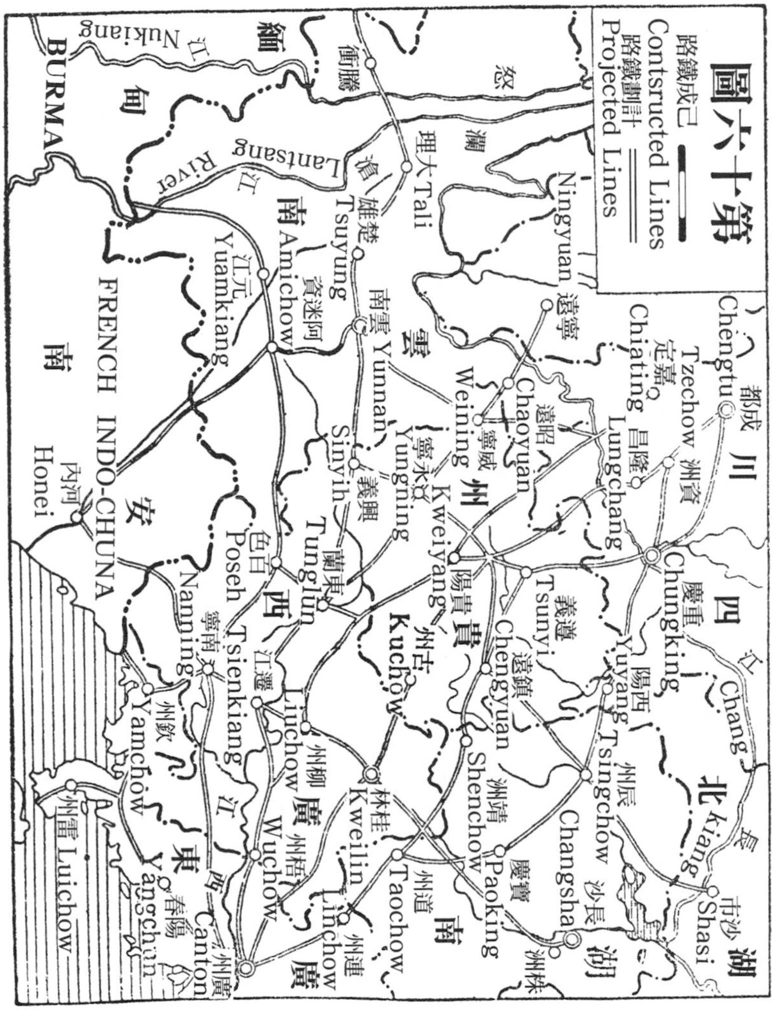
第十六圖
已成鐵路 Contsructed Lines
計劃鐵路 Projected Lines
Chengtu
Tzechow
Chiating
Lungchang
Chungking
Shasi
Changsha
Ningyuan
Chaoyuan
Weining
Yungning
Kweiyang
Tsunyi
Yuyang
Tsingchow
Chengyuan
Shenchow
Paoking
Taochow
Kweilin
Linchow
Wuchow
Canton
Yangchun
Luichow
Yamchow
Nanning
Tsienkiang
Liuchow
Tunglan
Posch
Sinyih
Yunnan
Amichow
Tsuyung
Tali
Yuamkiang
Honei
Lantsang River
Nukiang
BURMA
FRENCH INDO-CHUNA
Kuchow
Chang Kiang

甲　營口，
乙　海州，
丙　福州，
丁　欽州。

甲　營口

營口位於遼東灣之頂上，昔者嘗為東三省之惟一海港矣。自改建大連為一海港以後，營口商業大減，昔日之事業，殆失其半。以海港論，營口之不利有二：一為其由海入口之通路較淺，二為冬期冰錮至數月之久。而其勝於大連惟一之點，則為位置在遼河之口，擁有內地交通徧及於南滿遼河流域之內。其所以仍保有昔時貿易之半與大連抗者，全以其內地水路之便也。欲使營口將來再能凌駕大連而肩隨於前言三世界大港之後，吾人必須一面改良內地水路交通，一面濬深其達海之通路。關於通路改良之工程，當取與改良廣州通海路相同之法，既設一水深約二十英尺之深水道，而又同時行填築之工程，蓋以遼東灣頭廣而淺之沼地，可以轉為種稻之田，藉之可得甚豐之利潤也。至於內地水路交通，則不獨遼河一系，即松花江、黑龍江兩系統亦應一併改良。其最重要之工程，則為鑿一運河，聯此各系統，此則吾當繼此有所討論。

遼河與松花江間之運河，於將來營口之繁榮，實為最要分子。惟有由此運河，此港始能成為中國二等海港中最重要者，而在將來此北滿之偉大森林地，及處女壤土，豐富礦源，可以水路交通與營口相銜接也。所以為營口計，此運河為最重要，使其缺此，則營口之為一海港也，最多不過保其現在之位置，人口六七萬，全年貿易三四千萬元，極矣，無由再占中國二等海港首位之位置矣。此運河可鑿之於懷德以南，范家屯與四童山之間，與南滿鐵路平行，其長不及十英里；亦可鑿之於懷德以北，青山堡與靠山屯之間，其長約十五英里。在前一線，所鑿者短，而以全水路計則長。在後一線，運河之長幾倍前者，而計此兩江系統間之全水路，則較短，兩線均無不可逾越之物質的障礙，二者俱在平原，但其中一線高出海面上之度，或較他一線為多，則將來擇用於二者間惟一之取決點也。若此運河既經開竣，則吉林、黑龍江兩富省，及外蒙古之一部，皆將因此與中國本部可以水路交通相接，然則此運河不特營口之為海港大有需要焉也，又與中國全國國民政治上經濟上亦大有關係。遼河、松花江、運河完成以後，營口將為全滿洲與東北蒙古內地水路系統之大終點，而通海之路既經濬深以後，彼又將為重要僅亞於三大港之海港矣。

乙　海州

海州位於中國中部平原東陲，此平原者，世界中最廣大肥沃之地區之一也。海州以為海港，則剛在北方大港與東方大港二大世界港之間，今已定為東西橫貫中國中部大幹線海蘭鐵路之終點。海州又有內地水運交通之利便，如使改良大運河其他水路系統已畢，則將北通黃河流域，南通西江流域，中通揚子江流域，海州之通海深水路，可稱較善。在沿江北境二百五十英里海岸之中，只此一點，可以容航洋巨舶逼近岸邊數英里內而已。欲使海州成為吃水二十英尺之船之海港，須先濬深其通路至離河口數英里外，然後可得四尋深之水。

海州之比營口，少去結冰，大為優越，然仍不能不甘居營口之下者，以其所控腹地不如營口之宏大，亦不如彼在內地水運上有獨占之位置也。

丙 福州

福建省城，在吾二等海港中居第三位。福州今日已為一大城市，其人口近一百萬，位於閩江之下游，離海約三十英里。此海之腹地，以閩江流域為範圍，面積約三萬方英里。至於此流域以外之地區，將歸他內河商埠，或他海港所管，故此港所管地區又狹於海州，所以以順位言，二等海港之中，此港應居第三位。福州通海之路，自外閂洲以至金牌口，水甚淺，自金牌口而上兩岸高山夾之，既窄且深，直至於羅星塔下。

吾擬建此新港於南台島之下游一部，以此地地價較賤，而施最新改良之餘地甚多也。容船舶之鎖口水塘，應建設於南台島下端，近羅星塔處。閩江左邊一枝，在福州城上游處應行閉塞，以集中水流，為沖刷南台島南邊港面之用；其所閉故道，遶南台島北邊者，應留待自然填塞，或遇有必要時，改作蓄潮水塘（收容潮漲時之水，俟潮退時放出，以助沖洗港內浮沙。）以沖刷羅星塔以下一節水道。閩江上段，應加改良，至人力所能至之處為止，以供內地水運之用。其下一段，自羅星塔以至於海，必須範圍整治之，以求一深三十英尺以上之水道，達於公海。於是福州可為兩世界大港間航洋汽船之一寄港地矣。

丁　欽州

欽州位於東京灣之頂，中國海岸之最南端，此城在廣州（即南方大港）之西四百英里。凡在欽州以西之地，將擇此港以出於海，則比經廣州可減四百英里。通常皆知海運比之鐵路，運價廉廿倍，然則節省四百英里者，在四川、貴州、雲南及廣西之一部言之，其經濟上受益為不小矣。雖其北亦有南寧以為內河商埠，比之欽州更近腹地，然不能有海港之用，所以直接輸出入貿易，仍以欽州為最省儉之積載地也。

改良欽州以為海港，須先整治龍門江以得一深水道直達欽州城，其河口當濬深之，且範之以堤，令此港得一良好通路。此港已選定為通過湘、桂入粵之株欽鐵路之終點，雖其腹地較之福州為大，而吾尚置之次位者，以其所管地區，同時又為廣州世界港，南寧內河港所管，所以一切國內貿易，及間接輸出入貿易，皆將為他二港所占，惟有直接貿易始利用欽州耳。是以腹地雖廣，於將來二等港中，欲凌福州而上，恐或不可能也。

此三個世界大港，四個二等港之外，吾擬於中國沿海，建九個三等港，自北至南如下：

甲　葫蘆島，

乙　黃河港，

丙　芝罘，

丁　寧波，

戊　溫州，

己　廈門，

庚　汕頭，

辛　電白，

壬　海口。

甲　葫蘆島

此島為不凍深水港，位於遼東灣頂西側，離營口約六十英里。論東三省之冬期港，此港位置，遠勝大連，以其到海所經鐵路，較彼短二百英里，又在豐富煤田之邊沿也。當此煤田及其附近礦產既開發之際，葫蘆島將為三等港中之首出者，為熱河及東蒙古之良好出路，此港又可計畫之，以為東蒙古及滿洲全部之商港，以代營口，但須建一運河，以與遼河相連耳。將來惟有由內地水路交通，可以成一重要商港，而葫蘆島恰亦與之相同，所以葫蘆島若得內地水路交通，自然可代營口而興。如使確知於此鑿長距離運河，以通葫蘆島於遼河，比之建一深水港面於營口，經濟上更為廉價，則葫蘆島港面，應置之於此半島之西北邊，不如今之計畫置之半島之西南。蓋今日之位置，不足以多容船舶碇泊，除非建一廣大之防波堤，直入深海中，此工程所費又甚多也。且此狹隘之半島，又不足以容都市規畫，若其在他一邊，則市街可建於本陸，有無限之空隙，容其發展也。

吾意須自連山灣之北角起，築一海堤，至於葫蘆島之北端，以閉塞連山灣，使成為鎖口港面。在葫蘆島之頸部，開一口，向南方深水處，此閉塞港口，應有十英方里之廣，但此中現在只有一部分須濬至所求之深。在此港面北方，須另留一出口，介於海堤海岸之間，以通其鄰近海灣，並須另建一防波堤，橫過第二海灣。由該處起，應建一運河，或鑿之於海岸線內，或建一海堤與海岸線平行，至與易鑿之低地連接為止，再由該地開鑿運河，與遼河相連，如能為葫蘆島鑿此運河，則此島立能取營口而代之，居二等港首位矣。

乙　黃河港

此港將位於黃河河口北直隸灣之南邊，離吾人之北方大港約八十英里。當整治黃河工程已完成之日，此河口將得為航洋汽船所經由，自然有一海港萌芽於是。以是所管北方平原在直隸、山東、河南各省有相當之部分，而又益以內地水運交通，所以此港欲不成為重要三等海港，亦不可得矣。

丙　芝罘

芝罘為老條約港，位於山東半島之北側，嘗為全中國北部之惟一不凍港矣。自其北方有大連開發，南方有青島興起，其貿易遂與之俱滅。以海港論，如使山東半島之鐵路得其開發，而築港之工程又已完畢，則此港自有其所長。

丁　寧波

寧波亦一老條約港也，位於浙江省之東方，甬江一小河之口。此地有極良通海路，深水直達此河之口。此港極易改良，只須範之以堤，改直其沿流兩曲處，直抵城邊。寧波所管腹地極小，然而極富，其人善企業，其以工作手工知名，肩隨於廣州，中國之於實業上得發展者，寧波固當為一製造之城市也。但以東方大港過近之故，寧波與外國直接之出入口貿易，未必能多，此種貿易多數歸東方大港。故以寧波計，有一相當港面，以為本地及沿岸載貨之用，亦已足矣。

戊　溫州

溫州在浙江省之南，甌江之口。此港比之寧波，其腹地較廣，其周圍之地區，皆為生產甚富者。如使鐵路發展，必管有相當之地方貿易無疑。現在港面極淺，中等沿岸商船，已不能進出。吾意須於盤石衛即溫州島之北（溫州島者，甌江口之小島，非溫州城。）建築新港，由此目的，須建一堰於北岸與溫州島北端之間，使此島北之河流，完全閉塞，單留一閉鎖之入口。至於甌江，應引之循南水道，經溫州島，使其填塞附近淺地之大區，而又以範上段水流也。其自虎頭島南邊以至此港之通路，應行濬深，在此通路右，應於溫州島與尾妖島之間淺處，及尾妖島與三盤島各淺處之間建堤。於是成一連堤，可以防甌江沙泥不令侵入此通路，如此然後溫州新港可以得一恆常深水道也。

己　廈門

此亦一老條約港也，在於思明島。廈門有深廣且良好之港面，管有相當之腹地，跨福建、江西兩省之南部，富於煤鐵礦產。此港經營對馬來群島及南亞細亞半島之貿易頻繁。所有南洋諸島，安南、緬甸、暹羅、馬來各邦之華僑，大抵來自廈門附近，故廈門與南洋之間，載客之業極盛。如使鐵路已經發展，穿入腹地煤鐵礦區，則廈門必開發，而為比現在更大之海港。吾意須於此港面之西方，建新式商埠，以為江西、福建南部豐富礦區之一出口。此港應施以新式設備，使能聯陸海兩面之運輸，以為一氣。

庚　汕頭

汕頭在韓江口，廣東省極東之處。以移民海外之關係，汕頭與廈門極相類似，以其亦供大量之移民於東南亞細亞，及馬來群島也。故其與南洋來往船客之頻繁，亦不亞廈門。以海港論，汕頭大不如廈門，以其入口通路之淺也。然以內地水運論，則汕頭為較勝，以用淺水船，則韓江可航行者數百英里也。圍汕頭之地，農產極盛，在南方海岸，能追隨廣州河汊者，獨此地耳。韓江上一段，煤鐵礦極富。汕頭通海之路，只須少加範圍濬深之功，易成為一地方良港也。

辛　電白

此港在廣東省海岸，西江河口與海南島間當中之點。其周圍地區富於農產礦田，則此地必須有一商港，以供船運之用矣。如使以堤全圍繞電白灣之西邊，另於灣之東南半島頸地，開一新出入口，以達深海，則電白可成一佳港面，而良好通路，亦可獲得矣。港面本甚寬闊，但有一部須加濬渫，以容巨船，其餘空隙，則留供漁船及其他淺水船之用。

壬　海口

此港位於海南島之北端，瓊州海峽之邊，與雷州半島之海安相對。海口與廈門、汕頭，俱為條約港鉅額之移民，赴南洋者，皆由此出，而海南固又甚富而未開發之地也。已耕作者僅有沿海一帶地方，其中央猶為茂密之森林，黎人所居，其藏礦最富，如使全島悉已開發，則海口一港，將為出入口貨輻輳之區。海口港面極淺，即行小船，猶須下錨於數英里外之泊船地，此於載客載貨，均大不便。所以海口港面，必須改良。況此港面，又以供異日本陸及此島鐵路完成之後，兩地往來接駁貨載之聯絡船碼頭之用也。

於漁業港一層，吾前所述之頭二三等海港均須兼為便利適合漁業之設備，即三個頭等港，四個二等港，九個三等港，皆同時為漁業港也。然除此十六港以外，中國沿岸仍有多建漁業港之餘地，抑且有其必要。故吾意在北方奉天、直隸、山東三省海岸，應設五漁業港，如左：

1.安　東　在高麗交界之鴨綠江口。
2.海洋島　在鴨綠灣遼東半島之南。
3.秦皇島　在直隸海岸，遼東灣與直隸之間，現在直隸省之獨一不凍港也。
4.龍　口　在山東半島之西北方。
5.石島灣　在山東半島之東南角。

東部江蘇、浙江、福建三省之海岸，應建六漁業港，如左：

6.新洋港　在江蘇省東陲舊黃河口南方。
7.呂四港　在揚子江口北邊一點。
8.長塗港　在舟山列島之中央。
9.石　浦　浙江之東，三門灣之北。
10.福　寧　在福建之東，介於福州與溫州之間。
11.湄州港　福州與廈門之間，湄州島之北方。

南部廣東省及海南島海岸，應建四漁業港，如左：

12.汕　尾　在廣東之東海岸，香港、汕頭之間。
13.西江口　此港應建於橫琴島之北側，西江口既經整治以後，橫琴島將藉海堤以與本陸相連，而有一良好港面地區出現矣。

14.海　安　此港位於雷州半島之末端，隔瓊州海峽與海南島之海口相對。
15.榆林港　海南島南端之一良好天然港面也。

以此十五漁業港，合之前述各較大之港，總三十有一，可以連合中國全海岸線，起於高麗界之安東，止於近越南界之欽州，平均每海岸線百英里，可得一港，吾之中國海港及漁業港計畫，於是始完。

瞥見之下，當有致疑於一國而須如是之多海港與漁業港者，然讀者須記此中國一國之大，與歐洲等，其人則較歐洲為多。如使吾人取西歐海岸線與中國等長之一節計之，則知歐洲海港之多，遠過中國。歐洲海岸線之長，過中國數倍，而以每百英里計，尚不止有一與此相當型式之港，例如荷蘭，其全地域不較大於吾人三等港中，汕頭一港之腹地，而尚有安斯得坦與洛得坦兩頭等海港，又有多數之小漁業港附隨之。又使與北美合眾國較其海港，美國人口僅得中國四分之一，而單就其大西洋沿岸海港而論，已數倍於吾計畫中所舉之數。所以此項海港之數，不過僅敷中國將來必要之用而已。且吾亦僅擇其自始有利可圖者言之，以堅守第一計畫中所標定之必選有利之途一原則也。（參照第十七圖）

第五部　創立造船廠

當中國既經按吾計畫發展無缺之際，其急要者，當有一航行海外之商船隊，亦要多數沿岸及內地之淺水運船，並須有無數之漁船。當此次世界大戰未開之際，全世界海船噸數，為四千五百萬噸；使中國在實業上，按其人口比例，有相等之發達，則至少須有航行海外及沿岸商船一千萬噸，然後可敷運輸之用。建造此項商

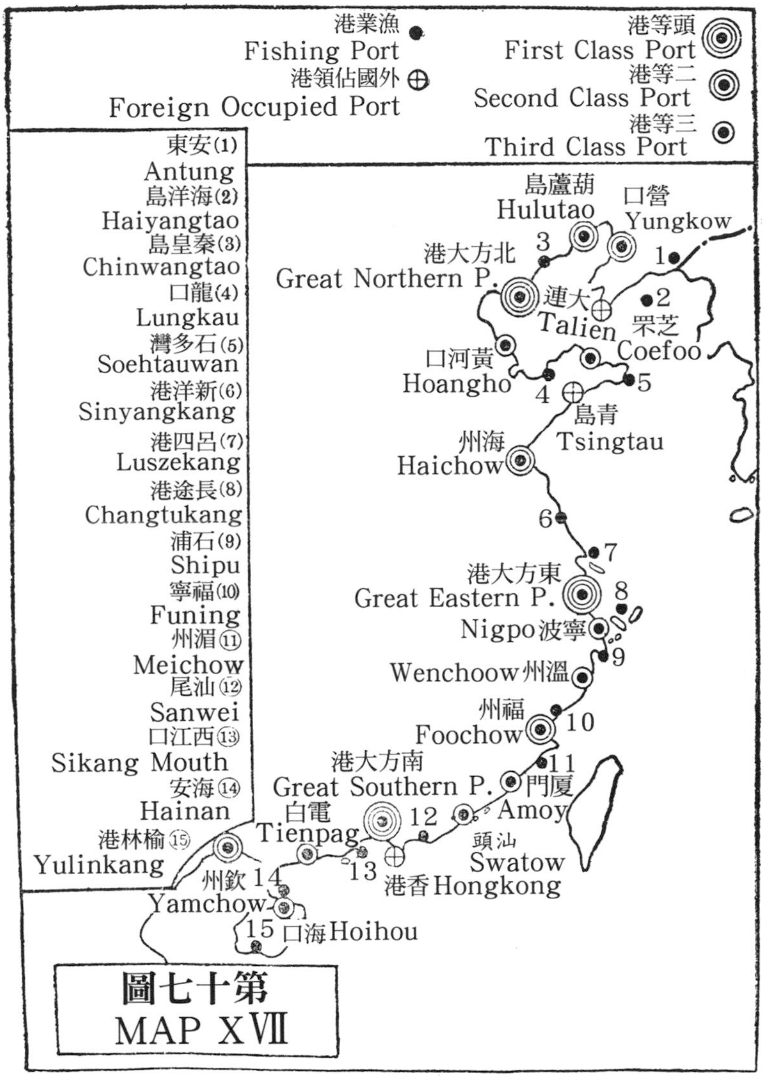
港業漁
Fishing Port
港領佔國外
Foreign Occupied Port
港等頭
First Class Port
港等二
Second Class Port
港等三
Third Class Port
東安(1)
Antung
島洋海(2)
Haiyangtao
島皇秦(3)
Chinwangtao
口龍(4)
Lungkau
灣多石(5)
Soehtauwan
港洋新(6)
Sinyangkang
港四呂(7)
Luszekang
港途長(8)
Changtukang
浦石(9)
Shipu
寧福(10)
Funing
州湄(11)
Meichow
尾汕(12)
Sanwei
口江西(13)
Sikang Mouth
安海(14)
Hainan
港林榆(15)
Yulinkang
島蘆葫
Hulutao
口營
Yungkow
港大方北
Great Northern P.
連大
Talien
罘芝
Coefoo
口河黃
Hoangho
島青
Tsingtau
州海
Haichow
港大方東
Great Eastern P.
Nigpo 波寧
Wenchoow 州溫
州福
Foochow
港大方南
Great Southern P.
門厦
Amoy
白電
Tienpag
頭汕
Swatow
港香 Hongkong
州欽
Yamchow
口海 Hoihou

圖七十第

MAP XVII

船，必須在吾發展實業計畫中，占一位置，以中國有廉價之勞工與材料，固當比外國為吾人所建所費較廉。且除航海船隊以外，吾人尚須建造大隊內河淺水船及漁船，以船載此等小船遠涉重洋，實際不易，故外國船廠，不能為吾建造此等船隻，則中國於此際必須自設備其船廠，自建其淺水船漁船船隊矣。然則建立造船廠者，必要之企業，又自始為有利之企業也。此造船廠應建於內河及海岸商埠，便於得材料人工之處，所有船廠，應歸一處管理，而投大資本於此計畫，至年可造各種船隻二百萬噸之限為止。一切船舶當以其設計及其設備，定有基準，所有舊式內河淺水船及漁船，當以新式效力大之設計代之。內河淺水船當以一定之吃水基準為基礎設計之，如二英尺級，五英尺級，十英尺級之類。魚拖船（船傍拖網者）應以行一日、行五日、行十日，分級為基準。沿海船可分為二千噸級、四千噸級、六千噸級。而駛赴海外之船，則當設定一萬二千噸級，二萬四千噸級，三萬六千噸級為基準。於是今日以萬計之內河船及漁艇，來往中國各江各湖各海岸者，將為基準劃一，可使費少、功多、較新、較廉之船隻所代矣。

第四計畫

在吾第一第三兩計畫，吾已詳寫吾西南鐵路系統、西北鐵路系統兩規畫矣。前者以移民於蒙古、新疆之廣大無人境地，消納長江及沿海充盈之人口為目的，而又以開發北方大港；後者則所以開中國西南部之礦產富源，又以開發廣州之南方大港也。此外仍須有鐵路多條，以使全國得相當之開發。故於此第四計畫，吾將於國際共同發展計畫緒論中所擬十萬英里之鐵路細加說明，其目如左：

㈠中央鐵路系統。
㈡東南鐵路系統。
㈢東北鐵路系統。
㈣擴張西北鐵路系統。
㈤高原鐵路系統。
㈥創立機關車、客貨車製造廠。

第一部　中央鐵路系統

此系統將為中國鐵路系統中最重要者，其效能所及之地區，徧包長江以北之中國本部，及蒙古、新疆之一部。論此廣大地域之經濟的性質，則其東南一部，人口甚密，西北則疏，東南大有農業之富，而西北則有潛在地中之礦產富源。所以此系統中每一線，皆能保其能有利如京奉路也。

以此北方、東方兩大港為此系統諸路之終點，故吾擬除本區現有及已計畫各線之外，建築下列各線，合而成為中央鐵路系統。

天　東方大港塔城線，
地　東方大港庫倫線，
玄　東方大港烏里雅蘇臺線，

黃　南京洛陽線，
宇　南京漢口線，
宙　西安大同線，
洪　西安寧夏線，
荒　西安漢口線，
日　西安重慶線，
月　蘭州重慶線，
盈　安西州于闐線，
昃　婼羌庫爾勒線，
辰　北方大港哈密線，
宿　北方大港西安線，
列　北方大港漢口線，
張　黃河港漢口線，
寒　芝罘漢口線，
來　海州濟南線，
暑　海州漢口線，

往　海州南京線，
秋　新洋港南京線，
收　呂四港南京線，
冬　海岸線，
藏　霍山嘉興線。

天　東方大港塔城線

此線起自東方大港之海邊，向西北直走，至與俄國交界之塔城為止，全長約三千英里。如使以上海為東方大港，則滬寧鐵路即成為此路之首一段。但若擇用乍浦，則此線應沿太湖之西南岸，經湖州、長興、溧陽，以至南京。於是在南京之南，渡長江、至全椒及定遠，此時線轉而西，經壽州，及潁上，於新蔡入河南界；在確山，橫截京漢線後，過泌陽、唐縣、鄧州轉而西北，至淅川及荊紫關，入陝西界，溯丹江谷地而上，通過龍駒寨及商州，度藍關至藍田，及西安，西安者陝西之省城，中國之古都也。由西安循渭河而西行，通盩厔、郿縣、寶雞，於三坌入甘肅界，進向秦州（今天水）、鞏昌（今隴西）、狄道（今臨洮），及於甘肅省城之蘭州。自蘭州從昔日通路，以至涼州（今酒泉）、甘州（今張掖）、肅州（今武威）、玉門及安西州。由此西北行，橫截沙漠以至哈密，自哈密轉而西，達吐魯番。在吐魯番，與西北鐵路系統之線會，即用其線路軌，以至迪化及綏來。自綏來，與該線分離，直向邊界上之塔城，途中切斷齊爾山而過。此線自中國之一端，至於他一端，全長三千英里，僅經過四山脈，而此四山脈皆非不可逾越者，由其自未有歷史以前，已成為亞洲貿易通路一事，可以知之矣。

地　東方大港庫倫線

此線自東方大港起，即用天線路軌迄於定遠，定遠即在南京渡江後第二城也。自定遠起，始自建其路軌，進向西北，達於淮河上之懷遠，於是歷蒙城、渦陽及亳州，更轉迻北，過安徽界，入河南，經歸德，又出河南界，入山東界，於是經曹縣、定陶、曹州（今荷澤），渡黃河，入直隸界，通過開州（今濮陽），再入河南，至於彰德（今安陽）；自彰德循清漳河谷地西北走，出河南界，入山西界。於是本線通過山西省大煤鐵礦田之東北隅矣。既入山西，仍遵此谷地，至遼州及儀城，越分水界，入洞渦水谷地，至榆次及太原，自太原西北進，入山西省之別一煤鐵礦區，至於岢嵐，又轉而西，至保德，於此渡黃河、至府谷，陝西省之東北隅也。此線自府谷北行，截開萬里長城，入綏遠區，再渡黃河，至薩拉齊。由薩拉齊起，西北行，截過此大平原，至西北幹路之甲接合點。在此處與多倫諾爾庫倫間之公線合，以至庫倫。此線自中國中部人口最密之地，通至中部蒙古土沃人稀之廣大地域。其自定遠至甲接合點之間，約長一千三百英里。

玄　東方大港烏里雅蘇臺線

自東方大港，因用天線路軌，至於定遠，再用地線路軌，至於亳州，由亳州起，分枝自築路軌，向西行越安徽省界，至河南之鹿邑，自此處轉向西北，逾太康、通許，以及中牟。在中牟與海蘭線相會，並行至於鄭州、滎陽、汜水，在汜水，渡過黃河，至溫縣。又在懷慶（今沁陽），出河南界，入山西界。於是乃過陽城、沁水、浮山、以至平陽（今臨汾）。在平陽，渡汾水，至蒲縣、大寧，轉而西，至省界，再渡黃河，入陝西境。於是進至延長，遵延水流域，以至於延安、小關、靖邊，然後循長城之南邊，以入甘肅。又渡黃河，至寧夏。自寧夏而西北，過賀蘭山脈至沙漠緣端之定遠營，於此取一直線向西北走，直至西北鐵路系統之乙接合點，與此系統合一線以至烏里雅蘇臺。此線所經之沙漠及草地之部分，均可以以灌溉工事改善之。其自亳州至乙接合點之距離，為一千八百英里。

黃　南京洛陽線

此線走於中國兩古都之間，通過人煙極稠，地質極肥之鄉落，又於洛陽一端，觸及極豐富之礦田。此線自南京，走於天地兩線公共路軌之上，自懷遠起，始分枝西行，至太和。既過太和，乃逾安徽界，入河南界，又沿大沙河之左岸，至周家口，此一大商業市鎮也，自周家口進至於臨潁，與京漢線交，更進至襄城、禹州，則河南省大煤礦田所在地也。自禹州而往，過嵩山分水界，以逮洛陽。與自東徂西之海蘭線相會。此線自懷遠至洛陽凡三百英里。

宇　南京漢口線

此線應循揚子江左岸而行，以一枝線與九江聯絡。自南京對岸起西南行，至和州、無為州及安慶。安慶者，安徽省城也。自安慶起，乃循同一方向至宿松、黃梅。自黃梅，別開一枝線，至小池口，渡揚子江，以達九江。本線則自黃梅轉而西至廣濟，又轉而西北，至蘄水，卒西向，以至漢口。距離約三百五十英里，而所走之路平坦較多。

宙　西安大同線

此線自西安起，北行至於三原、耀州、同官（今銅川）、宜君、中部、甘泉，以至延安，與東方大港烏里雅蘇臺線相會。自延安起轉而東北，至於綏德、米脂及黃河右岸之葭州，即循此岸而行，至蔚汾河與黃河匯流處（在對岸）。渡黃河至蔚汾河谷地，循之以至興縣、岢嵐，在岢嵐與東方大港庫倫線相交。過岢嵐，至五寨及羊房。在羊房截長城而過，至朔州，乃至大同，與京綏線相會。此線約長六百英里。經過陝西有名之煤油礦，又過山西西北煤田之北境，其在終點大同，與京綏線合，借大同至張家口一段之助，可與將來西北系統中，聯絡張家口與多倫諾爾之一線相屬。

洪　西安寧夏線

此線應自西安起，向西北行，至涇陽、淳化、三水（今改稱栒邑）。過三水後，出陝西界，入甘肅界於正寧，轉而西，至寧州。自寧州，始入環河谷地，循其左岸，上至慶陽府及環縣，乃離河岸，經清平、平遠後，與環河相會，仍循該谷地，上至分水界。過分水界後，至靈州，渡黃河，至寧夏。此線長約四百英里，經過礦產及石油最富之地區。

荒　西安漢口線

此線聯絡黃河流域最富饒一部，與中部長江流域最富饒一部之一重要線路。此線自西安起，用天線路軌，過秦嶺，進至丹江谷地，直至淅川，始分線南行，過省界，至湖北，循漢水左岸，經老河口以至襄河對岸之樊城。由樊城，仍循此岸以至安陸（今鍾祥），由此以一直線東南至漢川及漢口，全線約長三百英里。

日　西安重慶線

此線自西安起，直向南行，度秦嶺，入漢水谷地，經寧陝、石泉、紫陽，進入任河谷地，逾陝西之南界，於大竹河入四川界；於是逾大巴山之分水界，以入太平河谷地，循此谷地而下，至綏定（今達縣）及渠縣，乃轉入此谷地之左邊，至於鄰水，又循商路，以至江北及重慶。此線全長約四百五十英里，經由極多產物之地區，及富於材木之地。

月　蘭州重慶線

此線從蘭州起西南行，用天線之路線，直至狄道（今臨洮）為止。由此分枝進入洮河谷地，過岷山分水界，入黑水（白龍江）谷地沿之而下，至於階州（今武都）及碧口。自碧口而降，出甘肅界，入四川界，進逮昭化，黑水河即在昭化與嘉陵江合，自昭化起，即順嘉陵江，降至保寧（今閬中）、順慶（今南充）、合川、以及重慶。此線約長六百英里，經過物產極多礦山最富之地區。

盈　安西州于闐線

此線貫通於戈壁沙漠與阿勒騰塔格嶺中間一帶肥沃之地。雖此一帶地方本為無數山間小河所灌溉，潤澤無缺，而人口尚極蕭條，則交通方法缺乏之所致也。此線完成之後，此一帶地方，必為中國殖民最有價值之處。此線起自安西州，西行至敦煌，循羅布泊沼地之南緣端，以至婼羌，自婼羌仍用同一方向，經車城（今且末），以至于闐，與西北系統線之終點相接。藉此系統之助，得一東方大港與中國極西端之喀什噶爾疏勒直接相通之線。自安西州以至于闐長約八百英里。

昃　婼羌庫爾勒線

此線沿塔里木河之下游，截過沙漠，其線路兩旁之地，給水豐足，鐵路一旦完成，即為殖民上最有價值之地。本線長約二百五十英里，與走於沙漠北緣端之線相聯屬，沙漠兩邊肥饒土地之間，此為捷徑。

辰　北方大港哈密線

此線自北方大港西北行，經寶坻、香河、以至北京。由北京起，即用京張路軌，以至張家口。由此以進入蒙古高原，於是循用商隊通路，向西北行，以至陳台（今慶代）、布魯台、哲斯、托里布拉克。自托里布拉克向西，取一直線，橫度內外蒙古之平原及沙漠，以至哈密，以與東方大港塔城線相聯絡，而該線則直通於西方新疆首府之迪化，故此線即為迪化城與北京及北方大港之直通線，此線長約一千五百英里，其中有大部分，走於可耕地之上，然則其完成之後，必為殖民上最有價值之鐵路矣。

宿　北方大港西安線

此線自北方大港西行，至於天津，由該處西行，經過靜海，大城，以至河間。由河間更偏西行，至於深澤，無極，又與京漢線交於正定，即於此處與正太線相接，自正定起，即用正太線路，但該線之窄軌，應重新建築，改為標準闊軌，此所以便於太原以往之通車也。自太原起，此線向西南行，經交城、文水、汾州、隰州，以至大寧。由大寧轉而西行，渡黃河，又西南行，至宜川、洛川、中部（今黃陵）。在中部，與西安大同線相會。即用其路線，以達西安。此線長約七百英里。其所經者，則農產物極多之地區，又煤鐵石油豐富廣大之礦田也。

列　北方大港漢口線

此線自北方大港起，循海岸而行，至北塘、大沽、歧口，又至鹽山，出直隸界，入山東界於樂陵。自樂陵而往，經德平，臨邑，至禹城，與津浦線相交，進至東昌（今聊城），范縣，於是渡黃河，至曹州（今荷澤），既過曹州，出山東界，入河南界，與海蘭線相交，至睢州，由此進至太康，與玄線相交，經陳州及周家口，與黃線相交，又至項城、新蔡、光州（今潢川）及光山。既過光山，踰分界嶺，入湖北境，經黃安，至漢口，此線長約七百英里，自北方大港以至中國中部之商業中心。

張　黃河港漢口線

此線自黃河港起，西南行，至於博興、新城、長山，乃與膠濟線相交，至博山，上至分水界，入於汶河谷地，至泰安，與津浦線相交，又至寧陽及濟寧。自濟寧而進，以一直線向西南至安徽之亳州，河南之新蔡，自新蔡起，與北方大港漢口線合，以至漢口。自黃河港至新蔡，約四百英里。

寒　芝罘漢口線

此線起於山東半島北邊之芝罘，即橫斷此半島，經過萊陽，金家口，以至於其南邊之即墨，由即墨起，向西南，過膠州灣頂之窪泥地，作一直線，至於諸城，既過諸城，越分水界以入沭河谷地，至莒州及沂州（今臨沂），進至徐州，與津浦海蘭線相會。自徐州起，即用津浦路軌，直至安徽之宿州，乃分路至蒙城，潁州（今阜陽），過省界，入河南光州，即於此處與北方大港漢口線相會，由之以至漢口。此線自芝罘至光州長約五百五十英里。

來　海州濟南線

此線發海州，循臨洪河，至歡墩埠，轉西向，至臨沂，由臨沂始轉北向，次西北向，經蒙陰，新泰，至泰安。在泰安，與津浦線會合，取同一軌道，而至濟南，此線自海州至泰安，長約一百一十英里，經過山東南部之煤鐵礦場。

暑　海州漢口線

此線自海州出發，西南行，至沭陽與宿遷，或與現在海蘭線之豫定線路相同。自宿遷而往，經泗州、懷遠，與東方大港庫倫線及烏里雅蘇臺線相交，既過懷遠，乃向壽州及正陽關，即循同一方向，橫過河南省之東南角，及湖北之分界嶺，過麻城，至漢口，長約四百英里。

往　海州南京線

此線從海州向南至安東，稍南至淮安。既過淮安，渡寶應湖（此湖應按第二計畫第四部整治淮河施以填築），經天長、六合以至南京，全長一百八十英里。

秋　新洋港漢口線

此線自新洋港而起，至於鹽城，過大縱湖（此亦應填築），至淮安。自淮安轉向西南，渡過洪澤湖之東南角（此湖仍應填築），至安徽之盱眙。既過盱眙，在明光附近，與津浦線相交，又至定遠，與地玄兩線相會，過定遠後，進至六安、霍山，踰湖北之分界嶺，過羅田，以至漢口。全長約四百二十英里。

收　呂四港南京線

此線由呂四港而起，呂四港者，將來於揚子江口北端盡處應建之漁業港也。自呂四港起西行，至於通州南通，轉西北行，至如皋，又西行至泰州、揚州、六合、南京。全長約二百英里。

冬　海岸線

此線自北方大港起，循北方大港漢口線，至於岐口，始自開線路，密接海岸以行，過直隸界，至山東之黃河港，進至於萊州（今掖縣），自萊州離海岸，畫一直線，至招遠及芝罘，以避煙濰鐵路之計畫線。由芝罘轉而東南，經過寧海（今牟平），及文登，至文登引一枝線至榮城，又一線至石島，其本線轉而西南，至海場及金家口，與芝罘漢口線合，循之直至於膠州灣之西端，折而南至靈山衛，自靈山衛轉而西南，循海岸至日照，過山東界，入江蘇省，經贛榆，至海州，於是向西南進至鹽城、東臺、通州、海門，以達於崇明島，此島以揚子江之治水堤之故，將與大陸聯為一氣矣。其自崇明赴上海，可用渡船載列車而過，此自岐口迄崇明之線，約長一千英里。

藏　霍山蕪湖蘇州嘉興線

此線自霍山起，至舒城及無為，乃過揚子江，至蕪湖，又過高淳、溧陽、宜興，過太湖之北端（將來填築），至蘇州，與滬寧線會。過蘇州後，轉而南，至滬杭線上之嘉興，此線走過皖、蘇兩省富庶之區，長三百英里，將成為上海漢口間之直接路線之大部分。

中央鐵路系統，各線全長統共約一萬六千六百英里。（見總圖）

第二部　東南鐵路系統

本系統縱橫布列於一不規則三角形之上，此三角形以東方大港與廣州間之海岸線為底，以揚子江重慶至上海一段為一邊，更以經由湖南之廣州重慶甲線為第二邊，而以重慶為之頂點，此三角形全包有浙江、福建、江西三省，並及江蘇、安徽、湖北、湖南、廣東之各一部。此地富有農礦物產，而煤礦尤多，隨在有之，且全區人口甚密，故其建鐵路，必獲大利。

以東方大港、南方大港及其間之二三等港，為此鐵路之終點，可建築左列之各線：

天　東方大港重慶線，

地　東方大港廣州線，

玄　福州鎮江線，

黃　福州武昌線，

宇　福州桂林線，

宙　溫州辰州線，

洪　廈門建昌線，

荒　廈門廣州線，

日　汕頭常德線，

月　南京韶州線，

盈　南京嘉應線，

昃　東方南方兩大港間海岸線，

辰　建昌沅州線。

天　東方大港重慶線

此線越揚子江以南，殆以一直線，聯絡中國西方商業中心之重慶與東方大港。此線起於東方大港，至杭州，經臨安，昌化，以至安徽省之徽州（歙縣）。由徽州進至休寧、祁門，於是越省界，入江西境，過湖口，至九江。自九江起，循揚子江右岸，越湖北界，至興國州（今陽新），又進至通山、崇陽，在崇陽踰界至湖南岳州（今岳陽），自岳州起，取一直線，貫洞庭湖（此湖將來應行填塞），至於常德，由常德，泝澧水谷地而上過慈利，再踰省界，入湖北之鶴峯，於是及於施南（今恩施）與利川。在施南，應開一枝線，向東北走，至宜昌，在利川，應另開一枝線，西北行至萬縣。此宜昌、萬縣兩地，均在長江左岸。自利川而後，入四川界，過石砫至涪州（今涪陵），遂過烏江，循揚子江右岸而上，至與廣州重慶乙線會而後已。此後以同一之橋渡江，至對岸之重慶。連枝線長約一千二百英里。

地　東方大港廣州線

此線由一頭等海港，以一直線，至他頭等海港。自東方大港起，至杭州，折而西南行，循錢塘江左岸，過富陽、桐廬，至嚴州（今建德）及衢州，更進過浙贛省界，至廣信（上饒）。由廣信起，經上清、金谿，至建昌（今南城），然後進至南州、廣昌、寧都。由寧都而往，至雩都、信豐、龍南，過贛粵界嶺，至長寧（新豐）。於是經從化，以至廣州。長約九百英里。

玄　福州鎮江線

此線起自福州，經羅源、寧德，以至福安，於是進而踰閩浙邊界，以至泰順、景寧、雲和、處州，於是進經武義、義烏、諸暨，以達杭州。杭州以後經德清及湖州，踰浙江省界，以入江蘇，循宜興、金壇、丹陽之路而進，以至鎮江。此線長五百五十英里。

黃　福州武昌線

此線自福州起，沿閩江左岸，過水口及延平，至於邵武。邵武以後過福建界，入於江西，經建昌及撫州（今臨川），以至省城南昌。由南昌而入湖北之興國，過之，以至湖北省城武昌。全長約五百五十英里。

宇　福州桂林線

此線自福州起，渡過閩江，進而取永福（永泰）、大田、寧洋、連城一路，以至汀州（長汀），於是過閩贛省界，入於瑞金。由瑞金，進至雩都、贛州，又進至上猶及崇義。崇義以後，過贛湘邊界，至桂陽縣（汝城）及彬州，與粵漢線交於彬州，遂至桂陽州，又進至於新田、寧遠、道州，與廣州重慶甲乙兩線相遇。道州以後，轉而南，循道江谷地而上，至廣西邊界，過界直至桂林。此線長約七百五十英里。

宙　溫州辰州線

此線由溫州新港起，循甌江左岸而上，至於青田。由青田，進向處州及宣平，轉而西出浙江省界，入江西之玉山。自玉山，經過德興、樂平，乃沿鄱陽湖之南岸，經餘干，至於南昌。由南昌，經過瑞州（高安）、上高、萬載，踰江西省界，入湖南之瀏陽遂至長沙。由長沙，經寧鄉、安化，以至辰州（今沅陵），與廣州重慶甲線及沙市興義線會合。長約八百五十英里。

洪　廈門建昌線

此線自廈門新線起，至長泰，泝九龍江而上，至漳平、寧洋、清流及建寧縣。自建寧以後，過省界，至江西之建昌，與東方大港廣州線、福州武昌線、建昌沅州線相會。此線長約二百五十英里。

荒　廈門廣州線

此線自廈門新港起，進至漳州、南靖、下洋，於此出福建界，至廣東之大埔。由大埔過松口、嘉應（今梅縣）、興寧、五華。於五華，過韓江及東江之分水界，至龍川，乃遵東江而下，至河源，又過一分水界，至於龍門、增城，以至廣州。長約四百英里。

日　汕頭常德線

此線自汕頭起，進至潮州（今潮安）、嘉應，出廣東界，至江西之長寧（尋鄔）。自長寧，越分水界，入貢江谷地，循之以下，至於會昌、贛州。由贛州以至龍泉（遂川）、永寧（寧岡）、蓮花，在蓮花，踰江西界，入湖南，於是進至株州及長沙。由長沙經過寧鄉、益陽，終於常德，與東方大港重慶線及沙市興義線相會。此線長約六百五十英里。

月　南京韶州線

此線自南京起，循揚子江右岸而上，至於太平、蕪湖、銅陵、池州（今貴池）、東流。東流以後，出安徽界。入江西之彭澤，遂至湖口。在湖口，與東方大港重慶線會，即用該線之橋，以至鄱陽港。於是沿鄱陽湖之西岸，經過南康（星子）、吳城，以至南昌，與溫州辰州線及福州武昌線，會於南昌。由南昌泝贛江谷地而上，由臨江（清江），至吉安，與建昌沅州之計畫線交於吉安。由吉安至於贛州，復與福州桂林線交焉。於是進向南康縣，及南安（今大庾）。南安以後，過大庾嶺分界處，入廣東之南雄，於是經始興，至韶州（今曲江），與粵漢線會。此線長約八百英里。

盈　南京嘉應線

此線自南京起，進至溧水、高淳，於是出江蘇界，入安徽之宣城。自宣城，進至寧國及徽州（歙縣）。徽州以後，出安徽界，入浙江界，經開化、常山及江山，出浙江界，入福建之浦城。自浦城，由建寧（建甌），以至延平，與福州武昌線交，更過沙縣、永安，以至寧洋，與福州桂林線及廈門建昌線會。自寧洋復進至龍巖、永定，至松口，與廈門廣州線合，迄嘉應而止。所經之路約七百五十英里。

昃　東方南方兩大港間海岸線

此線自南方大港廣州起，與廣九鐵路採同一方向，行至石龍，乃自擇路線，取東江沿岸一路，以至惠州（惠陽）。由惠州，經三多祝、海豐、陸豐、轉東北行，至揭陽及潮州，潮州以後，經饒平，出廣東界，入福建之詔安。自詔安經雲霄、漳浦、漳州，以及廈門。由廈門，歷泉州（晉江），興化，而至福州省城。自福州以後，用與福州鎮江線同一之方向抵福安，乃轉而東，至福寧（今霞浦），又轉而北，至福鼎。過福鼎後，出福建界，入浙江界，經平陽，至溫州。於溫州，渡甌江，進至樂清、黃巖、台州（今臨海），又進歷寧海，至於寧波，以為終點。即用杭甬鐵路，經杭州，以與東方大港相接。此線自廣州至寧波，長約一千一百英里。

辰　建昌沅州線

此線自建昌起，行經宜黃、樂安、永豐、吉水，以至吉安，即於該地與南京詔州線相交。由吉安進而及永新、蓮花，與汕頭常德線會。於是出江西界，入湖南之茶陵，乃經安仁，至衡州（衡陽），遇粵漢線。於是由衡州更進至寶慶（邵陽），則與廣州重慶甲線交焉。由是西行，至於終點沅州（芷江），與沙市興義線相遇。此線長約五百五十英里。

東南鐵路系統各線全長統共約九千英里。（見總圖）

第三部　東北鐵路系統

此系統包括滿洲之全部，與蒙古及直隸省之各一部分，占有面積約五十萬英方里，人口約二千五百萬。其地域三面為山所圍繞，獨於南部則開放，直達至遼東海灣。在此三山脈之中，低落成為一廣浩肥美之平原，並為三河流所貫注，嫩江位於北，松花江位於東北，遼河位於南。此之境界，中國前時視之，等於荒漠，但自中東鐵路成立後，始知其為中國最肥沃之地。此地能以其所產大豆，供給日本全國與中國一部分食料之用。此種大豆，為奇美物品，在植物中含有最富蛋白質之物，早為中國人所發明，經用以代肉品，不下數千年。由此種大豆，可以提出一種豆漿，其質等於牛奶，復由此種豆奶製成各種食品，此種食品為近代化學家所證明，其涵肉質比肉類尤為豐富，而中國人與日本人用之以當肉與奶用者，已不知其始自何時矣。近來歐美各國政府之糧食管理官，對於此項用以代肉之物品，甚為注意。所以此種大豆輸出於歐美者，亦日見增加。由此觀之，滿洲平原，確可稱為世界供給大豆之產地。除此大豆以外，此平原並產各種穀類極多，就麥一類言之，已足供西伯利亞東部需用。至於滿洲之山嶺、森林、礦產，素稱最富，金礦之發見於各地者，亦稱最旺。

敷設鐵路於此境域，經已證明其為最有利益之事業。現已成立之鐵路貫通於此富饒區域者，已有三幹線，如京奉線，為在中國之最旺鐵路；日本之南滿鐵路，亦為獲利最厚路線；中東鐵路，又為西伯利亞系統之最旺部分。除此以外，尚有數線，為日本人所計畫經營。如欲依次發展此富庶區域，即應敷設一網式鐵路，乃足敷用也。

在未論及此網式鐵路之各支線以前，吾意以為當先設立一鐵路中區，猶蜘蛛巢之於蜘蛛網也，吾且名此鐵路中區曰東鎮。此東鎮當設立於嫩江與松花江合流處之西南，約距哈爾濱之西南偏一百英里，將來必成為一最有利益之位置，此之新鎮，不獨可為鐵路系統之中心，至當遼河松花江間之運河成立後，且可成為水陸交通之要地。

既以此計畫之新市鎮（東鎮）為中區，吾擬建築如左之各線：

天　東鎮葫蘆島線，

地　東鎮北方大港線，

玄　東鎮多倫線，

黃　東鎮克魯倫線，
宇　東鎮漠河線，
宙　東鎮科爾芬線，
洪　東鎮饒河線，
荒　東鎮延吉線，
日　東鎮長白線，
月　葫蘆島熱河北京線，
盈　葫蘆島克魯倫線，
昃　葫蘆島呼倫線，
辰　葫蘆島安東線，
宿　漠河綏遠線，
列　呼瑪室葦線，
張　烏蘇里圖們鴨綠沿海線，
寒　臨江多倫線，
來　節克多博依蘭線，
暑　依蘭吉林線，

往　吉林多倫線。

天　東鎮葫蘆島線

此是由計畫中之滿洲鐵路中區分出之第一線。比較其他直達遼東、直隸半島之不冰口岸之二線為短，路線與南滿鐵路平行，在兩線之北部末尾相距約八十英里。依據與俄前政府所訂原約，不能在南滿鐵路百里以內建築並行路線，但當施行國際發展計畫，為共同利益起見，此等約束，必須廢除。此線起自東鎮，向南延進，經過滿洲大平原，由長嶺、雙山、遼源、康平，而至新民，成為一直線，約有二百七十英里之長。過新民後，即與京奉鐵路合軌，約行一百三十英里之長，即至葫蘆島。

地　東鎮北方大港線

此是由鐵路中區直達不冰之深水港之第二線。起自東鎮，向西南方延進，經過廣安於東鎮與西遼河間之中道，在未到西遼河以前，先須經過無數小村落。當經過遼河之後，即進入熱河區域之多山境界，經過一谷地至阜新縣城，再經過分水界，進入大凌河谷地。當經過大凌河谷地之後，此線即由此河之支流，再經一分水界而入於灤河谷地。然後通過萬里長城，取道永平（今盧龍）與樂亭，而至北方大港。此線共長約五百五十英里，前半截所經過者是平地，後半截所經過者是山區。

玄　東鎮多倫線

此是由鐵路中區分出之第三線。向西方直走經過平原，至洮南，由此橫過日本之計畫璦琿熱河線，並與長春洮南及鄭家屯洮南兩計畫路線之終點相合。經過洮南後，此線即沿大興安嶺山脈東南方之山腳轉向南走，在此一帶山脈，發見有最豐盛之森林與富饒之礦產。然後經過上遼河谷地，此谷地即由在北之大興安嶺與在南之熱河山所成。再通過林西與經棚等市鎮，至多倫，於是由此處與西北鐵路系統之幹線相合。此線長約有四百八十英里，大半皆在平地。

黃　東鎮克魯倫線

此由東鎮鐵路中區分出之第四線。向西北方走，幾與中東路之哈爾濱滿洲里線平行，兩線相隔之距離，由一百英里至一百三十英里不等。此線由嫩江與松花江合流處之東鎮北部起，復向西渡嫩江，至大賚，轉西北向，橫過平原，進入奎勒河之北支流谷地。當進入此谷地後，即沿此河流直上至河源處，然後橫過大興安嶺分水界，進入蒙古平原。於是從哈爾哈河之右岸至貝爾池北之末端，由彼處轉向西走，至克魯倫河。即循克魯倫河南岸至克魯倫。此線約共長六百三十英里。

宇　東鎮漠河線

此是由鐵路中區發出之第五線。起自嫩江與松花江合流處之北部，向西北行，橫過滿洲平原之北端至齊齊哈爾。在齊齊哈爾與計畫之錦瑷線相會，同向西北方，沿嫩江左岸走，至嫩江，而後彼此分路。於是再向西北走，進入嫩江上流谷地，至發源處再橫過大興安嶺山脈之北部末尾處至漠河，在漠河與多倫漠河線之末站相會。此線約長六百英里。全線首之四分一行經平原，其次之四分一沿嫩江下流走，第三之四分一行經上流谷地，第四之四分一截經山嶺。是為金礦產地，但天然險阻，亦意中事也。

宙　東鎮科爾芬線

此是由鐵路中區分出之第六線。起自嫩江與松花江合流處之北邊，向平原前行，經肇東、青岡等城鎮，到青岡後，渡通肯河，至海倫，然後上通肯河谷地，橫過小興安嶺分水界，由此即向下進入科爾芬谷地，經車陸前行至科爾芬，即黑龍江之右岸也。此線共長約三百五十英里，三分二為平地，三分一為山地。此為由東鎮至黑龍江之最短線，黑龍江之對岸，即俄境也。

洪　東鎮饒河線

此是由鐵路中區分出之第七線。起自嫩江松花江合流處之北邊，經肇州，繞松花江左岸，行經平原，而後再橫過中東鐵路，渡呼蘭河而至呼蘭。過呼蘭後，向巴彥、木蘭、通河等地方前進，再渡松花江至三姓，即今名依蘭地方也。於是向前進入倭肯河谷地，過分水界，經七星碣子與大鍋蓋等地方，進入饒河谷地。於是沿此河邊經過無數村落市鎮，始至饒河縣，以饒河與烏蘇里江合流處為終點。此線之距離約有五百英里，所經之處皆為肥美土地。

荒　東鎮延吉線

此是由鐵路中區分出之第八線。起自嫩江松花江會流處之東邊，循松花江右岸，向東南方前行至扶餘（又名伯都訥），並經過此江邊之鎮甚多。至橫過哈爾濱大連鐵路後，即轉向東行至榆樹與五常等地方。到五常後，此線轉偏南行，向豐德棧前進，而後依同一方向至額穆。於是由額穆渡牡丹江，然後向涼水泉與石頭河前行，至此即與日本會寧吉林線合軌，直達於延吉。此線約共長三百三十英里，經過各農產與礦產極豐富之地方。

日　東鎮長白線

此是由鐵路中區分出之第九線。起自嫩江松花江相會處之南部，向東南方走，橫過平原，至農安，渡伊通河，相繼向同一方向進行，經過此河之各支流，至九台站，復由此與長春吉林線合軌，直行至吉林。迨至吉林後，則由其本路循松花江右岸，向東南行至拉法河合流處，即沿松花江河岸，轉南行至樺甸，即再由此溯流而上，至頭道溝直達撫松，即轉東南行，進入松香河谷地，再溯流前行經長白山分水界，繞天池湖邊南部，然後轉向循曖江至長白，即近高麗邊界地方也。此線之距離約共三百三十英里。最後之一部分，當經過長白分水界時，須歷許多困難崎嶇之地。

月　葫蘆島熱河北京線

由此吾將從而另為計畫東北鐵路系統之一新組，此組以遼東半島之不冰口岸葫蘆島為總站。此第一線起自葫蘆島向西方走進沙河谷地至新台邊門，於是行過海亭，犄牛營子、三十家子之多山境界，至平泉，復依同一方向直達熱河（又名承德）。到熱河後，由舊官路至灤平，然後轉向西南至古北口，通過萬里長城，由彼處循通路經密雲與順義，至北京。此線之距離約有二百七十英里。

盈　葫蘆島克魯倫線

此是由葫蘆島分出之第二線。起自葫蘆島口岸，向北直走，經建平與赤峯，行過熱河之多山地域後，此線循通道而行，過遼河谷地上部至間場、西圖、大金溝與林西等地方。到林西即進至陸家窩谷地，即由甘珠廟，右符跡，經過大興安嶺極南之分水界，然後再進至巴原布拉克、烏尼克特及歡布庫里，由此即與多倫克魯倫線合軌，直達克魯倫。此線以達至歡布庫里計之，約長四百五十英里，經過豐富之礦產木材農業等地方。

昃　葫蘆島呼倫線

此是由葫蘆島分出之第三線。取道錦州，循大凌河右邊直走至義州，由此渡大凌河，至清河邊門與阜新。到阜新後，此線即向北直行至綏東，由此渡西遼河至開魯，再由大魚湖與小魚湖之間直達合板與突泉，然後橫過大興安嶺，進入阿滿谷地，沿河流直達呼倫。此線長約六百英里，所經過地方，皆富於礦產與農業，並有未開發之森林。

辰　葫蘆島安東線

此第四線，自葫蘆島起，向東北方走，循計畫中之遼河葫蘆島運河邊直上，而後轉東南行至牛莊與海城，由此再轉東南行至析木城，於是與安東奉天線合軌，直達近高麗境界之安東。此線約長二百二十英里。此線與葫蘆島熱河北京線連合，則成為一由安東以外之高麗至北京之至直捷之線矣。

宿　漠河綏遠線

此是別一組鐵路系統中之第一線，吾且進而論之。此等為環形線，以東鎮中區為軸，成二半圓形，一內一外。此之漠河綏遠線，起自漠河，沿黑龍江邊前進至烏蘇里、額木爾、蘋果、奎庫堪、安羅、倭西們（今鷗浦）等地。過彼處後，此江轉折南流，故此線亦循之至安幹、察哈顏、望安達、呼瑪等處。於是再由呼瑪前行至錫爾根奇、奇拉、滿洲屯、黑河、瑷琿，在瑷琿乃與錦瑷線之終點相會，過瑷琿後，此線即漸轉而東向，直達霍爾木勒津，奇克勒與科爾芬等處。在科爾芬與東鎮科爾芬線相會，然後由彼處再進至烏雲、佛山與蘿北，由蘿北直至同江，此即黑龍江與松花江會流之點也。此線即由此處渡松花江抵同江。再由此向街津口額圖前行至綏遠（今撫遠），即黑龍江與烏蘇里河之合流處也。此線長約有九百英里，至所經之地方，皆係金礦產地。

列 呼瑪室葦線

此本是漠河綏遠線之支線。起自呼瑪，循庫瑪爾河，經過大砬子與瓦巴拉溝等金礦，然後溯庫瑪爾而上，向西行，又西南偏至此河之北源，遂由彼處過分水界，進入哈拉爾谷地，於是由此谷地上達室葦。此線約長三百二十英里，經過極豐富之金礦地方。

張 烏蘇里圖們鴨綠沿海線

此是外半圓形之第二線。由綏遠起與第二線相續，沿烏蘇里江前行，經過高蘭、富有、民康等處，至饒河，於是此線與東鎮饒河線之末站相會。由饒河起南行，則與在烏蘇里江東邊之俄烏鐵路成平行線，直達虎林而止。到虎林後即離俄羅斯線，轉向西方，循穆陵河至興凱湖之西北角之密山縣。由此再至平安鎮，轉南向，循國界在小綏芬車站橫過哈爾濱海參威線，直至東寧。到東寧後，相繼南向，循國界而行，至五道溝與四道溝間之交點，然後轉而西行，至琿春，再西北走至延吉，於是與日本之會寧吉林線相會。由延吉循日本線至和龍，離日本線由圖們江左岸向西南走，經過分水界，進入鴨綠谷地，即在此處與東鎮長白線相會。過長白後，即轉西向，又西北偏，沿鴨綠江右岸至臨江。彼時又復西南偏，仍沿鴨綠江右岸前行至輯安縣。再相繼依同一方向沿鴨綠江右岸直達安東，由此即與安東奉天鐵路相會。過安東後，向鴨綠江口之大東溝前走，循此海岸線至大孤山與莊河等處。然後轉而西向，經平西屯、房店，至吳家屯，與南滿鐵路相會。此線之距離約有一千一百英里，自頭至尾，皆依滿洲東南之國界而行也。

寒　臨江多倫線

此是東鎮鐵路中區外半圓之第三線。與在中區南部分出之支線相接。此線起自臨江，即鴨綠江之西南轉灣處也。由此處向多山地域前進，經過通化、興京（今新賓）與撫順等地方，至奉天，橫過南滿鐵路。於是此線由奉天與京奉線合軌，直達新民，由此橫過東鎮葫蘆島線，轉向西北走，經過新立屯，至阜新。過阜新後，此線進入遼河谷地上部之山地，直向赤峯前行，經過無數小村落與帳幕地，皆大牧場也。此線由赤峯再前行經三座店、公主陵、大輾子等處，通過銀河谷地至發木谷，然後循吐根河至多倫諾爾。此線約長五百英里。

來 節克多博依蘭線

此是內半圓形之第一線，與東鎮鐵路中區之東北方所分出之各支線相連。起自黑龍江上游之節克多博，向東前行，又東南偏，經過大興安嶺山脈之谷地山地數處，即至嫩江（嫩城）。過嫩江後，漸轉南向至克山，由彼處再至海倫，然後渡松花江至三姓，即依蘭也。此線長約七百英里，經過農業與金礦地方。

暑 依蘭吉林線

此是內半圓之第二線。起自依蘭，向西南方，沿牡丹江右岸前行，經過頭站、二站、三站、四站，至城子，即由此處橫過哈爾濱海參威線，於是由牡丹江右岸渡至左岸，直往寧古塔（今寧安）。過寧古塔後，復向西方前行，經過甕城、藍旗站、塔拉站與鳳凰店，至額穆，於此與日本之會寧吉林線相合，向西前行，至吉林。此線所行之長度，約二百英里，經過牡丹江之肥美谷地。

往 吉林多倫線

此是在東鎮鐵路系統中內半圓形之第三線。起自吉林，循舊通路西行至長春，於是在此與中東鐵路北來之線及日本南滿鐵路南來之線之兩末站相會。過長春後，即橫過平原，至雙山，又在此與東鎮葫蘆島及日本之四平街鄭家屯洮南線相會。再由雙山渡遼河，至遼源，復由彼處行經一大平原，經過東鎮北方大港線，直達綏東，與葫蘆島呼倫線相會。過綏東後，循遼河谷地上行，先橫過葫蘆島克魯倫線，然後過分水界至多倫，是為終站。此線所經之遠度約有五百英里。由以上所舉，方能完成吾計畫中東北鐵路之蜘蛛網系統。就全系統路線之長言之，其總數約有九千英里。（見總圖）

第四部　擴張西北鐵路系統

西北鐵路系統，包有蒙古、新疆與甘肅一部分之地域，面積約有一百七十萬英方里。此幅土地，大於阿根廷共和國約六十萬英方里，阿根廷為供給世界肉類之最大出產地，而蒙古牧場尚未開發，以運輸之不便利也。以阿根廷既可代美國而以肉類供給世界，如蒙古地方能得鐵路利便，又能以科學之方法改良畜牧，將來必可取阿根廷之地位而代之。此所以在此最大食物之生產地方，建築鐵路為最要之圖，亦可以救濟世界食物之竭乏也。在國際共同發展中國之第一計畫中，吾曾提議須敷設七千英里鐵路於此境域，以為建築北方大港之目的，而後可以將中國東南部過密之人民，逐漸遷移。但此七千英里之鐵路，不過為一開拓者，如欲從實際上發展此豐富之境域，鐵路必須增築。故在此擴張西北鐵路系統之計畫中，吾提議建築下列之各線：

天　多倫恰克圖線，

地　張家口庫倫烏梁海線，

玄　綏遠烏里雅蘇臺科布多線，

黃　靖邊烏梁海線，

宇　肅州科布多線，
宙　西北邊界線，
洪　迪化烏蘭固穆線，
荒　戛什溫烏梁海線，
日　烏里雅蘇臺恰克圖線，
月　鎮西庫倫線，
盈　肅州庫倫線，
昃　沙漠聯站克魯倫線，
辰　格合克魯倫節克多博線
宿　五原洮南線，
列　五原多倫線，
張　焉耆伊犁線，
寒　伊犁和闐線，
來　鎮西喀什噶爾線。

天　多倫恰克圖線

此線起自多倫，向西北方前行，循驛路橫過大牧場，至喀特爾呼、闊多、蘇疊圖等處。過蘇疊圖後，此線即橫過界線至外蒙古，依同一路線至霍申屯、魯庫車魯、楊圖等地方，由彼處渡克魯倫河，至額都根霍勒闊進入山地，於是即橫過克魯倫河分水界與赤奎河分水界，克魯倫分水界之水則流入黑龍江而至太平洋，赤奎河分水界之水則流入貝加爾湖，再由彼處至北冰洋。過赤奎河分水後，此路即循赤奎河之支派，至恰克圖。其線長約八百英里。

地　張家口庫倫烏梁海線

此線起自萬里長城之張家口，向西北前進高原橫過山脈，進入蒙古大草場，走向明安（今滂江），博羅里治，烏得與格合，即橫過多倫迪化幹線。過格合後，此線前行經過穆布倫之廣大肥沃牧場，然後依直線再前行，經穆克圖、那賴哈、庫倫。由庫倫此線即進入山地，橫過色楞格谷地，至一地點，在庫蘇古爾泊南部末端之對面，然後再轉北向，橫過山脈，至庫蘇古爾之南岸之哈特呼爾。過哈特呼爾後，此線繞庫蘇古爾泊邊走，約一短距離，即再轉西北向，又西偏循烏魯克穆河岸，至近國界之出口點，復轉西南向直上克穆赤克谷地，至其發源處，通過巴闊窪，直達中俄國境交界處而止，此線之距離約有一千七百英里。

玄　綏遠烏里雅蘇臺科布多線

此線起自綏遠，近於山西省之西北角地方，向西北方前進，經過山地進入蒙古牧場托里布拉克。於是橫過北方大港哈密線與北方大港庫倫線。過托里布拉克後，此線由同一方向依直線前行，通過匝們蘇治，至土謝圖省會，由彼處仍依直線向西北走，至霍勒特，再循商路至郭里得果勒，此線即轉西南，再西北向前行，通過河流谷地數處與小市鎮，即至烏里雅蘇臺，於是在烏里雅蘇臺橫過北方大港與烏魯木齊線之第二聯站邊界支線。過烏里雅蘇臺後，此線即依商路向西方前行，通過呼都克卒爾、巴爾淖爾與匝哈布魯等處，至科布多。彼時此線轉西北向，至歡戞喀圖與列蓋等處，即復西走至別留，以國界為終點。此線約長一千五百英里。

黃　靖邊烏梁海線

此線起自靖邊，即在陝西北界與萬里長城相接地方也。此線向鄂爾多斯鄉落前行，經波羅波勒格孫、鄂托、臣濁等處，然後過黃河至三道河。由三道河再前行，過哈那那林，烏拉嶺，即進入在西北方之蒙古大草場，直至古爾班、昔哈特，在此即經過北京哈密線，然後至烏尼格圖、恩京，由恩京即經過北方大港烏魯木齊線。過恩京後，此線進入谷地與分水界地，向北前行至西庫倫，於是再轉西北行，經過色楞格河流域之各支流與谷地，即抵沙布克台與粗里廟等處。至粗里廟後，再向同一方向前行，渡色楞格河，沿其支流帖里吉爾穆連河，至發源處，經過流入帖里淖爾湖之分水界，然後沿此湖之出口，至烏魯克穆河，即與張家口庫倫烏梁海線相合，此即終點也。此線之長約有一千二百英里。

宇　肅州科布多線

此線起自肅州（酒泉），向西北方走，在尖牛貫通萬里長城，向煤礦地前行，即離肅州二百五十里地方也。由彼處即往哈畢爾罕布魯克與伊哈託里。離伊哈託里不遠，此線即經過北京哈密線，然後前行至伯勒台，過此處後，經過一小塊沙漠即至底門，赤魯，當進此多山與下隰之鄉落，再前行至戞什溫，即橫過北方大港烏魯木齊幹線。過戞什溫向倭倫呼都克、塔巴騰與塔普圖，即由塔普圖，與古城科布多通道相合。於是循此路經伯多滾臺、蘇臺，前行至科布多，即此線之末站，約共長七百英里。

宙　西北邊界線

此線起自伊犁，循烏魯木齊伊犁線，至三臺，即賽里木湖之東邊也。此線由此處向東北前行，沿艾比湖西方至土斯賽。過土斯賽後，向託里前行，橫過中央幹線，即北方大港塔城線也。由彼處，此線即往納木果臺與斯託羅蓋臺，經過最大之森林與最富之煤礦地方，再由斯託羅蓋臺依通道前行，至承化寺，是阿爾泰省之省會。於是由彼處橫過山脈，經烏爾霍蓋圖山口入至科布多谷地，循科布多河河源至別留，由此與綏遠科布多線直達烏列蓋。由烏列蓋依其本路取道烏松闊勒與烏蘭固穆行至塔布圖，於是與他線相合，同行至在唐努烏梁海境內之烏魯克穆河，然後轉東向沿河流而上，至別開穆與烏魯河之合流處，即再前行，沿前流依東北方溯源直上至境界，是為終點。此線所經之距離約九百英里。

洪　迪化（又名烏魯木齊）烏蘭固穆線

此線起自迪化，依多倫迪化幹線至阜康。然後循其本路向北前進，經自闢川至霍爾楚臺，由此轉東北走經過山地，至開車，然後至土爾扈特，於是橫過北方大港烏魯木齊線之支線第三交點。過土爾扈特後，轉北行經巴戞寧格力谷地，至斯和碩特，然後過帖列克特山口，由彼處即轉東北向前行，經過一新耕種地方，即至科布多。再前行經過一肥沃草場，渡數河流，沿經數湖，即至烏蘭固穆，在此即與西北邊界線相會。此線長約五百五十英里。

荒　戞什溫烏梁海線

此線起自戞什溫，向東北前行，橫過多山與隰地境界，經哈同呼圖克與達蘭趣律，博爾努魯。過博爾努魯後，此線通過匝盆谷地，經呼志爾圖與博爾霍，至烏里雅蘇臺，在此與綏遠科布多線及北方大港烏里雅蘇臺線相會，於是此線向北方前行於一新境地，先經過色楞格河之正源，然後經過帖斯河之正源，當在帖斯河谷地中，此線經過一極大未闢之森林。過此森林後，即轉向西北走，經過分水界，進入在唐努烏梁海地方之烏魯克穆谷地，與西北邊界線相會，是為末站。此線共長六百五十英里。

日　烏里雅蘇臺恰克圖線

此線起自烏里雅蘇臺，依戞什溫烏梁海線前行至色楞格河支流之鄂疊爾河止。然後轉而東向，由其本線循鄂疊爾河流域前行而下，橫過靖邊烏梁海線至鄂疊爾河與色楞格河合流處而止，於是與張家口庫倫烏梁海線合軌，向東方前行頗遠，待至彼線轉東南向而止。當此線轉東北向時，即循色楞格河下至恰克圖。此線包有之距離約五百五十英里，經過一肥美谷地。

月　鎮西庫倫線

此線起自鎮西，向東北前行，橫過一種植地域，道經圖塔古，至烏爾格科特。於是由烏爾格科特行過肅州科布多線，然後行經戈壁沙漠之大草場，至蘇治與達闌圖魯，由彼處再向北走，橫過北方大港烏里雅蘇臺，與多倫諾爾烏里雅蘇臺線，至塔順呼圖克。過此處後，此線即在鄂羅蓋地方橫過綏遠烏里雅蘇臺線，前行過分水界，進入色楞格河谷地，於是在沙布克臺行過靖邊烏梁海線，從此即轉東向，經過一多山水之境域至庫倫。此線所經之距離約八百英里。

盈　肅州庫倫線

此線起自肅州，前行經金塔，至毛目，於是隨道河（又名額濟納河）而行，此河可以之灌注沙漠中之沃地。然後乃沿河流域而至一湖，復由彼處行經戈壁沙漠，即與北京哈密線及北方大港烏里雅蘇臺線之相交處相會，成為一共同聯站。過此以後，此線向沙漠與草場前行，經過別一鐵路交點，此鐵路之交點即由綏遠科布多線與靖邊烏梁海線所成。於是此線在此處亦成為共同聯站。由彼處前行進入一大草地，經過哈藤與圖里克，至三音達賴，於此橫過多倫諾爾烏魯木齊線。過三音達賴後，此線前行經烏蘭和碩與許多市鎮營寨即至庫倫。此線包有之距離，約七百英里，三分一路經過沙漠，其餘三分之二，經過低濕草地。

昃　沙漠聯站克魯倫線

此線起自沙漠聯站，向東方前行，至一大草地，於是在鄂蘭淖爾湖南方，橫過靖邊烏梁海線，由彼處前行至土謝圖汗都會，於此經過綏遠科布多線。過土謝圖汗都會後，行經大草場，至第一聯站。由第一聯站即前行至烏蘭呼圖克與尖頂車，然後橫過張家口烏梁海線至車臣汗。由車臣汗此線向東北循河流域而下，直達克魯倫城，於此即橫過多倫克魯倫線，並與克魯倫東鎮線相會，此線長約八百英里。

辰　格合克魯倫節克多博線

此線起自格合，此即多倫諾爾烏魯木齊與張家口庫倫烏梁海二線之交點也。由彼處向東北前行，經過大草場，至霍申屯，於是橫過多倫克圖線。過霍申屯後，依同一方向前行，又經過一大草場，至克魯倫，即由此橫過呼倫克魯倫線。然後依克魯倫河右岸前行，再渡左岸，經過呼倫池之西北邊。過呼倫池後，此線橫過中東鐵路，渡額爾古納河，然後沿此河右岸，直達節克多博，於是與多倫諾爾漠河與節克多博依蘭二線相會，此即此線之末站也。此線包有之距離約六百英里，上半截經過旱地，下半截經過濕地。

宿　五原洮南線

此線起自黃河西北邊之五原地方，向東北前行，橫過晒田、烏拉山與大草場地，即抵托里布拉克，於是與北京哈密線綏遠科布多線及北方大港庫倫線之三路交點相會。由托里布拉克，此線再向同一方向前行，經過草地場至格合，在此即與多倫烏魯木齊與北京庫倫二線相會，亦即格合克魯倫線之首站也。過格合後，此線漸轉東向，橫過多倫恰克圖之中部，至歡布庫里，於是在此橫過多倫克魯倫與葫蘆島克魯倫之二線。由歡布庫里，此線行經界線之南，即循之行至達克木蘇馬，於是與多倫漠河線相會，由彼處行向東方，橫過興安嶺至突泉，然後轉東南向至洮南，此即終站也。此線長約九百英里。

列　五原多倫線

此線起自五原，向東北前行，橫過晒田、烏拉嶺至茂名安旂，即在此經過北方大港庫倫線，然後向一大草場前行，經過綏遠科布多線，至邦博圖，經過北京哈密線。過邦博圖後，此線轉而東向前行，經過張家口庫倫烏梁海線。然後至多倫，與多倫奉天臨江線相合為終站。此線由黃河上流谷地，成一直接路線至肥美之遼河谷地，包有距離約五百英里。

張　焉耆伊犁線

此線起自焉耆（又名喀喇沙），向西北前行，橫過山嶺，進入伊犁谷地，然後循崆吉斯河向西下行，繞極肥美谷地，至伊寧與綏定（即伊犁城）等，此皆在伊犁地方近俄羅斯邊境之主要城鎮也，於是在伊犁與伊犁烏魯木齊線相合。此線長約四百英里。

寒　伊犁和闐線

此線起自伊犁，向南前行，渡伊犁河，然後東向沿此河左岸而行，初向東南，繼向南，行至博爾臺，由此即轉西南向，進入帖克斯谷地，然後溯帖克斯河而上至天橋，再上山道，過此山道後，此線轉東南向行，繞過一極大煤礦地方，然後再轉西南至札木臺，於此即經過吐魯番喀什噶爾線。由札木臺即轉南向，行過塔里木谷地北邊之最肥美區域，至巴斯團塔格拉克，再向西南行至和闐。此路經過無數小部落，皆在和闐河之肥沃區域中，此河即流入沙漠。此線在和闐與喀什噶爾于闐線相會，過和闐後，即向此城南方上行至高原，以國界為終站。此線包有距離約七百英里。

來　鎮西喀什噶爾線與其支線

此線起自鎮西，向西南行，循天山草場，經延安堡，薛家隴與陶賴子，至七個井，然後循天山森林，經過桐窩西鹽池與阿朗，至鄯善，由此即經過中央幹線。過鄯善後，即循塔里木沙漠北邊而行，經魯克沁與石泉至河拉，於此橫過車爾城庫爾勒線。由河拉前行，循塔里木河流域，經過無數新村落肥美地方與未開發之森林，即至巴斯團塔格拉克，在此橫過伊犁和闐線，行經巴楚至喀什噶爾，在此與烏魯木齊于闐線相會。過喀什噶爾後，此線即向西北前行至國界，是為終站。至與此線有連續關係者，約有二支線：第一支線，由河拉西南方前行，經沙漠中沃地數處至車爾城；第二支線，則由巴楚南方循葉爾羌河至莎車，然後西南至蒲犁，即近國界地方也。此線與其各支線合計之，約共長一千六百英里。如就此系統全部言之，約共長一萬六千英里。（見總圖）

第五部　高原鐵路系統

此是吾鐵路計畫之最後部分，其工程極為煩難，其費用亦甚巨大，而以之比較其他在中國之一切鐵路事業，其報酬亦為至微。故此鐵路之工程，當他部分鐵路未完全成立後，不能興築，但待至他部分鐵路完全成立，然後興築此高原境域之鐵路，即使其工程浩大，亦當有良好報酬也。

此之高原境域，包括西藏、青海、新疆之一部，與甘肅、四川、雲南等地方，面積約一百萬英方里。附近之土地，皆有最富之農產與最美之牧場，但此偉大之境域外國多有未之知者，而中國人則目西藏為西方寶藏，蓋因除生產豐富外，尚有他種金屬，黃銅尤其特產，故以寶藏之名，加於此世人罕知之境域，洵確當也。當世界貴金屬行將用盡時，吾等可於此廣大之礦域中求之。故為開礦而建設鐵路，為必要之圖，吾擬左之各線。
天 拉薩蘭州線，
地 拉薩成都線，
玄 拉薩大理車里線，
黃 拉薩提郎宗線，
宇 拉薩亞東線，
宙 拉薩來吉雅令及其支線，
洪 拉薩諾和線，
荒 拉薩于闐線，
日 蘭州婼羌線，
月 成都宗札薩克線，
盈 寧遠車城線，
昃 成都門公線，
辰 成都元江線，
宿 敘府大理線，
列 敘府孟定線，

張　于闐噶爾渡線。

天　拉薩蘭州線

此線與西藏都會相連，為彼境域之中央幹線，足稱為此系統中之重要路線。沿此線之起點與終點，現已有少數居民，將來可成為大殖民地，故即當開辦之始，或可成為一有價值之路線也。此線起自拉薩，循舊官路，向北前行，經達隆至雅爾，即騰格里池之東南方也。過雅爾後，此線暫轉東向，由藏布谷地過分水界，經雙竹山口至怒江谷地，然後轉而東向，渡怒江正源，經過數處谷地河流及山嶺而至揚子江，於是渡揚子江上流正源之金沙江。過苦苦賽爾橋。過此橋後轉東南向，又東向通過揚子江谷地，進入黃河谷地，於是由此經過數小村落與帳幕地，進至札陵湖與鄂陵湖間之星宿海，然後東北向，過柴塔木之東南谷地，再轉入黃河谷地，即前進經過喀拉普及數小市鎮至丹噶爾（今名湟源），界於甘肅與青海之間。過丹噶爾後，此線即轉東南循西寧河流之肥美谷地下行，經過西寧、碾伯與數百小市鎮、小村落，至蘭州，此線行經之距離，約一千一百英里。

地　拉薩成都線

此線起自拉薩，東北向，依舊官路前行，經德慶、南摩，至墨竹工卡，然後轉東南向，又東北向，至江達。於是由江達轉北向，又轉東北向前行，經過托拉山，至拉里。過拉里後，此線向東行經邊壩碩督與數小市鎮，至洛龍宗，然後由嘉裕橋渡怒江，即轉東北向至恩達與察木多。過察木多後，此線不循東南之官路至巴塘（今巴安），乃向東北而循別一商路前行至四川省西北角之巴戎，由此前行過橋渡金沙江，即札武三土司附近地方也。於是此線轉東南向，進入依杵谷地，沿鴉龍江下行至甘孜，再前進經長葛、英溝，至大金川之倍田，並至小金川之望安。過望安後，此線即橫過斑爛山至灌縣，進入成都平原，即由郫縣至成都。此線行經之距離約一千英里。

玄　拉薩大理車里線

此線起自拉薩，與拉薩成都線同軌，直行至江達，於是由江達沿其本路路軌西南向，沿藏布江支流至油魯，即其河流支流與正流會合之點也。過油魯後，即沿藏布江口左岸，經公布什噶城至底穆昭。由底穆昭離藏布江向東前行，至底穆宗城、遺貢、巴谷、刷宗城，過刷宗城後，此線轉東南行至力馬，再東行至怒江之門公。於是由門公轉南向前行，沿怒江右岸，經菖蒲桶至丹鄔，然後渡怒江，由崖瓦村谷地過分水界，至瀾滄江（又名美江），乃渡江至小維西。過小維西後，即沿河邊至誠心銅廠，然後離河前行，經河西、洱源、鄧州、上關，至大理。由大理至下關、鳳儀、蒙化，再行至保甸，與瀾滄江再會，於是南行沿江之左岸至車里，為此線之終點，其路線之長，約九百英里。

黃　拉薩提郎宗線

此線起自拉薩，向南行，道經德慶，至藏布江。再由藏布江轉東向，沿河之左岸，至扎噶爾總，渡藏布江至澤當，即南向前行經吹夾坡郎、門楚納、塔旺，至提郎宗，再接續前行至印度之亞三邊界。此線長約二百英里。

宇　拉薩亞東線

此線起自拉薩，西南向，由扎什循舊官路經僵里至曲水。由曲水，過末力橋，渡藏布江南之查戞木，然後至塔馬薩、白地、達布隆與浪噶子等地方。過浪噶子後，此線轉西向至翁古、拉薩、沙加等地。於是由沙加離官路再轉向西南行，道經孤拉，至亞東，是哲孟雄邊界。此線約長二百五十英里。

宙　拉薩來吉雅令及其支線

此線起自拉薩，向西北行，由扎什循舊官路前行，至小德慶，再西行至桑駝洛海，轉西南行至那馬陵，與當多汛，即在拉古地方渡藏布江。過拉古後，此線即轉西向至日喀則城，是為西藏之第二重要市鎮，由此依同一方向，沿藏布江邊右岸前行，經過札什岡、朋錯嶺，與拉子等地方。於是由拉子分一支線向西南行，取道脅噶爾、定日，至尼泊爾邊界之聶拉木。但其幹線則橫過藏布江之右邊，循官路行，取道那布林格喀至大屯。由此再分一支線向西南行，至尼泊爾邊界。而其幹線仍接續西北行，取道搭木札卓山，至噶爾渡，然後向西前行，至薩特來得河之來吉雅令，以印度邊界為終點。此線與其二支線合計之，約共長八百五十英里。

洪　拉薩諾和線

此線起自拉薩，與宙線同軌，行至桑駝駱海，始循其本線向西北前行至得貞、桑札宗及塔克東。於是由此處進入西藏之金礦最富地方，再經過翁波、都拉克巴、光貴與于喀爾，至諾和，為此線之終點。其距離約長七百英里。

荒　拉薩于闐線

此線起自拉薩，循宙、洪兩線之軌道至騰格里池之西南角，於是由其本軌向西北前行，經隆馬絨、特布直、託羅海與四五處小地方，至薩里。過薩里後，此線即通過一大幅無人居之地，至巴喀爾與蘇格特，橫過山巔，遂由高原而下，經索爾克至塔里木河流域之雅蘇勒公，在此與西北鐵路系統之車爾城于闐線合軌，前行至于闐。此線共長約七百英里。

日　蘭州婼羌線

此線起自蘭州，循拉薩蘭州線軌道同行，至青海之東南角，於是由其本軌繞青海南岸至都蘭奇特，即由此轉西南走至宗札薩克。由宗札薩克依柴達木低窪地之南邊，向西南行，經過屯月、哈羅里與各爾莫，至哈自格爾。過哈自格爾後，此線即轉西北向，經拜把水泉、那林租哈，至阿爾善特水泉，然後暫轉北向前行，橫過山脈至婼羌，即與安西于闐線及婼羌庫爾勒線聯合，是為終站。此線約長七百英里。

月　成都宗札薩克線

此線起自成都，循拉薩、成都軌道前行至灌縣。然後由其本軌向北前行，經汶川至茂州，於是循泯江河流向西北前行至松潘。過松潘後，即入岷山谷地，經過東丕至上勒凹，即由此處橫過揚子江與黃河間之分水界，再接續前行至鄂爾吉庫舍里。於是由黃河支源西北轉至其正流，沿河右邊，取道察漢津至貝勒拉察布，渡黃河至舊官路，西北轉，與拉薩蘭州線合軌前行，直達拉尼巴爾，再轉西北向，循其本軌前行，至宗札薩克，與蘭州婼羌線相會，是為終站。此線行經之距離約六百五十英里。

盈　寧遠車城線

此線起自寧遠（今西昌），向西北行，取道懷遠鎮，至雅江，橫過江之右岸，循舊驛路前行，至西俄落，即離江邊循驛路至裏塘（今理化）。由裏塘仍依同一方向，從別路前行至金沙江左岸之岡沱，再沿此河邊前行至札武三土司，橫過拉薩成都線。過札武三土司後，此線仍依同一方向前行，沿金沙江邊，取道圖登貢巴，至苦苦賽爾橋，即在此橫過拉薩蘭州線。再循金沙江之北支源至其發源處，過分水界，循駱駝路前行，經沁司坎，阿洛共，至車城，是為終站。其距離約長一千三百五十英里，此線為此系統之最長路線。

昃　成都門公線

此線起自成都，向西南行，經雙流、新津、名山，至雅州，轉西北向，前行至天全，復轉西行，至打箭爐、東俄落、裏塘等地方。過裏塘後，此線向西南行，經過巴塘、宴爾喀羅，至門公。約共長四百英里。所經過地方皆係山嶺。

辰　成都元江線

此線起自成都，循成都門公線路軌前行至雅州，然後由其本軌依同一方向，取道滎經，至清溪。過清溪後，此線向南行，經越雋至寧遠，即於此與寧遠車爾城線之首站相會。過寧遠後，即至會理，然後渡金沙江至雲南府，與廣州大理線相會。於是由雲南府循昆明池西邊至昆陽，經過新興、嶍峨，至元江，與廣州思茅線相會。是為終站。其距離約六百英里。

宿　敘府大理線

此線起自敘府，沿揚子江左岸，前行至屏山、雷波。過雷波後，即離此河向西南行，過大梁山。至寧遠，即於此橫過成都寧遠線，並與廣州寧遠線及寧遠車城線之首站相會。於是再接續依同一方向前行，橫過雅龍江，至鹽源、永北（今永勝）。過永北後，此線暫轉南向，渡金沙江至賓川，然後至大理，與廣州大理線及拉薩大里線相會，是為終站，共長約四百英里。

列　敘府孟定線

此線起自敘府，循敘府大理線路軌直行至雷波，即由揚子江上流名曰金沙江橫過，沿此江之上流左岸，至其灣南處，即橫過成都元江線至元謀。復由元謀前行至楚雄，橫過廣州大理線至景東，復向西南前行，橫過瀾滄江至雲州，然後轉西南向，循怒江支脈至孟定，以邊界為終站。此線共長約五百英里。

張　于闐噶爾渡線

此線起自于闐，沿克利雅河，向南行至波魯，由波魯復轉西南行，取道阿拉什東郎至諾和，即與拉薩諾和線之終站相會。過諾和後，即繞諾和湖之東邊，至羅多克，復向西南行，沿印度河至碟穆綽克。復由碟穆綽克東南向，沿印度河上行至噶爾渡，即於此與拉薩來吉雅令線相會，是為終站。此線長約五百英里。此高原鐵路系統全部共長一萬一千英里。

第六部　設機關車客貨車製造廠

上部第四計畫所預定之路線，約共長六萬二千英里，至第一第三計畫所預定者，約一萬四千英里，除此以外，並有多數幹線，當設雙軌，故合數計畫路線計之，至少當有十萬英里。若以此十萬英里之鐵路，在十年內建築之，機關車與客貨車之需要，必當大增。現當此戰後改造時期，世界之製造廠，將難以供應，此所以在中國建設機關車客貨車之製造廠，以應建築鐵路之需，為必要之圖，且其為有利事業，尤不可不注意也。中國有無限之原料，與低廉之人工，是為建設此等製造廠之基礎；但舉辦此種事業所必需者，為外國資本與專門家耳，至此項之計畫，應用資本若干，吾當留為對於此種工程有經驗者定之。

第五計畫

前四種計畫，既專論關鍵及根本工業之發達方法，今則進述工業本部之須外力扶助發達。所謂工業本部者，乃以個人及家族生活所必需，且生活安適所由得。當關鍵及根本工業既發達，其他多種工業，皆自然於全國在甚短時期內同時發生，歐美工業革命之後，既已如是。關鍵及根本工業發達，人民有許多工事可為，而工資及生活程度皆增高，工資既增多，生活必要品及安適品之價格亦增加。故發達本部工業之目的，乃當中國國際發展進行之時，使多數人民既得較高工資，又得許多生活必要品安適品而減少其生活費也。世人嘗以中國為生活最廉之國，其錯誤因為尋常見解以金錢之價值，衡量百物；若以工作之價值衡量生活費用，則中國為工人生活最貴之國。中國一尋常勞工，每日須工作十四至十六小時，僅能維持其生活，商店之司書，村鄉之學究，每年所得恆在百元以下，農人既以所生產價還地租及交換少數必要品之後，所餘已無幾何。工力多而廉，惟食物及生活貨品，雖在尋常豐年，亦僅足敷四萬萬人之用，若值荒年則多數將陷於窮乏死亡。

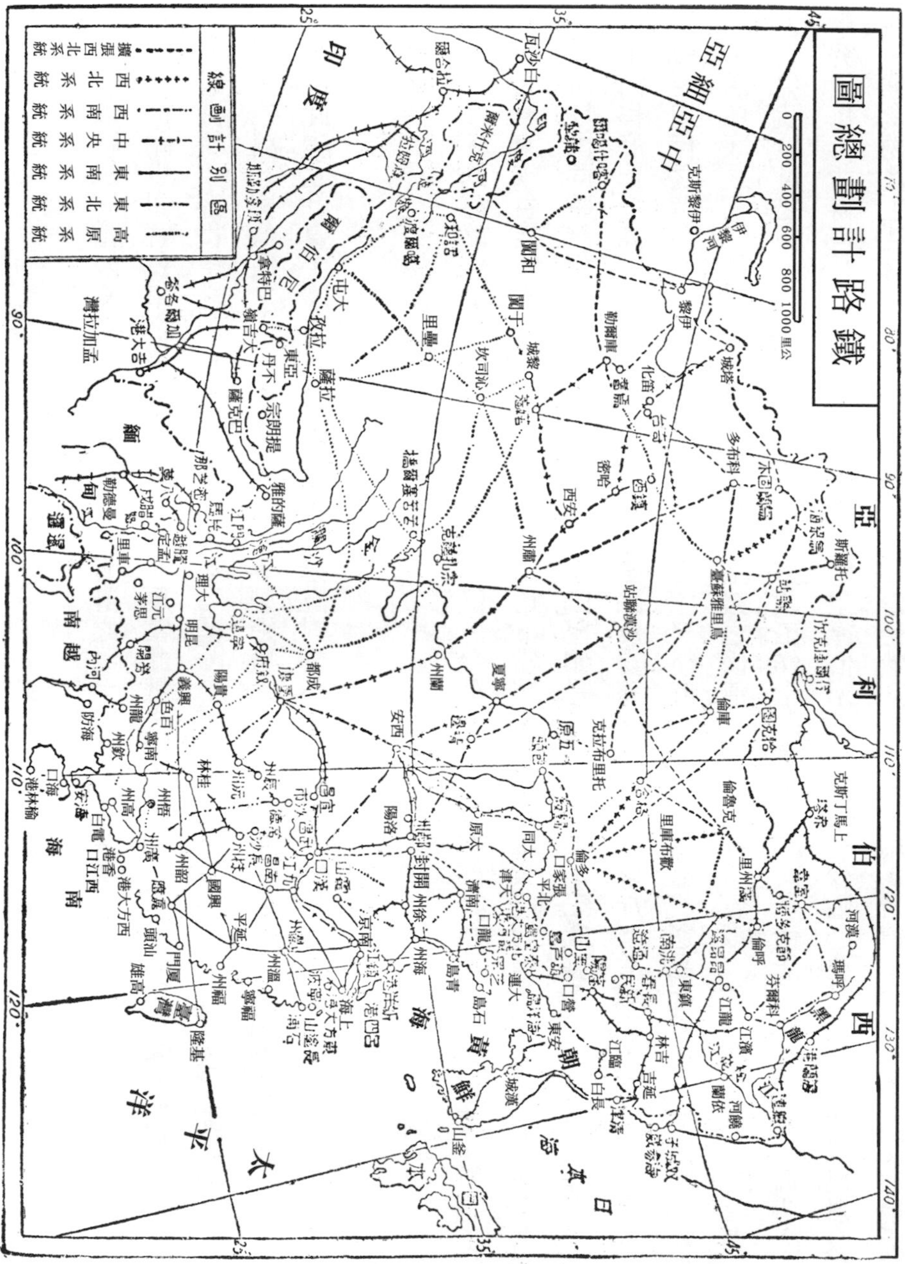
鐵路計劃總圖
西北系統
西南系統
中央系統
東南系統
東北系統
高原系統
擴張西北系統

中國平民所以有此悲慘境遇者，由於國內一切事業皆不發達，生產方法不良，工力失去甚多。凡此一切根本救治，為用外國資本及專門家發達工業以圖全民之福利，歐美二洲之工業發達，早於中國百年，今欲於甚短時期內追及之，須用其資本，用其機器；若外國資本不可得，至少亦須用其專門家、發明家，以為吾國製造機器，無論如何，必須用機器以輔助中國巨大之人工，以發達中國無限之富源也。

據近世文明言，生活之物質原件，共有五種，即食、衣、住、行及印刷是也。吾故定此種計畫如下：

㈠糧食工業，
㈡衣服工業，
㈢居室工業，
㈣行動工業，
㈤印刷工業。

第一部　糧食工業

糧食工業又分類如下：

甲　食物之生產，
乙　食物之貯藏及運輸，
丙　食物之製造及保存，

丁　食物之分配及輸出。

甲　食物之生產

人類食物，得自三種來源，即陸地，海水，空氣三者。其中最重要最多量者為空氣食物，譬如氧氣為此中有力元素；惟自然界本具此甚多，除飛行家及潛艇乘員間時須特備外，不須人工以為生產，故此種食物人人可自由得之，於此不須詳論。吾前此論捕魚海港之建設，及捕魚船舶之構造，已涉及海水食物，故於此亦不更述。惟陸地食物生產之事，須國際扶助者，此下論之。

中國為農業國，其人數過半皆為食物生產之工作，中國農人，頗長於深耕農業，能使土地生產至最多量。雖然，人口甚密之區，依諸種原因，仍有可耕之地留為荒廢，或則缺水，或則水多，或則因地主投機，求得高租善價，故不肯放出也。

中國十八省之土地，現乃無以養四萬萬人，如將廢地耕種，且將已耕之地依近世機器及科學方法改良，則此同面積之土地，可使其出產更多，故儘有發達之餘地。惟須有自由農業法以保護，獎勵農民，使其獲得己力之結果。

就國際發展食物生產計畫言之，須為同時有利益之下列二事：

㈠測量農地，

㈡設立工場製造農器。

㈠測量農地

中國土地，向未經科學測量製圖，土地管理徵稅，皆混亂不清，貧家之鄉人及農夫皆受其害；故無論如何，農地測量，為政府應盡之第一種義務。然因公款及專門家缺乏之故，此事亦須有外力扶助，故吾以為是當以國際機關行之；由此機關募集公債以供給其費用，僱用專門家及諸種設備以實行其工事。測量費用幾何，所需時間幾何，機關之大小如何，以飛行機測量亦適用於工事否，是須專門家決定之。

地質探驗，當與地圖測量並行，以省費用，測量工事既畢，各省荒廢未耕之地，或宜種植，或宜放牧，或宜造林，或宜開礦，由是可估得其價值，以備使用者租佃，為最合宜之生產。耕地既增加之租稅，及荒地新增之租稅，將足以償還外債之本息，除十八省外，滿洲、蒙古、新疆有農地牧地極廣，西藏、青海有牧地極廣，可依移民計畫如吾第一計畫所述者，以廣耕作法開發之。

㈡設立工場製造農器

欲開放廢地，改良農地，以閒力歸於農事，則農器之需要必甚多。中國工價甚廉，煤鐵亦富，故須自製造一切農器，不必由外國輸入。此須資本甚多；此工場直設於煤鐵礦所在之鄰地，即工力及物料易得之所。

乙　食物之貯藏及運輸

此所言當貯藏及運輸之重要食物，即穀類。現在中國貯藏穀類之方法不良，若所藏之量過多，每不免為蟲類所蛀損，氣候所傷害，故其量甚少，且須非常注意，乃能於一定時期內保存之。又穀類之運輸，大半皆以人力，故費用甚巨，及穀類已達水道，則船舶往來，運輸漫無定制。若將穀類貯藏及運輸方法改良，必省費不少。吾意當由國際開發機關於全國內設穀類運轉器，且沿河設特別運船。此事所需資本幾何，且穀類運轉器當設於何處，應由專門家調查之。

丙　食物之製造及保存

前此中國之食物製造，全賴手工，而以少數單簡器具助之；至於食物保存，則以食鹽或日光製之，至機器及罐頭方法，為前此所不知。吾意揚子江及南部中國諸大城鎮以米為主食者，當設許多磨米機房，揚子江以北以小麥、燕麥及米以外之他穀類為主食者，其諸大城鎮當設許多磨麥機房，此種機房，當由中央一處管理，以得最省費之結果。是所需資本幾何，當俟詳細調查。

食物果類、肉類、魚類之保存，或用錫鐵罐，或用冰冷注。若錫鐵罐工業發達，則錫鐵片之需要必大增，故錫鐵片工場之建設為必要，且有利益。此種工場當設於鐵礦之近處，中國南部有許多地方，皆發見有錫、鐵、煤三種，如欲建築工場，材料最為完備。錫鐵片工場及罐頭工場當合同經營，以得最良之節省結果。

丁　食物之分配及輸出

在尋常豐年，中國向不缺乏食物，故中國有常言云：「一年耕，則足三年之食。」國內較富部分之人民，大概有三四年食物之積儲以對付荒年。若中國既發達，有生計組織，則當預備一年之食物以為地方人民之用，其餘運至工業中樞。食物之分配及運出，亦由中央機關管理，與其貯藏及運輸無異。每一縣餘出之穀類，送至近城貯藏，每一城鎮須有一年食物之貯積，經理部當按人數依實價售主要食物於其民；更有所餘，乃以售之於外國需此宗食物且可得最高價者，以隸中央經理部之輸出部司之，於是乃不如前此禁止輸出法之下，食物多所廢壞。輸出所得巨資，以之償還外債本息，固有餘也。

於敘論食物工業之部，不能不特論茶葉及黃豆二種工業，以畢所說。茶為文明國所既知已用之一種飲料，科學家及食物管理部今復公認黃豆為一種需要食料。就茶言之，是為最合衛生，最優美之人類飲料，中國實產出之，其種植及製造，為中國最重要工業之一，前此中國曾為以茶葉供給全世界之唯一國家，今則中國茶葉商業已為印度、日本所奪，惟中國茶葉之品質，仍非其他各國所能及，印度茶含有丹寧酸太多，日本茶無中國茶所具之香味。最良之茶，惟可自產茶之母國（即中國）得之。中國所以失去茶葉商業者，因其生產費過高；生產費過高之故，又在釐金及出口稅，又在種植及製造方法太舊；若除釐金及出口稅，採用新法，則中國之茶葉商業，仍易復舊。在國際發展計畫中，吾意當於產茶區域，設立製造茶葉之新式工場，以機器代手工，而生產費可大減，品質亦可改良。世界對於茶葉之需要日增，美國又方禁酒，倘能以更廉更良之茶葉供給之，是誠有利益之一種計畫也。

以黃豆代肉類，是中國人之所發明。中國人、日本人用為主要食料，既歷數千年，現今食肉諸國，大患肉類缺乏，是必須有解決方法。故吾意國際發展計畫中，當以黃豆所製之肉乳油酪輸入歐美，於諸國大城市設立黃豆製品工場，以較廉之蛋白質食料，供給西方人民。又於中國設立新式工場，以代手工生產之古法，而其結果可使價值較廉，出品亦較佳矣。

第二部　衣服工業

衣服之主要原料為絲、麻、棉、羊毛、獸皮五種，今分論如下：

甲　絲工業，
乙　麻工業，
丙　棉工業，
丁　毛工業，
戊　皮工業，
己　製衣機器工業。

甲　絲工業

蠶絲為中國所發明，西曆紀元前數千年已用為製衣原料，為中國重要工業之一，直至近日，中國為以蠶絲供給全世界之唯一國家。惟現今日本、意大利、法蘭西諸國，已起而與中國爭此商業，因此諸國已應用科學方法於養蠶製絲之事，而中國固守數千年以來之同樣舊法也。世界對於蠶絲之需要既逐日增加，則養蠶，製絲之改良，將為甚有利益之事。吾意國際發展計畫，應於每一養蠶之縣，設立科學局所，指導農民，以無病蠶子供給之。此等局所，當受中央機關監督，同時司買收蠶繭之事，使農民可得善價；次乃於適宜地方設繅絲所，採用新式機器以備國內國外之消費；最後乃設製綢工場，以應國內國外之需求。繅絲及製絲工場，皆同受一國家機關之監督，借用外資，受專門家之指揮，而其結果可使該物價廉省，品物亦較良較賤矣。

乙　麻工業

是亦為中國之古工業。惟中國所產苧麻，與歐美所產之亞麻異，若以新法及機器製之，其細滑與蠶絲無異；然中國至今尚無以新法及機器製麻者，有名之中國麻布，皆依舊法及手工織造。中國南部之麻原料甚富，人工亦廉，故於此區域，宜設立許多新式工場也。

丙　棉工業

棉花本外國產物，其輸入中國，在數百年前，在手工紡織時代，是為中國一種甚重要之工業。然自外國棉貨輸入中國之後，此種本國手工業殆漸歸滅絕；於是以許多棉花輸出，以許多棉貨輸入。試思中國工力既多且廉，乃不能產出棉貨，豈非大可怪之事。近今乃有少數紡紗、織布廠，設於通商諸埠，獲利極巨。或謂：「最近二三年內，上海紡織廠分紅百分之百至百之二百。」皆因中國對於棉貨之需要，遠過於供給，故中國須設紡織廠甚多。吾意國際發展計畫，當於產棉區域設諸大紡織廠，而由國立中央機關監督之，於是最良節省之結果可得，而可以較廉之棉貨供給人民也。

丁　毛工業

中國西北部占全國面積三分之二，用為牧地，而羊毛工業則從未見發達，每年由中國輸出羊毛甚多，製為毛貨，又復輸入中國。自羊毛商業輸出輸入觀之，可知發達羊毛工業，為在中國甚有利之事。吾意當以科學方法養羊、剪毛，以改良其製品，增加其數量。於中國西北全部設立工場以製造一切羊毛貨物，原料及工價甚廉，市場復大至無限。此工業之發達，須有外國資本及專門家，是為國際發展計畫中最有報酬者，因是屬一種新工業，無其他私人競爭也。

戊　皮工業

通商諸埠雖有少數製皮工場，是實為中國之新工業。生皮之輸出，熟皮之輸入，每年皆有增加，故設立製皮工場及設立製造皮貨及靴、鞋類工場，甚為有利益之事。

己　製衣機器工業

中國需要各種製衣機器甚多，或謂：中國在歐美所定購紡織機器，須此後三年內乃能交清。若依予計畫發展中國，則所需機器，當較多於現在數倍，歐美且不足供給之，故設立製造製衣機器場為必要，且有利之事。此種工場，當設於附近鋼鐵工場之處，以省粗重原料運輸之費。此事所需資本幾何，當由專門家決定之。

第三部　居室工業

中國四萬萬人中，貧者仍居茅屋陋室，北方有居土穴者；而中國上等社會之居室，乃有類於廟宇。除通商口岸有少數居室依西式外，中國一切居室，皆可謂為廟宇式。中國人建築居室，所以為死者計，過於為生者計；屋主先謀祖先神龕之所，是以安置於居室中央，其他一切部分皆不及。於是重要居室非以圖安適，而以合於所謂紅白事，紅事者，即家庭中任何人嫁娶，及其他喜慶之事，白事者，即喪葬之事。除祖先神龕之外，尚須安設許多家神之龕位。凡此一切神事，皆較人事為更重要，須先謀及之。故舊中國之居室，殆無一為人類之安適及方便計者。今於國際發展計畫中，為居室工業計畫，必須謀及全中國之居室，或謂為四萬萬人建屋，乃不可能。吾亦認此事過巨，但中國若棄其最近三千年愚蒙之古說，及無用之習慣而適用近世文明，如予國際發展計畫之所引導，則改建一切居室，以合於近世安適方便之式，乃勢所必至，或因社會進化於無意識中達到，或因人工建設於有意識中達到。西方民族達到近世文明，殆全由於無意識的進步，因社會經濟科學，乃最近發明也；但一切人類進步，皆多少以智識（即科學計畫）為基礎。依吾所定國際發展計畫，則中國一切居室，將於五十年內依近世安適方便新式改造，是予所能預言者。以預定科學計畫建築中國一切居室，必較之毫無計畫者更佳更廉，若同時建築居室千間，必較之建築一間者價廉十倍。建築愈多，價值愈廉，是為生計學定律。生計學唯一之危險，為生產過多，一切大規模之生產，皆受此種阻礙。自歐美工業化以來，世界之大戰前，所有財政恐慌，皆生產過多之所致。就中國之居室工業論，僱主乃有四萬萬人，未來五十年中，至少需新居室者有五千萬人，每年造屋一百萬間，乃普通所需要也。

居室為文明一因子，人類由是所得之快樂，較之衣食更多；人類之工業過半數，皆以應居室需要者。故居室工業，為國際計畫中之最大企業，且為其最有利益之一部分。吾所定發展居室計畫，乃為群眾預備廉價居室，通商諸埠所築之屋，今需萬元者，可以千元以下得之；建屋者且有利益可獲。為是之故，當謀建築材料之生產運輸分配，建屋既畢，尚須謀屋中之家具裝置，是皆包括於居室工業之內。今定其分類如下：

甲　建築材料之生產及運輸，

乙　居室之建築，

丙　家具之製造，

丁　家用物之供給。

甲　建築材料之生產及運輸

建築材料為磚、瓦、木材、鐵架、石、士敏土、三合土等，其每一種皆須製造，或與其他原料分離，如製造磚瓦則須建窯，木材須建鋸木工場，鐵架須建製鐵工場，此外須設石工場，士敏土工場，三合土工場等。須擇適宜之地，材料與市場相近者為之；且一切須在中央機關監督之下，使材料之製出與需要成比例。材料既製成，則水路用舟，陸路用車，以運至需要之地，務設法減省一切用費。造船部、造車部於此則造特別之舟、車以應之。

乙　居室之建築

此項建築事業，包括一切公私屋宇。公眾建築，以公款為之，以應公有，無利可圖，由政府設專部以司其事。其私人居室，為國際發展計畫所建築者，乃以低廉居室供給人民，而司建築者仍須有利可獲。此類居室之建築，須依一定模範。在城市中所建屋，分為二類：一為一家之居室，一為多家同居室，前者分為八房間、十房間、十二房間諸種，後者分為十家、百家、千家、同居者諸種，每家有四房間至六房間。村鄉中之居室，依人民之營業而異，為農民所居者，當附屬穀倉、乳房之類。一切居室設計，皆務使居人得其安適，故須設特別建築部以考察人民習慣，營業需要，隨處加以改良。建造工事，務須以節省人力之機器為之；於是工事可加速，費用可節省也。

丙　家具之製造

中國所有居屋，既須改造，則一切家具，亦須改用新式者，以圖國人之安適，而應其需要。食堂、書室、客廳、臥室、廚房、浴室、便所，所用家具，皆須製造。每種皆以特別工場製造之，立於國際發展機關管理之下。

丁　家用物之供給

家用物為水、光、燃料、電話等：㈠除通商口岸之外，中國諸城市中，無自來水，即通商口岸亦多不具此者。許多大城市所食水為河水，而污水皆流至河中，故中國大城市中，所食水皆不合衛生。今須於一切大城市中設供給自來水之工場，以應急需。㈡於中國一切大城市供給燈光，設立製造機器發光工場。㈢設立電工場、煤汽工場、蒸氣工場，以供給煖熱。㈣廚用燃料，在中國為日用者，最貧鄉村之人，每費年工十分之一以採集柴薪。城市之人，買柴薪之費，占其生活費十分之二。故柴薪問題，為國民最大耗費。今當使鄉村中以煤炭代木草，城市用煤汽或電力，然欲用煤炭、煤汽、電力等，皆須有特別設備，即由國際發展機關設製造煤汽、電力火爐諸工場。㈤無論城鄉各家，皆宜有電話。故當於中國設立製造電話器具工場，以使其價甚廉。

第四部　行動工業

中國人為凝滯民族，自古以來，安居於家，僅煩慮近事者，多為人所贊稱。與孔子同時之老子有言曰：「鄰國相望，雞犬之聲相聞，民至老死不相往來。」中國人民每述此為黃金時代。惟據近世文明，此種狀態已全變，人生時期內，行動最多，每人之有行動，故文明得以進步。中國欲得近時文明，必須行動，個人之行動，為國民之重要部分，每人必須隨時隨地行動，甚易甚速。惟中國現在尚無法使個人行動容易，因古時大道既已廢毀，內地尚不識自動車（即摩托卡）為何物；自動車為近時所發明，乃急速行動所必要，吾儕欲行動敏捷，作工較多，必須以自動車為行具。但欲用自動車，必先建造大路。吾於國際發展計畫，提前一部已提議造大路一百萬英里。是須按每縣人口之比率，以定造路之里數，中國本部十八省約有縣二千，若中國全國設縣制，將共有四千縣，每縣平均造路二百五十英里。惟縣內人民多少不同，若以大路一百萬英里除四萬萬人數，則四百人乃得大路一英里，以四百人造一英里之大路，決非難事。若用予計畫以造路，為允許地方自治條件，則一百萬英里之大路，將於至短時期內造成矣。

中國人民既決定建造大路，國際發展機關，即可設立製造自動車之工場；最初用小規模，後乃逐漸擴張，以供給四萬萬人之需要。所造之車，當合於各種用途，為農用車、工用車、商用車、旅行用車、運輸用車等，此一切車以大規模製造，實可較今更廉，欲用者皆可得之。

除供給廉價車之外，尚須供給廉價燃料，否則人民不能用之。故於發展自動車工業之後，即須開發中國所有之煤油礦，是當於礦工業中詳論之。

第五部　印刷工業

此項工業為以智識供給人民，是為近世社會一種需要，人類非此無由進步。一切人類大事，皆以印刷紀述之，一切人類智識，皆以印刷蓄積之，故此為文明一大因子。世界諸民族文明之進步，每以其每年出版物之多少衡量之。中國民族雖為發明印刷術者，而印刷之工業發達，反甚遲緩。吾所定國際發展計畫，亦須兼及印刷工業，若中國依予實業計畫發達，則四萬萬人所需印刷物必甚多，須於一切大城鄉中設立大印刷所，印刷一切自報紙以至百科全書。各國所出新書，以中文繙譯，廉價售出，以應中國公眾之所需。一切書市，由一公設機關管理，結果乃廉。

欲印刷事業低廉，尚須同時設立其他輔助工業，其最重要者為紙工業。現今中國報紙所用紙張，皆自外國輸入。中國所有製紙原料不少，如西北部之天然森林，揚子江附近之蘆葦，皆可製為最良之紙料，除紙工場之外，如墨膠工場，印模工場，印刷機工場等，皆須次第設立，歸中央管理，產出印刷工業所需諸物。

第六計畫

礦業與農業，為工業上供給原料之主要源泉也。礦業產原料以供機器，猶農業產食物以供人類。故機器者，實為近代工業之樹，而礦業者，又為工業之根；如無礦業，則機器無從成立；如無機器，則近代工業之足以轉移人類經濟之狀況者，亦無從發達。總而言之，礦業者，為物質文明與經濟進步之極大主因也。在吾第一計畫之第五部中，曾倡議開採直隸、山西兩省之煤鐵礦田，為發展北方大港之補助計畫，但礦業為近代之重要事業，有不可不另設專部以研究之者。中國礦業尚屬幼稚，惟經營之權，素歸國有，幾成習慣。此所以發展中國實業，當由政府總其成，庶足稱為有生氣之經濟政策。彼通常人對於礦業多以為危險事業，並謂借用外資以為開採者，亦非得計，其所見或未到也。故在此礦業計畫中，擇其決為有利者，先行舉辦，茲分別列於左之各種：

㈠鐵礦，
㈡煤礦，
㈢油礦，
㈣銅礦，
㈤特種礦之採取，
㈥礦業機器之製造，
㈦冶礦機廠之設立。

第一部　鐵礦

在近代工業中，稱為最重要之原質者，是為鋼鐵。鋼鐵產生於各地者，多見豐富，且易開採。故為國家謀公共利益計，開採鐵礦之權，當屬之國有。中國除直隸、山西兩省經擬開採之鐵礦外，其餘各地鐵礦亦須次第開採。中國內地沿揚子江一帶與西北各省皆以鐵礦豐富見稱；新疆、蒙古、青海、西藏各地亦以鐵礦著名。所可惜者，中國經營鋼鐵事業，現只有漢陽鐵廠，與南滿洲之本溪湖鐵廠，其資本又多為日本人所佔有，雖云近來獲利甚厚，亦不免有利權外溢之嘆矣。廣州將開為南方大港，應設立一鐵廠。其他如四川、雲南等地方之鐵礦，亦可次第開採，而後多設鋼鐵工廠，於各處內地，使之便利經營鋼鐵事業者之需要。至增設之鐵廠，應用資本若干，可留為有經驗者另行察奪。但以吾之見，因發展中國實業之結果，需鐵孔亟，即以相等或加倍於直隸、山西鐵廠所用之資本經營之，亦不為多也。

第二部　煤礦

中國煤礦素稱豐富，而煤田之開掘者，不過僅採及皮毛而已。北美合眾國，每年所採取之煤，約六萬萬噸；如中國能用同一方法採取之，並依其人口之比例以為衡，則產出之煤，應四倍於美國，此當為中國將來煤礦之產額，而國際發展實業機關宜注意經營者也。夫煤礦之產於中國，各地既多所發見，而其產額亦可以預定，故開採者，不特無失敗之虞，而利益之厚，可斷言者。但煤為文明民族之必需品，為近代工業之主要物，故其採取之目的，不徒純為利益計，而在供給人類之用。由此言之，開採煤礦之辦法，除攤派借用外資之利息外，其次當為礦工增加工資，又其次當使煤價低落，便利人民，而後各種工業易於發展也。吾以為當煤礦開採之始，除為鋼鐵工廠使用外，開始計畫當以產出二萬萬噸，備為他項事業之用。沿海岸河岸各礦，交通既便，宜先開採，內地次之。況歐洲各國現思取煤於中國，故吾所定煤之產額，雖當開採之始，亦無過多之慮。待至數年後，當中國工業愈加發達，需煤之數必漸增多，可無疑者。至開採需用之資本若干，與何處礦田應先開採，須留以待專門家用科學之眼光考察之。除煤礦以外，其他一切因煤而產出之工業，可用同一方法經理之。此之新工業，既無人與之競爭，且在中國又有無限之市場，故資本之投放，其利益之大可斷言者。

第三部　油礦

世界中營業公司之最富者，以紐約三達煤油公司為著；世界中人之最富者，以該公司之創建者樂極非路為最著，於此可以證明開採煤油礦為最有利益之事業。中國亦以富於煤油出產國見稱也，四川、甘肅、新疆、陝西等省，已發見有油源，雖其分量之多寡，尚未能確實調查，而中國有此種礦產，不能開採以為自用，以至由外國入口之煤油、汽油等，年年增加，未免可惜。如待至中國將來汽車盛行之時，汽油之需用，或增至千倍，當此歐美各國，煤油正在日漸減縮，由外國輸入之煤油、汽油，斷不足以供中國之需要，此所以在中國以開採油礦為必要之圖也。此種事業須由國際發展實業機關為政府經營之，但當經營之始，規模亦當遠大。如煤油區域、稠密民居、工業中心以及河岸、海港等地方，皆宜用油管辦法，互相聯絡，以使其輸送與分配於各地者，更為便利。如此之籌畫，須用資本若干，方能開辦，可留為對於此事業有經驗者察奪之。

第四部　銅礦

中國銅礦亦如鐵礦之豐富，經已發見者，已有多處。至其礦產之分量，在未開以前，均可預計，故辦理可無危險。但開採之權，須依中國慣例，屬之國有，而後由國際發展實業機關投資代為經營。四川、雲南與揚子江一帶，皆中國銅產最盛之區，由政府開採之銅礦，在於雲南北角之昭通者，經已數世紀之久矣。中國向來通用之錢幣，幾乎全賴雲南銅礦以製造之，現今錢幣需用之銅，仍稱大宗。但因雲南之銅，輸運艱難，價格過高，故多購自外國，非中國缺此種金屬，是中國對於此種金屬之採取未能發達故也。況銅之為物，除用作錢幣外，需用為他種目的者尚多。當中國將來之工業發達，用銅之途必增至百倍，故此種金屬，即在中國市場，將必成為需要之大宗。此吾之所以為開採銅礦，不可不適用近代機器而冀其有大宗之出產也。此之事業，應投資若干以為之經營，可留為專門家察奪之。

第五部　特種礦之採取

國際發展實業機關對於各色特種之礦，有可以經營之者，如雲南箇舊之錫礦、黑龍江之漠河金礦、新疆之和闐玉礦，皆用人力採取，經已數世紀之久矣。此種之礦產，皆以豐厚見稱，現已開採者，不過是礦中之上層，其餘大部分，因無法排除泉水，尚多埋藏地中。但向來對於此等特種礦產，有為人民採取者，有為政府採取者，如能行用近代機器，並由政府經營，是為最經濟之辦法也。其他多有已棄置之礦產，如此類者，須通行考察，如以為實有利益，即須依國際發展計畫，再行開採。至於將來一切礦業，除既為政府經營外，應准租與私人立約辦理，當期限既滿，並知為確有利益者，政府有收回辦理之權。如此辦法，一切有利益之礦，可以從漸收為社會公有，而通國人民亦可以均沾其利益矣。

第六部　礦業機械之製造

各種金屬之埋藏於獨一地域者，不過一小部分，而散產於各地者，廣狹亦各有不同，故對於各種礦業之經營，有為政府不能自辦，當留為私人辦之。譬如農業，私人經營者利益常豐，礦業亦如是也。如欲望礦務之發展，國家必須採用寬大之礦律，政府所雇用之專門技師，應自由予以指導與報告，公司銀行應予以經濟之幫助，此國際發展機關對於普通礦業，只當為之製造各種礦業器具與機械，以供給業礦者之使用。至此器具與機械之出售者，無論其為現金，或為賒借，必須定以最低廉之價，而後能使之偏為分配於中國之多餘工人，礦業自日臻發達。礦業既日臻發達，器具與機械之需要必日多，若依此辦理，即製造礦業器具機械之利益，已無可限量矣。但此等工廠，在開始時期，只宜從小經營，待至礦業日臻發達，而後從漸推廣。故吾以為此種之第一工廠，須設立於廣州，蓋因廣州為西南礦區之口岸，獲取原料，延請技師，亦較他處為便易也。至其他之工廠，應設立於漢口與北方大港各地。

第七部　冶礦機廠之設立

各種金屬之冶鑄機廠，應偏設於各礦區，使之便於各種金屬之化鍊。此等冶鑄機廠，應仿合作制度組織之。當其始也，生礦之收集，價格必廉，迨後金屬之出售，無論其在中國或外國市場，而此種冶鑄工夫，可以分享其一分之利益，用以抵償各種費用利息與冗費。其他之剩餘利益，應按各種工人之工資並各資本家所供給於鑄鑪之生礦之多寡比例分配之。如此辦法，對於私人之經營礦業者，既可以資鼓勵，而工業之基礎，亦可因之以成立。但機廠之設立，須依各區之需要，由專門家以定其規模之大小，而設中央機關以管理之。

結論

世界有三大問題，即國際戰爭，商業戰爭，與階級戰爭是也。在此國際發展實業計畫中，吾敢為此世界三大問題而貢一實行之解決。即如後達爾文而起之哲學家所發明人類進化之主動力，在於互助，不在於競爭，如其他之動物者焉，故鬪爭之性，乃動物性根之遺傳於人類者，此種獸性，當以早除之為妙也。

國際戰爭者無他，純然一簡直有組織之大強盜行為耳。故對於此種強盜行為，凡有心人，莫不深疾痛恨之。當美國之參加歐戰也，遂變歐戰而為世界之大戰爭，美國人民，舉國一致，皆欲以此戰而終結將來之戰，為一勞永逸之計焉；世界愛和平之民族之希望，莫不為之興起，而中國人民為尤甚，一時幾咸信大同之世至矣。惜乎美國在戰場上所獲之大勝利，竟被議席間之失敗而完全推翻之，遂至世界再回復歐戰以前之狀況為土地而爭，為食物而爭，為原料而爭，將再出見。因此之故，前之提倡弭兵者，今則聯軍列強，又增加海軍以預備再次之戰爭。中國為世界最多人口之國，將來當為戰爭賠償之代價也。十餘年前，列強曾倡瓜分中國，俄羅斯帝國且實行殖民滿洲，後因激動日本之義憤，與俄戰爭，得以救中國之亡。今則日本之軍國政策，又欲以獨立并吞中國，如中國不能脫離列強包圍，即不為列國瓜分，亦為一國兼并。今日世界之潮流，似有轉機矣。中國人經受數世紀之壓迫，現已醒覺，將起而隨世界之進步，現已在行程中矣。其將為戰爭而結合乎？抑為和平而結合乎？如前者之說，是吾中國軍國主義者與反動者之主張，行將以日本化中國。如其然也，待時之至，拳匪之變，或將再見於文明世界。但中華民國之創造者，其目的本為和平，故吾敢證言曰：為和平而利用吾筆作此計畫，其效力當比吾利用兵器以推倒滿清為更大也。

吾現所著之實業計畫，經已登載各報各雜誌流傳於中國者，不止一次，幾於無處無人不歡迎之，並未聞有發言不贊成之者。但彼等所慮者，謂吾所提議之計畫過於偉大，難得如此一大宗巨款，以實行之耳。所幸者，當吾計畫弁首之部寄到各國政府與歐洲和會之後，巴黎遂有新銀行團之成立，思欲協助中國發展天然物產，聞此舉之發起人出自美國政府，故吾等即當開辦之始，亦不患資本之無著也。

在列強之行動，如係真實協力為共同之利益計，而彼之主張軍國主義者，欲為物質向中國而戰爭者，自無所施其伎倆，此無他，蓋為互助而獲之利益，當比因競爭而獲之利益，更為豐厚也。彼日本之武力派，尚以戰爭為民族進取之利器，彼參謀本部，當時計畫十年作一戰爭，一八九四年，以一最短期之中日戰爭，獲最豐之報酬，於是因之而長其欲；一九〇四年日俄之役，獲大勝利，所得利益亦非輕小；最後以一九一四年之大戰爭，復加入聯軍以拒德國，而日本以出力最微，費財至少，竟獲一領土大如未戰前之羅馬尼亞，人口眾如法國之山東。由此觀之，在近三十年間，日本於每一戰爭之結局，即獲最厚之報酬，無怪乎日本之軍閥，以戰爭為最有利益之事業也。

試以此次歐戰最後之結果證之，適得其反。野心之德國，幾盡喪其資本與利益，與其他難於計算之物；法國雖以戰勝稱，實亦無所得。今中國已醒覺，日本即欲實行其侵略政策，中國人亦必出而拒絕之，即不幸中國為日本所占領，不論何時何處，亦斷非日本所能統治有利。故以吾之見，日本之財政家，當比日本之軍閥派較有先見之明，此可以滿洲、蒙古範圍地之爭持證之，以財政家得最後之勝利，如是日本即捨棄其壟斷蒙古之政策，而與列強相合成立新銀團。若此新銀團能實行其現所提倡之主義，吾中國人素欲以和平改造中國者，必當誠意歡迎之。故為萬國互助者當能實現，為個人或一民族之私利者，自當消滅於無形矣。

商業戰爭，亦戰爭之一種，是資本家與資本家之戰爭也。此種戰爭，無民族之區分，無國界之制限，常不顧人道，互相戰鬬，而其戰鬬之方法即減價傾軋，致弱者倒敗，而強者則隨而壟斷市場，占領銷路，直至達其能力所及之期限而止。故商業戰爭之結果，其損失，其殘酷，亦不亞於鐵血競爭之以強力壓迫也。此種之戰爭，自採用機器生產之後，已日見劇烈，彼斯密亞當派之經濟學者，謂競爭為最有利益之主因，為有生氣之經濟組織；而近代之經濟學者，則謂其為浪費，為損害之經濟組織。然所可確證者，近代經濟之趨勢，適造成相反之方向，即以經濟集中，代自由競爭是也。美國自有大公司出現，即有限制大公司法律，而民意亦以設法限制為然。蓋大公司能節省浪費，能產出最廉價品物，非私人所能及，不論何時何地，當有大公司成立，即將其他小製造業掃除淨盡，而以廉價物品供給社會，此固為社會之便利。但所不幸者，大公司多屬私有，其目的在多獲利益，待至一切小製造業皆為其所壓倒之後，因無競爭，而後將各物之價值增高。社會上實受無形之壓迫也。大公司之出現，係經濟進化之結果，非人力所能屈服，如欲救其弊，祇有將一切大公司組織歸諸通國人民公有之一法。故在吾之國際發展實業計畫，擬將一概工業組成一極大公司，歸諸中國人民公有，但須得國際資本家為其經濟利益之協助。若依此辦法，商業戰爭之在於世界市場中者，自可消滅於無形矣。

階級戰爭，即工人與資本家之戰爭也。此種之戰爭，現已發見於各工業國家者，極形劇烈。在工人則自以為得最後之勝利，在資本家則決意以為最苦之壓迫，故此種之戰爭，何時可以終局，如何可以解決，無人敢預言之者。中國因工業進步之遲緩，故就形式上觀之，尚未流入階級戰爭之中。吾國之所謂工人者，通稱為苦力，而其生活祗以手為飯盌，不論何資本家，若能成一小工店予他等以工作者，將必歡迎之。況資本家之在中國，寥若晨星，亦僅見於通商口岸耳。

發展中國工業，不論如何，必須進行，但其進行之方，將隨西方文明之舊路徑而行乎？然此之舊路徑，不啻如哥倫布初由歐至美之海程，考其時之海程，由歐洲起，向西南方，經加拿利島至巴哈馬群島之聖沙路華打，遶程極遠，與現行之航線取一直捷方向，路程短於前時數倍者，不可同日而語矣。彼西方文明之路徑，是一未闢之路徑，即不啻如哥倫布初往美國之海程，猶人行黑夜之景況。中國如一後至之人，可依西方已闢之路徑而行之，此所以吾等從大西洋向西而行，皆預知其彼岸為美洲新大陸，而非印度矣。經濟界之趨勢，亦如是也。夫物質文明之標的，非私人之利益，乃公共之利益，而其最直捷之途徑，不在競爭，而在互助。故在吾之國際發展計畫中，提議以工業發展所生之利益，其一須攤還借用外資之利息，二為增加工人之工資，三為改良與推廣機器之生產。除此數種外，其餘利益，須留存以為節省各種物品及公用事業之價值，如此人民將一律享受近代文明之樂矣。前之六大計畫，為吾欲建設新中國之總計畫之一部分耳。簡括言之，此乃吾之意見，蓋欲使外國之資本主義，以造成中國之社會主義，而調和此兩種人類進化之經濟能力，使之互相為用，以促進將來世界之文明也。

社會建設

自序

中華民族，世界之至大者也，亦世界之至優者也。中華土地，世界之至廣者也，亦世界之至富者也。然而以此至大至優之民族，據此至廣至富之土地，會此世運進化之時，人文發達之際，猶未能先我東鄰而改造一富強之國家者，其故何也？民力不凝結也。

中國四萬萬之眾，等於一盤散沙，此豈天生而然耶？實異族之專制有以致之也！在滿清之世，集會有禁，文字成獄，偶語棄市，是人民之集會自由，出版自由，思想自由，皆已削奪淨盡，至二百六十餘年之久，種族不至滅絕，亦云幸矣！豈復能期其人心固結，群力發揚耶？

乃天不棄此優秀眾大之民族：其始也，得歐風美雨之吹沐；其繼也，得東鄰維新之喚起；其終也，得革命風潮之震蕩。遂一舉而推覆異族之專制，光復祖宗之故業；又能循世界進化之潮流，而創立中華民國。無如國體初建，民權未張，是野心家竟欲覆民政而復帝制；民國五年，已變為洪憲元年矣。所幸革命之元氣未消，新舊兩派皆爭相反對帝制自為者，而民國乃得中興。今後民國前途之安危若何，則全視民權之發達如何耳。

何為民國？美國總統林肯氏有言曰：「民之所有，民之所治，民之所享。」此之謂民國也。何謂民權？即近來瑞士國所行之制：民有選舉官吏之權，民有罷免官吏之權，民有創制法案之權，民有複決法案之權，此之謂四大民權也。必具有此四大民權，方得謂為純粹之民國也。革命黨之誓約曰：「恢復中華，創立民國。」蓋欲以此世界至大至優之民族，而造一世界至進步、至莊嚴、至富強、至安樂之國家，而為民所有，為民所治，為民所享者也。

今民國之名已定矣。名正則言順，言順則事成，而革命之功亦以之而畢矣。此後顧名思義，循名課實，以完成革命志士之志，而造成一純粹民國者，則國民之責也。蓋國民為一國之主，為統治權之所出，而實行其權者，則發端於選舉代議士，倘能按部就班，以漸而進，由幼稚而強壯，民權發達，則純粹之民國可指日而待也。

民權何由而發達？則從固結人心，糾合群力始；而欲固結人心，糾合群力，又非從集會不為功，是集會者，實為民權發達之第一步。然中國人受集會之厲禁，數百年於茲，合群之天性殆失，是以集會之原則，集會之條理，集會之習慣，集會之經驗，皆闕然無有。以一盤散沙之民眾，忽而登彼於民國主人之位，宜乎其手足無措，不知所從；所謂集會，則烏合而已。是中國之國民，今日實未能行民權之第一步也。

然則何為而可？吾知野心家必曰：非帝政不可；曲學者必曰：非專制不可。不知國猶人也；人之初生，不能一日而舉步；而國之初造，豈能一時而突飛？孩提之學步也，必有保母教之；今國民之學步，亦當如是。此「民權初步」一書之所由作，而以教國民行民權之第一步也。

自西學之東來也，玄妙如宗教、哲學，奧衍如天、算、理、化，資治如政治、經濟，實用如農、工、商、兵，博雅如歷史、文藝，無不各有專書；而獨於淺近需要之議學，則尚闕如，誠為吾國人群社會之一大缺憾也。夫議事之學，西人童而習之，至中學程度，則已成為第二之天性矣；所以西人合群團體之力，常超吾人之上也。

西國議學之書，不知其幾千百家也；而其流行常見者，亦不下百數十種；然皆陳陳相因，大同小異。此書所取材者，不過數種，而尤以沙德氏之書為最多，以其顯淺易明，便於初學，而適於吾國人也。此書條分縷析，應有盡有，已全括議學之妙用矣。自合議制度始於英國，而流布於歐美各國，以至於今，數百年來之經驗習慣，可於此書一朝而得之矣。

此書譬之兵家之操典，化學之公式，非流覽誦讀之書，乃習練演試之書也。若以流覽誦讀而治此書，則必味如嚼蠟，終無所得；若以習練演試而治此書，則將如噉蔗，漸入佳境，一旦貫通，則會議之妙用，可全然領略矣。

凡欲負國民之責任者，不可不習此書。凡欲固結吾國之人心，糾合吾國之民力者，不可不熟習此書，而徧傳之於國人，使成為一普通之常識。家族也，社會也，學校也，農團也，工黨也，商會也，公司也，國會也，省會也，縣會也，國務會議也，軍事會議也，皆當以此為法則。

此書為教吾國人行民權第一步之方法也。倘此書第一步能行，行之能穩，則逐步前進，民權之發達，必有登峰造極之一日。語曰：「行遠自邇，登高自卑。」吾國人既知民權為人類進化之極則，而民國為世界最高尚之國體，而定之以為制度矣，則行第一步之工夫，萬不可忽略也。苟人人熟習此書，則人心自結，民力自固；如是以我四萬萬眾優秀文明之民族，而握有世界最良美之土地，最博大之富源，若一心一德，以圖富強，吾決十年後，必能駕歐美而上之也，四萬萬同胞行哉勉之！

民國六年二月二十一日孫文序於上海

目錄

卷二　動議

六十節　停止討論動議之演明式
六十一節　停止動議與本題動議之別
六十二節　停止動議對於他動議之效力
六十三節　停止動議對於本題一部分之效力
六十四節　定時停止討論

第九章　表決

六十五節　表決方式
六十六節　舉手並起立
六十七節　採法宜定
六十八節　拍掌不宜用以表決
六十九節　兩面俱呈
七十節　表決疑問
七十一節　同數
七十二節　主座之特權
七十三節　主座有表決之權利
七十四節　點名表決
七十五節　投票表決
七十六節　由少數或多於大多數以取決

316

第十二章　修正案之方法

第十六章　延期動議

第十七章　付委動議

結論

附錄

建國方略之三　社會建設

民權初步

卷一　結會

第一章　臨時集會之組織法

一節　會議之定義　凡研究事理而為之解決，一人謂之獨思，二人謂之對話，三人以上而循有一定規則者，則謂之會議。無論其為國會立法，鄉黨修睦，學社講文，工商籌業，與夫一切臨時聚眾，徵求群策，糾合群力，以應付非常之事者，皆其類也。

二節　會議之規則　嘗見邦人之所謂會議者，不過聚眾於一堂，每乏組織，職責缺如，遇事隨便發言，彼此交談接語，全無秩序。如此之會議，吾國社會，殆成習慣；其於事體，容或有可達到目的之時，然誤會之端，衝突之事，在所不免；此直謂之為不正式、不完備、不規則之會議可也。有規則之會議，則異於是：其組織必有舉定之職員，以專責成；其行事必按一定之程序，有條不紊；如提議一案也，必先請於主座以討地位，得地位而後發言，既提之案，必當按次討論，而後依法表決；一言一動，秩序井然，雍容有度。如是乃能收集思廣益之功，使與會者亦得練習其經驗，加增其智能也。

三節　會議之種類　會議有三種：其一臨時集會，為應付特別事件而生者；其二委員會，乃受高級團體之命令而成，以審查所指定之事，而為之解決，或為之籌備者；其三永久社會，為有一定目的而設者。此三者之分別，則如一二兩種為暫時之會，其三為永久之會；又其一其三為獨立之團體，而委員會則為附屬之團體。至於組織之不同，則臨時集會必當有主座、書記，各專其責，而委員會之書記，雖有用之者，然非必要，而主座常可兼之。但永久社會之組織，略同於二者之外，更加以須有正式舉定之職員，及一切之章程規則，並有定期之會議，標揭之意志，規定之人數。

四節　召集之通式　凡有同聲相應同氣相求者，皆可召來會議，其法有以口傳，有用帖請，有登廣告於報上，有標長紅於通衢。其式如左：

敬啟者：茲值民國中興，宜張慶典。謹擇於十月二十五日，在新都成功大道民樂園開籌備會。凡我同志，屆期務乞光臨指示一切！此布。

發起人甲乙丙丁同啟

民國五年十月初十日

五節　開會之秩序　屆時群賢畢至，少長咸集。而丁君先將議堂預備妥當，設主座於堂上，堂前陳列一案，案前横列眾椅。到者隨意擇座，互道寒暄。少頃，發起人甲君敲案作聲，要眾注意，遂起而言曰：「諸君！開會之時間已至，請眾就秩序！」（外國習尚，臨開會時，衹高聲號曰「秩序！秩序！」眾則肅然就範矣。）俟眾就秩序之後，乃再曰：「請諸君指名若人為候選主座！」仍立俟眾人之指名。

六節　主座之選舉　有己君起而對甲君言曰：「我指名乙君當主座。」（己君對於甲君發言而不稱曰主座者，因彼尚未得為正式主座，不過權行其事耳，故不稱也。）己君既坐，庚君即起而言曰：「我附和之。」遂亦坐。甲君尚立待，乃曰：「乙君已被指名為候選主座，又得附和矣，尚有其他指名者否？」稍待，又曰「尚有言否？」仍立待。乃再曰：「如無別意，則樂舉乙君為吾人主座者，請曰『可』！」（眾人之贊成者，則答曰「可」。）「其反對者，請曰『否』！」（眾人之反對者，則答曰「否」。）若「可」者多於「否」，甲君當宣布曰：「選舉主座之案，已得通過：乙君當選為本會之主座。」遂坐。

倘答「否」者多於「可」，則其案為否決，而甲君當再請眾指名以備選；會中當照前法指名其他之人。

七節　被指名者多人　倘有於乙君之外另有指名他人當主座者，當起而言曰：「我指名戊君。」又有指名丙君，指名甲君，如是者數人。甲君立待，俟指名者各盡其所喜，而後按次先由乙君起，一一表決之，至得當選之人為止。甲君自身之被指名，亦提出己名於眾以表決，一如他人焉。因甲君之職務，為會眾之代理，以辦選舉主座之事，而待其本身亦如待他會員也。若用投票選舉，則於指名既齊之後，乃能投票；投票法後再詳。

八節　指名之附和　指名宜有附和，為一妥善辦法，蓋足見被指名者，非祇一人之樂意也。倘同時有指名多人，則附和一法，非所必要；但其事以何為妥便，代行主座者，可酌量變通辦理。

九節　選舉書記等　乙君既被選為主座，起而就座，立於案後，對眾人（或敲案要眾注意）言曰：「現在第一件事為選舉書記，請眾指名！」仍立而待。戊君起而言曰：「主座先生！」（此之謂呼主座所以討地位也。）主座答曰：「戊先生！」（此之謂承認其發言之地位也。）戊君既得地位，乃進而言曰：「我指名己君當書記之選。」遂坐。辛君即起而言曰：「主座先生，我附和之。」亦坐。主座略待，或問眾曰：「更有指名否？」少頃，乃進而照前選舉主座之法以表決之。己君當選為書記，即就案坐於主座之傍（案上當先準備文房器具），預備將所經之事，隨來之事，一一照實記之；不必記眾人之所言，但須全錄已行之事，或表決之案，而不得下一批評。

此時主座則將開會之目的宣布，為一長短適宜之演說，大略如左曰：「今日之會，為籌備慶典而設。諸君當知民國開基，甫經四載，則被移於大盜，幾至淪亡；所幸人心不死，義師起於西南，志士應於東北，舉國一致，大盜伏誅，天日得以重光，主權依然還我，中華民國，從此中興，四億同胞，永綏福樂，當茲幸運，理合申祝，故擬舉行慶典，以表歡忱，諸君對於籌備之事，當有指陳，此時則在發言秩序之中，本主座望各暢所欲言，備眾採擇，俾得速定辦法，幸甚！」言畢乃坐。惟一旦有人稱主座，彼當再起立承認之。當人發言時，彼可坐；但於接述動議，呈出表決，及詳言事實時，當起立。又凡有關於會中秩序及儀式所必要時，亦當起立。

以上各節，為臨時會議組織完備著手進行之模範也。

十節　委員會　委員會之組織與上同；惟書記一職，可以省之耳。若高級團體委任委員之時，已選定其主座，則開會時不必再選；否則於開第一會時，當由委員會中自選舉之。就事實上而論，先受委之人，未必即為委員長，但第一會當由彼召集其他之委員耳。委員會進行規則，後再詳之。

第二章　永久社會之成立法

十一節　立會　發起永久社會之第一回集會，其組織方法，與臨時集會相同，但須訂立章程規則及選舉長任職員。

（演明式）譬如慶典會告終之後，與會者興趣未消，感情愈結，均欲成立一會，以助政治改良，而導社會進步，於是再集同人，從新發起，其進行程序，一如臨時之會焉。

乙君被選為臨時主席，己君為臨時書記，主座既宣布開會宗旨之後，在會者各隨意評談，有贊成有反對此計畫者。甲君於是起而稱呼主座，及得承認，乃曰：「我動議發起一地方自治勵行會，而在此會中，即須從事進行。」主座接述其動議，遂即正式討論，各盡所言，然後呈出表決；若得多數表決贊成，則為通過，而主座即宣布曰：「發起一地方自治勵行會之動議，已得可決矣。」斯時也，按法言之，雖為臨時集會，實則變為永久之團體矣。從此凡與會者，既盡共同所約束之義務，則當然為會員。

主座既將表決之結果宣布之後，乃繼而問曰：「本會今當如何進行，使團體之組織臻於完備？」庚君如法討得地位，乃動議委任委員三人，以草立章程規則。此動議既接述，經討論，乃呈眾表決。若得通過，主座當問曰：「用何法委任，由眾選抑由主座委？」王君討得地位動議，或曰由主座委任，或曰由眾指名。若為前之動議，如法呈眾通過後，主座乃委任在會之三人，曰：「本主座今委任戊先生、壬先生、己先生，為起草委員。」若為後之動議，呈眾如前通過後，主座乃請眾指名，而接之以呈眾表決，一如選舉主座之法焉。

選舉職員，亦如前法；可動議交委員審定，備造職員名冊，或動議由眾指名候選。若交委員審定，則被委者或即退於別室，詳細審定，而即報告，或俟下會然後報告，更或飭令將職員名冊抄錄，或印刷多分，備為選票之用。

至於章程規則之起草委員，必待下會而後報告也。

以上各事，為發起一會之所必要，而不能稍為忽略者。如是暫成組織，隨而逐步進為永久之團體。第一會當決定下會之開會時間地位，乃散會。

十二節　章程及規則　第一次會議所委任之起草委員，自行集會，將章程規則草就謄正，準備報告。於下期開會時認可記錄之後，第一件事則為起草委員之報告。主座要請之，而委員長宣讀之：先讀全文，俾會員知主旨之總意，後乃分條而讀之。每條當詳細討論，或加修正。第一條議定之後，主座則曰：「今開議第二條。」每條皆如是云云，至盡而止。主座隨曰：「現在問題，在採用此章程為本會之章程，贊成者……」云云（如前之表決法）。規則表決式同此。

有模範章程規則一份，載於附錄，可為各種團體之張本。章程規則之要點，當包涵會名及其目的，職員及常務委員之數及其職務，會員之條件，取法之議則，法定之額數，修改之條例，與夫會中一切之要義。

十三節　職員　重要之職員，為會長、副會長，及記錄書記。若有會費，則加理財、核數二職。如事繁則當有通信書記，及副書記。倘其事件為集會時所不能辦者，則當舉董事辦之。至若小團體，而目的在互相資益，而不勤外務者，則一切事務當以全體會員辦之，於集會時討論表決其大要，而細務乃授之委員。又此等資益會，其職員宜輪流充當，使各得練習其才幹；如是則全體會員皆得與聞會事，於是感情益密，結力彌堅，而平等公正之精神亦油然而生矣。

十四節　職員之選舉　第一回會議所委之職員，指名委員自行開會審定，乃列單預備報告；於第二回開會時章程規則既採用之後，主座則著指名委員報告。該委員即起而言曰：「主座先生，本委員等謹報告如下：當主座者壬先生，當副主座者丙先生，當記錄書記者己先生，當通信書記者戊先生，當理財者乙先生，當核數者甲先生，云云。」（以至章程中應有職員，盡仿此開列。）讀畢，將人名單交與主座，遂坐。

會中規則，各有不同：有規定於指名委員報告之後，同時選舉者；有規定於接報告之後，下期始選舉者。倘為下期開會始選舉者，主座於收接指名報告之時，當申言曰：「諸君已聞委員報告候選職員之姓名矣，選舉之期，在於下會某某日；倘有不合意者，此時可另為指名，以備下會附入正式指名者之後而當候選也。」倘為同時選舉者，主座當曰：「諸君已聆委員報告，意見如何？」云云。此種報告，不必另有動議，以收接或採用也。此時在指名秩序中，倘有他指名者，適可行之。（詳下節）

選舉時至，主座發言曰：「今當選檢查員。」辛君隨而討得地位，曰：「我動議檢查員由主座委派。」此動議即呈眾表決，得通過，主座即委癸先生及子先生為檢查員，彼等受命後，即分派候選人之名單，以作票用，或空白條紙亦可，會員各將票準備，勾去不合意之名，而加入其所喜者。檢查員以箱或他器收之，退而數之，記其結果。此事既畢，主座當擱置他事，曰：「檢查員已準備報告矣。」癸君於是將投票之結果宣讀如左：

所投之票總數二十一票
當選必要之數為十一票
會長票　　辛先生得一票
　　　　　壬先生得二十票　理合當選
副會長票　子先生得一票
　　　　　庚先生得一票
　　　　　丙先生得十九票　理合當選

讀畢，將單交與主座。主座曰：「下開各位，已得大多數票，當選為本會職員。」彼再宣讀職員及被選者之名。經此宣讀，則成為決議；而書記即記錄其案；此案不能復議。

十五節　其他之選舉　倘指名委員，須即時報告，則無暇準備名單，而用白票，按職分選會員，隨所喜而書名，然後收而按名數之，或用複選之法，初選作為指名，其法如下：一、凡得票皆作被指名者；二、以二三得最多票為被指名者；三、以限得若干票以上皆為被指名者。三者之中，採用何法，須先表決；複選之法，最為公允，但略費時耳。

十六節　無人當選　若各職之候選者，無人能得所投票之大多數，則謂之無人當選。如是必須再選，至得有當選者為止。例如選舉會長所投票共得十九：王君得票十，丙君得票七，乙君得票二，此為王君得大多數為當選。倘王君所得少於十票，則為不當選，必當再投票，於是主座當日：「候選會長者無人能得大多數，本會當再投票。」

十七節　大多數與較多數　大多數者，即過半數也；較多數者，即半數以下之最多數也。若祇得二份票，或二候補員之競爭，即大多數與較多數，實無所別；若過二數以上即大異矣。如所投票為十九數：王君得九票，丙君得七票，乙君得三票，如是則王君所得票為較多數，非大多數也。因十票乃為十九票之大多數也。較多數亦有得選者，如此則必於投票之先，已經表決乃可。但一切社會之職員選舉，最少須有過半票數，乃能當選，庶幾合大多數之常例。惟在人民選舉官吏，則反乎此者乃為常例。因用大多數法，往往生出不便之事也；故有經驗之國家，多不行之。

十八節　團體之成立　恆久職員選妥之後，當於下會就職。臨時可申言感謝會中之信任，並許盡其能力以服務，且當注意於會員之權利及利益，而平等承認之，尊重之，自此彼稱為「會長」或「主座」。職員選妥，章程規則訂妥，則其會即為成立，而可著手辦事矣。此時職員當就職，各司其事。倘無論何時，有當開會時而正式職員全然缺席者，則當宣布秩序時，無論何人，皆可將秩序宣布，而使會中另舉代理主座並書記以攝行會事；此則猶勝於使會眾及演說者久待也。

臨時會與永久會，皆各有常規，以定其程序；其前者則多尚普通習慣，其後者則採自專家，各商團及公司會議，皆當循會議規則；而無論何家所定之法，適於各社會，皆適於各商團公司也。

第三章　議事之秩序並額數

十九節　循行之事　開場議事，有三件必要之形式：一為唱秩序，二為宣讀及認可前會之記錄，三為散會。此外更有常務委員之報告，皆可稱為循行之事。此等事由全體許可，便可不用動議及表決之形式而施行之。但此等非公式之舉動，切不宜施之於此外之事，因雖於循行之事中，亦當容人反對非公式之舉動者。當開會之時，會長起立，稍靜待，或敲案而後言，曰：「時間已到，請眾就秩序而聽前會記錄之宣讀。」乃坐。書記於是起而稱主座，然後宣讀記錄，讀畢亦坐。主座再起而言曰：「諸君聽悉前會之記錄矣，有覺何等錯誤或遺漏者否？」略待，乃曰：「如其無之，此記錄當作認可。今當序開議之事，為如此如此……」云云。倘有人察覺記錄之錯誤，當起而改正之。發言如下，曰：「主座，我記得所決定某案之事乃如此如此……。」倘書記以為所改正者合，而又無人生反對，書記當照錄之。而主座乃曰：「此記錄及修正案，當作認可成案。」倘有異議，或書記執持原案，任人皆可動議，曰：「照所擬議以修正記錄」，或刪去或加入何字；此動議經討論及表決，而案之修正與否，當從大多數之可決否決而定之。主座於是曰：「記錄如議修正，作為成案。」

二十節　議事之公式秩序　凡社會或會長宜採用議事之一種秩序，以為集會之標準，但其式可作通常用，非一成不變者也。其式如下：

一　請就秩序

二　宣讀記錄及認可之
三　宣布要旨
四　特務委員之報告
五　常務委員之報告
六　選舉
七　前會指定之事
八　前會未完之事
九　新生事件
十　本日計畫之事
十一　散會

以上秩序，各會可隨其利便及方法以變通之，會長每次當定一目錄，書明各件於秩序之下，以備開會時按序提出。次及新生事件之時，會長當問曰：「今日有無新生事件？」如其有之，當提出表決之，或臨時結束之；然後著手於本日之演說或其他之計畫事件。倘本日計畫定有一定時間者，到時而諸事尚未完結，除得多數投票表決「繼續進行」外，當作默許，立將諸事延擱至下期會議。總之，議事之秩序，一經認可記錄之後，便可由動議及表決隨時停止或變更之，以議特別事件也。

二十一節　額數定義　額數乃會議辦事之必需人數。在臨時集會，則額數問題發生，無論到會者多少，皆可開會。在委員會必得過半數乃成額。在長久社會，必當以法定其何數乃成額；如未有規定者，則必以大多數為成額；開會時必得過半數而後乃能辦事，不足額則祇有散會以待下期而已。

在立法院其事為公共性質，其人員到會為當然之職務，而法院又有強迫到會之能力，則額數以多為允當。至於尋常社會，則以少為宜，因其目的在事之能辦，所以當定少額，以備開會時必能達足額之數。如社友之數由五十人至百人者，其額數以九人為妙；若更少之會，則五人為額，若數百人以上之社會，亦不過十五人至十七人為額足矣。至於所定人數，又當注意於社會之種類；有種社會其社員非服務者，則人數雖多，而額仍以少為宜也。其要義即在凡會員皆有到會之權利之機會；故無論雨晴皆到者，當然得辦事之權利，以償其勞，而疏忽不到會之會員，當不得更有異議也。

二十二節　額數為開會前之必要　凡一團體既定有額數，則此額為開會辦事之必要條件。到開會之時，會長當數到會者幾人，連己能足額否。苟缺一人，則不能唱序開會，須待到足方可。倘待過時，尚無足額，眾可定散會之時；時到則散。下期之會亦如是，則到會者祇能談論事件，而不能動議，不能表決，而無事在秩序之列，此與不開會等。會員或可催請到來以成額，然不能使之必來也。委員會之開會，亦與此同例。

二十三節　開會後缺額之效力　以足額而開會，開會後會員逐漸離席，以至於缺額，則事仍照前進行。此其意蓋以為既得足額而開會，則開會後仍為足額也。當此情景，所辦之事可視為正當，且可進行，至散會之時而止；會長無注意於缺額之必要，而可繼續進行。但若有人無論主座或會員欲提出缺額問題，則進行立止。主座可曰：「本主座要眾注意於缺額之事，而待動議。」或一會員起曰：「主座，我提出缺額之問題。」

此時各事當停止，而數在場人數；倘有不足，即行散會。

二十四節　數額數之法　若額數為少數人，其出席缺席，由主座及書記一數便明，眾人亦容易察悉。若額過大，當由檢查員或用唱名而數之，登記在場者之多少，便可立即解決額數問題矣。

立法會之議長，（其會之額為大多數之議員，或多數之額數。）可否由彼一人數在場之人數，尚屬一問題。此專斷之法，或為程序所規定之政黨團體所必要，但在尋常團體，則用唱名之先例，以定人員出席缺席為最允當之法。

無論何事，可發生機會致會長有自然之趨勢，而成其專斷之能力者，寧為限制，而不當獎勵之也。

第四章　會員之權利義務

二十五節　會長之義務　會長為全體之公僕，非為一部分或一人而服務，是故彼雖為一會之長，而非一會之主人翁也。彼以事體之秩序，而糾率會眾，使一切皆循公正平等而行。彼維持秩序及額數；如遇秩序紊亂之時，當立呼「秩序！」及議則錯誤，當立起糾正之。彼憑議則及會章以率眾，引導之，而不驅策之，至達目的而已。會長之義務，當嚴正無偏，務使大多數之意趣，得以施行，而同時又能尊重少數人之權利，俾事件得迅速公當之處分，而討論得自由不偏之待遇。賢能之會長，當具三種特質：一、果毅之力；二、誠懇之意；三、體順之情。

至於詳細之節，主座當行其最宜於維持秩序之時，及適當於處分事件之事。彼於辦事，如接述動議，呈問動議，及表決動議時，當起立，但討論時可坐。彼發言時，稱本會長、或本主座。彼對於會員，當承認應得地位之會員，當接述合序之動議，而使之得機以討論。對於開會時，當候至足額，乃能進行；當依時開會，依時散會。彼當知何時為委員報告，而到時命之報告。彼當注意於特別指定之事，而於適合之時提出之。所有需要事件，必當了結之，或正式延擱之，而後乃能散會。

二十六節　會長之權利　會長為社中或議場中人員之一，故當有發言及投票之權。但除關於必要之事外，此種權利，常多放棄者。主座可遇事加以說明，並述布事實而已。至於親行討論，則當退讓主座曰：「請某君代主座」而暫為一純素會員，乃從事於討論。彼不必離其坐位，但當以他人為主席，如他之會員，先稱呼主座而後發言者；言畢，乃復其主座之職。

主座有權以處決誰為應得地位者，並有權以處決秩序之爭點。但如有不服者，則二事皆可訴之公決也。彼可不待動議，而將正式事件提出；又倘無人反對，可將循例之案，不得表決而宣布通過。且到時可由彼宣布散會。彼又可使會員將動議繕寫成文，又可隨意打消不合秩序之動議。

主座非受特別委任，無權參加於委員會，而委員亦無與磋商之必要。彼非受特別委任，亦無監督之權，而此等權亦以不授之為妙。主座之權，乃指導會眾，而使之能自治，而不在治之也。

二十七節　會員之權利義務　會員之義務，在竭能以助會長維持秩序。而維持之道，則當從自己始。如在會場，須戒出聲，戒傍語，戒走動，並戒一切之能擾亂會場而阻人言聽者。會員當依正式而動議，當持友恭而討論，當惟多數之是從，會員地位，彼此皆一體平等。表決之投票，乃會員之權利，而投票當本之主張，亦會員之義務也。會員討論之權利義務，第七章另行詳之。

二十八節　副會長並書記之權利義務

副會長乃備以若遇會長缺座或失能而代之者。彼之職務，與會長同，故當知會中之目的之辦法，與夫一切議事之行為；最好得會長常請彼幫理一切事務，以資練習，庶不致使之成為廢職。

記錄書記之職務，乃記錄當場之事，不必記錄當場之言，除非有特別命者乃錄言；隨後將當臨場記錄繕就正式議案。所有表決票數，須照當時結果抄錄，不容稍為更易。所有否決之動議，亦必錄之。凡有記錄，則作為案據，日後有所爭持，悉以記錄為準，而不以個人之記憶或主張為準也。故凡前會之記錄，必當復讀於下會，由眾動議，或投票、或默許，以表決認可，然後方能成為正式議案。書記有通告委員被委事之責，並管理各種擱置及延期案件。簡而言之，則幫助會長料理一切事務。倘書記於記錄中有錯誤之處，而記錄已為眾所認可者，則正誤之人，必要指出其錯點為眾所滿意者乃可；蓋以議案一經認可，則成立正式案據，故必先修改錯誤，方許認可，是為極要之事。記錄經認可之後，書記當簽押於記錄之後，如下：書記某某。書記記錄之時，宜書之於冊，則不必再抄；若有改正之處，可於行間加入；如所有表決之事，非得全體所許，不能刪之。其他職員之義務，當由各會之需要，而從會則規定之各職員，當盡本職之義務；彼不當干涉他人，亦不容他人之干涉也。總而言之，記錄書記之義務，為專司記錄；通信書記之義務，為專理文牘，與夫屬其類者；各從而司之。若其他之事件，亦得指委其一以司之，或其務內之事件，亦可由投票或特別規定而分治之；會長當監督一切，但除糾正程序之外，不當干涉之。書記固不當授以重權，然而彼亦當自慎用其應有之權，而毋越分可也。

二十九節　全體之權限並缺席廢置特別會等之規定　夫一會之權力，第一為章程並規則，第二為各種之表決之專條與章程規則無抵觸者，第三為採定之議則，第四為議會之習慣。以上各條，以先後為施行秩序。

職員缺席　倘於會期內職員有缺席者，當早為另選新員以補之。如遇散會期內有缺席者，可待至開會時乃選補之，或於規則中定有專條以處理之。至於董事會之缺席，宜否由董事團中自行選補，殊屬疑問。但委員會有缺席，則常可自行選補，因其為臨時之團體也。所有缺席職員，宜以他員暫代其職，以待新員之選舉，而新員一經選出之時，代員即立終止其職務。

職員廢置　職員有放棄責任或有隕越貽羞於一會者，可以多數表決，而廢置斯職。其廢置之法，當出於有附和之動議，而由投票以表決之如下：「動議宣布某某事務之職從此廢置」云云。此等廢置之事，獨關於是非利害之極端者，乃行之，其他當待其職務之屆期告終為妙。

三十節　特務會議　在永久社會之會員，當知常期會開會之時，及集會之地，故通告可以不必。但特務會則異是，必當照會中表決之規定；每會員發給正式通告，此規定必當勵行。在常期會得足額人數，則各種表決無抵觸於章程規則及前時之表決者，皆可施行。惟特務會則反是，所表決之事，必先登錄於傳單；傳單所無之事，則不能提議。特務會對於修改之事，較常期會格外謹嚴，而其程序與常會同。若有疑問發生，當就謹嚴之途以採決。特務會為應非常而設，當以少開為宜。

第五章　動議

三十一節　動議　議場每行一事，其手續有三：其一動議，其二討論，其三表決。此三手續，乃一線而來；無論如何複雜之程序，皆以此貫之。動議者，為對於事體處分之提案也。欲在議場發生合法之提案，必當行正式之動議；倘隨意談話，或隨意擬議，而得一般之同意者，不得收約束之效力也。如命行一事，必有正式動議，正式表決，始足責成受命者之遵行也。凡隨意談話，衹足當動議之先導，而不能代動議之功能。故動議者，實為事體之始基也。

三十二節　處事之手續　以動議及表決而處事，重要之步調有六，其秩序如左：

一　會員起立而稱呼主座。

二　主座起立而承認會員。

三　會員發動議而坐。

四　主座接述其動議。

五　主座俾機會以討論，隨而問曰：「諸君準備處分此問題否？」

六　呈動議以表決，並宣布表決之結果。

倘動議有附和，則附和之步調，在第三步之後；此步調未括於內者，以此非重要如他也。

三十三節　動議之措詞　動議之詞，以能達言者之意為主。各種詞句，皆可用也。但動議當要簡明，而限定一題目。此書各章所演明動議之形式，不必強作模範，蓋此不過指導動議當如何發耳。發言者之開始，當曰：「我動議如此如此，……」主座呈其動議於眾，當復述其言，一如動議者為是。但彼可要求動議者，將動議謄諸翰墨，或可令其再言，以期正確。倘動議者有詞不達意之處，主座接述之時，可為之修飾，但祇能改其詞句，而不能稍變其本意，倘主座有變其本意，則動議者當復述原語以糾正之。

三十四節　何時可發動議　各種普通動議，皆可於無他動議待決時發之。惟有特別之議術動議，則雖於他動議待決中，亦可隨時而發；此種動議，十四章詳之。惟當投票時，或當會員得討論地位時，則無論何種動議，皆不能發。在動議打消之後，則各事復回動議未發前之原來秩序。

三十五節　手續之演明式　設使地方自治勵行會適在進行之中，而會長循序開會，記錄既宣讀及認可之後，照辦事秩序以次及新事件矣。

辛君欲在會發起公開演說之議，乃起而言曰：「會長先生！」仍立而待承認。主座遂起而承認之，曰：「辛先生！」辛君由此得地位，進而言曰：「我動議『本會公開一演說會』。」遂坐。主座乃曰：「諸君已聽著辛先生之動議為『本會當公開一演說會』，此事當待諸君討論。」仍立而待眾之討論。如久無人起，主座當請之；仍不應，再勉促之以討論。當討論時，主座可坐，討論既畢，各盡所言，主座再起，曰：「諸君已預備處分此問題否？」倘無人再起討論，彼即將動議呈眾表決如後，曰：「動議為本會公開一演說會，諸君之贊成此動議者，請日『可』！（贊成者應日可。）諸君之反對此動議者，請日『否』，（反對者應日否。）」若贊成者為大多數，主座日：「可者得之。」或日：「動議已通過。」若否者為大多數，主座日：「否者得之。」或日：「動議已否決。」除有疑點及復議之外，則主座此一宣布，便成決案；書記錄之，以為後日會中行事可作案據也。至其他之動議，如於何時何地開演說會，何人當演說員等等，皆同式發之，同式決之，略而言之，所有動議，皆照此手續而行。惟屬於議術之動議，則有免卻或限制討論之事。

三十六節　附和動議

附和動議之習慣，常有視之過重，每有於動議尚不能正式發之及正式呈之，而亦力持動議之必需附和而後得付討論者，此乃以形式小事視為太重也。且近有立法院，如美國國會及馬斯朱雪省會，皆不用附和，於此可見附和之事，漸失其用矣。經驗老練之團體，已覺免卻附和一事，較為利便，蓋可減省時間，且適於平等之理，使人人在會中能同享發言之權也。

由此觀之，雖向來會議法家多主持附和為當務之事，而吾人則主張除關於不能討論之案非正式之案及偏僻之案外，則不必太為拘守此舊習，但假權宜與主座，由彼定附和之需否，而後將動議呈之於眾也。

按以習慣，無論何人，皆可隨意附和動議，但附和非屬必要之務。如無人附和，主座可以請人附和，除特別之案，主座可不待附和，而直呈動議於眾者。又主座覺於事有益，亦可自行附和動議者，此可免於請眾附和之煩也。在堅持必需附和之團體，其動議未得附和者，便作打消論。是故公正之主座，往往寧自行附和一正式之動議，而不願任其打消也。

三十七節　附和之形式

附和動議者，必待動議發後乃從而附和之。附和之事，固有正式行之；即起而稱主座，得彼承認，而後言曰：「我附和動議。」但附和本非重要之事，則每多以非公式行之，由坐而言曰：「附和動議。」主座遂曰：「某動議既發，並得附和。」云云。如動議為主座自行附和者，則彼所用之言詞與上同；或曰：「動議為如此如此……。」若在無需附和之時，主座當曰：「動議已發」或「某某君動議如此如此……。」若主座欲得場上之附和，當曰：「有人附和此動議否？」在堅持有附和之社會，則凡有此動議，議員當立時附和，而不必待主座之請求。此可省時，而免主座之再三復問也。

三十八節　極端之當避　常有兩極端，為公正之主座所當避者；其一為打消無附和之動議，其二為過促將動議呈眾表決，而不假機以討論。

如第一章所言職員指名之舉，當以附和為善，其故因指名之事，向無討論也，對於附和規則，欲規定其良善者，祇屬此耳。附和此事，在常務當不必堅持，所可堅持者，則在指名之案，在不能討論之動議，並在申訴之事件；而在此書之演明式中，附和一事，免而不用。各種社會，如有以此書為法則者，可任意採擇附和之去取也。

第六章　離奇之動議並地位之釋義

三十九節　收回動議之公例　動議既發，而未經主座接述者，本人可以隨意收回。若既經主座接述之後，則非全體一致，斷不能收回也。蓋既經主座接述之後，則動議當屬之全體，而不屬之本人也。且以全體一致而決會眾之意旨，實為最直捷了當之法；若不用全體一致，而用大多數以解決此問題，則既決之後，任一人皆可再發同一之動議也。如此倒而復起，徒為費時失事耳。又動議既經修正之後，則雖全體一致，亦不能收回。蓋此既經他種手續，則自有他種之作用也。倘動議既經附和，則附和亦必要收回。動議既收回，則不必紀錄之，以其與未發無異也。

四十節　收回之演明式　事件有至於討論之際，乃使動議者覺其提案之非要，且屬無謂，而悔其所為者，於是彼可以收回之。其法如下：彼起稱呼主座而得承認，乃言曰：「我欲收回我之動議。」主座隨而接述之曰：「某先生欲收回其動議有反對者否？」略待回答，倘無反對，即宣布曰：「動議已收回。」倘有反對者，其人當起而言曰：「主座先生，我反對之。」主座遂曰：「已有人反對，動議不能收回，仍在諸君之前，請從而討論之。」

四十一節　例外之事　上節所述動議，未經主座接述之前，則動議仍為個人所為，發者可任意收回。然動議者皆有故而發，斷未有即發即收者。但間有為事實所關，或時勢使然之事，為動議者所未知，而主座或他人轉主座示意，使動議者知其動議之無謂，或不合時宜，倘動議者以為然，可乘時收回動議，而免生後悔。

四十二節　分開動議　一動議具有數段意思者，可於每段分作一動議，而一一呈出以表決。其分開之事，可由主座為之，如無反對，則不必表決；或由會員發動議，將動議分開；此案呈出表決，與他動議無異。譬如發動議為「由主座委全權委員三人，以審查公開演說會之問題。」此動議可分為四，如下：其一，委委員以審查公開演說會事；其二，此委員為三人；其三，委員由主座派委；其四，委員授以全權。

此可假機會以便逐段討論，逐段修正，較之一起而處分一全部之複雜動議，尤能得迅速公平之效果。在級序之列，則分開與修正同等，見一一七節，若主座決意不用動議而行分開事，則可將動議之顯明段落，一一分之，而呈出表決，便是。分開事之動議法，不過如下，曰：「我動議將此動議分開。」而不必詳其分法也。若此議通過，主座則隨而分之，如上所述。

四十三節　對等動議　對等動議者，即兩動議同時有背馳效力之謂也。如否決此動議，便是可決彼動議，二者出入於否決可決之間，毫無疑義；於是表決其一，即是表決其他也。演明之式，見五十三節。

四十四節　地位釋義　地位者，發言之權也。因言者必先起立，故西人議場習慣，通稱地位；此書亦沿之以為一術語，專為議場上有發言之權而說。凡議會辦事，必由動議，以開其端，而動議者必先得地位而後能發言。本此秩序以集會，雖聚千百人於一堂，各盡所懷，自由暢議，無論事體如何紛紜，問題如何複雜，皆能迎刃而解，泛應曲當，決無阻滯難行鬨堂搗亂之事也。

四十五節　地位之討得　地位既為議事軌道之初步，則動議者必先向主座以討地位，得地位之後，乃能發言。是故地位者，對眾交通之樞紐也。握此樞紐者，主座也。是猶乎一城市內之電話機關也；握其樞紐者，為中央電話局，凡欲用電話以通消息者，必先向中央電話局以接其樞紐，始能有達言之效。議員之欲發言者，亦猶乎城內之一家，欲通其消息於他處，必先聯絡中央電話局之樞紐，而向主座討其地位也。既得地位，而後對眾發言，乃為有效，否則視為閒談，可置之不理也。此地位之為用如此，而發言者有討得之必要也。演明式見三十五節。

第七章　討論

四十六節　討論之權利　一動議既發，及為主座接述之後，會眾便可討論。此時主座之義務，當使之能得完滿及公平之討論，又使會員各得同等討論權利；而一面又須有以護衛全體，毋使一二會員之討論時間，有侵及全會時間。是以欲維持一適中之準則，一面可防止冗贅或搗亂之討論，而一面又可防止疏略之處分，則會中對於討論一事，當立專規以指導而調護之。

四十七節　討論之定義　以狹義言之，討論即對於一問題，具有成見，意趣不同，表決背馳，而下反對之駁議也。但以廣義言之，即包括對於問題一切之評論，無論其為反對與贊同也。凡會員於討得地位後，對於當前之動議，有所發抒，而其所言，皆當就題論事，不能說及個人。（倘對於動議者，有為莫須有之諷刺，或下誅心之論調，便為違秩序矣。）又為當場之議論，而非作備之文章，方得謂之討論也。

四十八節　何時為討論之秩序　當前有正式動議，即為討論之秩序；若無動議，而作非公式之談話，不得謂之討論。而正式之討論，即動議之討論也。動議既發，一得接述，則討論開始。反之，動議一旦呈決，則討論立止。如主座問曰：「諸君預備處分此問題否？」若無人發言，則動議便可由討論之秩序而進於呈決之秩序矣。此時則不能再有討論也；除非得公眾之許可，而由口頭或起立或舉手表決之，然後乃能回復討論於呈決之後也。若討論既經回復，則結尾投票，當分兩面而重複投之。若兩面已經投票表決之後，則無論如何，不得復行討論。倘於宣布表決之後，再有異議，則為無效，蓋事已表決也。若有專條，則討論當為所範。

又若停止討論之令已布，則雖全體一致，亦不能復行討論矣。

四十九節　討論法演明式　譬如當地方自治勵行會開會時，有人動議「公開一演說會」。此動議已接述於眾前，適次討論之秩序，而主座請眾討論曰：「此動議今在諸君之前，本主座望各將所見詳言之。」寅君起稱主座，被承認得地位，乃進而言其贊成公開演說之意。所言當嚴限於本題範圍之內，而表出良美之理由。彼當避用模稜兩可之詞，並防止重複冗滯之語；又當注意於討論之詞勢，當先從寬處，然後步步迫緊，不可由緊而放寬也。至於無經驗之發言者，雖不能美滿以達意，而主座當勉勵之，使之盡意，蓋意思為重，而言詞為輕；言者不必以言詞之拙劣，而向眾道歉，所發何言，由之可也。若發言者於討論中偶要說及他會員，則不當提其名，但說在我左或右之會員，或曰我等之書記，或曰其他之發言者，或曰我之反對者，或其他不屬個人之代名詞，以指出所說之人便可。西人議場習尚，會員彼此討論，向不直稱姓名；如有稱之，視為不合會議規則，發言者言畢，即止而坐。倘無人即行繼起發言，主座當請之，曰：「此問題當詳加討論，諸君之有所見者，幸勿推宕，宜盡欲言，為望！」主座對於會員，亦宜以不呼姓名為妙，除非有特別之人，為專長於此問題者；蓋呼名習慣一生，則有不被請者不敢發言，而欲發言者，又必待於請；如是則自然流露之發揮，為討論之價值者，為之阻礙矣。由此觀之，為主座者，倘遇人聲沉寂之頃，寧為稍待，以候會眾精神之活動，而不宜強人討論，而指定誰當言者；久而久之，會員必有鼓其勇氣，起而發言者。由是相習成風，則必能各從其贊成反對兩方面暢所欲言，至各盡其詞而已。及地位已空，主座乃問曰：「諸君準備處決此問題否？」倘仍無人起，便可呈出表決矣。

五十節　限制冗論之例

由上節觀之，討論之事，似屬毫無限制，各人可隨時發言，而言之長短，又各隨其所欲。此等辦法，若為專對於結束之事件，及對於會員多不願發言之會，則誠為盡善盡美，且為一普通辦法也。公正賢良之會長，當能引人入勝，而使素來怯懦之人，亦敢於討論。如是則限制之例，可以不必也。

但在於習討論為目的之會，而會員又屬有經驗者，或於特別之會期，時間為有限，而指定所討論之事，又為眾所悅意者，則討論之時間，宜有所限制，免一二人專攬討論之地。其限制之規則，或用之臨時，或用之久遠，俱隨所擇。此等規則，當嚴限言者之時間並秩序，其簡單規則，而為討論會所常用者如左：

㈠非待所有會員輪流講畢之後，一人不能講二回。

㈡一人所講，不能過五分鐘之久。

㈢討論領袖，於開端時，可講十分鐘，結尾時可講五分鐘。

所定之時，可長可短，而結尾之論，不必定為領袖發之，如時間太短，則雖不用結論亦可。

此數條規則，已足為通常所需，主座當實行之，如有言過其時者，主座當起立敲案，或搖鈴，且曰：「言者之時間已過」以止之。倘言者仍不止，則以亂秩序視之。每值一人講完之後，主座當曰：「尚有發言者否？」

延長討論時間之習尚，非有異常之事，不宜頻行，以其與規則本意衝突也。倘欲延長討論時間，當有人起討地位而動議曰：「請將言者之時間延長。」若得通過，則討論者可繼續進行。總之，延長時間之事，既為勢所不免，則不如加採一例如左：

㈠獲得全體一致之表決，乃可延長討論者之時間。

五十一節　演明式　地方自治勵行會，已進步至非公式之談話時，遂決意再進一步至正式之討論會。於是委一會員，或數會員，訂備有趣之論題，如建築道路、統一圜法、收回租界等論題為議案；而議案又須從正面主張，不可從反面主張，如當主張建築道路為有利，非主張建築道路為無利，方免亂論者及聽者之意，而使之有所適從也。論題定後，須選討論領袖二人至四人，或由眾指名，或由主座委任，辦法如下：第一正面，第一反面，第二正面，第二反面等。並當注意，使之各知其主討論之何面為要；又宜先行表決，以前節之條例，為討論之準繩。

到時，主座曰，「今夕之計畫討論問題，為『主張以收回租界為救國之要圖』，而寅先生為第一之正面討論領袖，請先發言！」於是寅君起而稱主座，得承認，乃進而討論，至主座示以時間已完為止；而主座又曰：「戊先生為第一之反面討論領袖，請繼發言。」於是戊君步寅君之後塵，討論至時終而止。而第二之正面領袖辛君繼之，第二之反面領袖再繼之。各領袖討論完畢之後，主座再曰：「今為會員討論之時，每人以五分鐘為限。」於是各盡所言。倘有領袖為收束之討論，則當取他會員之時間而為之。如其無之，則各人講完之後，便為討論告終之時也。此外即時間已至及停止討論之動議，在秩序中，亦皆為討論告終之時也。討論既終，主座即呈案表決如下，曰：「凡贊成『以收回租界為救國之要圖』者請起立！」待數完為止。（贊成者即起立，而書記乃逐一數之，並記其人數。）又曰：「凡反對者請起立！」待數完為止。（反對者即起立，數之如前。書記遂將記錄交與主座。）主座宣布曰：「三十五人投贊成票，而十人投反對票，此議通過。」

五十二節　駁論言辭　凡討論者，對於問題，當注重多聞博識，考察無遺，而論點當以誠實適當簡明為主。發言時當力揚本面主張之優良，而用公平之道，以發露對面主張之過失、之無當、之不公，等等，方為妙論。

西人討論會中，常有表決問題之優良，兼而表決言辭之工妙者，亦有祇表決言辭之工妙，而不計問題為如何者。如是則投票者不計意之異己，祇審其發言之妙耳。但此種習尚，究非所宜，蓋以其為專獎辭華，而不重誠實也。

五十三節　競爭地位　前已言之，會員為主座所承認者，為得地位，有發言權。在所定時間之內，若循序而言，無人能阻止之。但常有兩人齊起，同時稱呼主座。遇有此事，除非其一退讓，曰：「主座，我讓與某先生。」遂坐，否則主座當裁決之。其法即呼先起者，或言者之名便是。若主座有所疑，彼寧承認離座最遠者，或未曾發言者，或向鮮發言者，而捨其他也。若二人中，其一已起而稱主座，其一不過甫起，或甫發言，則前者當得地位也。

倘未承認者，自信彼為應得地位之人，彼可堅持留立而言曰：「主座先生，我信我先稱呼主座。」或同效力之語。主座乃隨而言曰：「某先生（指承認者）肯讓位於某先生（指未承認者）否？」倘不肯讓，則主座當呈出表決，曰：「問題為此兩會員中，誰為先起者，眾贊成某先生（指承認者）得地位，請曰『可！』」若得可決，則未承認之會員當復坐。若得否決，則彼得地位，而承認之會員復坐，此可不必再行表決，因表決其一，即表決其他，毫無疑義也。此為「對等動議」之模範。

若競爭者過於二人以上，則表決之次數，必至得可決而後止。此等動作，名之曰競爭地位，常見於立法院，而鮮見於一般社會也。尋常社會之會員，常慣順從主座之決斷，或彼此相讓。但此節之規則，對於不公平之主座，以及言者之有急要原因，則甚有用處。

五十四節　遜讓地位　在有趣之討論中，常有會員思欲間止言者，以「問一句話」之語。此容有出於誠意者，然常遇之事，則為指出言者之失處。諸如此類者，或允，或不允；此等問話之間斷，倘言者允而「遜讓地位」以應之，而問之者倘欲連續發言，則彼失卻地位矣。如欲復之，必當由正式再討得乃可。例如寅君正在討論中，而卯君欲問一事，乃起而言曰：「主座，發言者允我問一話否？」主座起而言曰：「寅先生允讓地位，俾問一話否？」寅君如允，可曰「允之」。仍立而聽之，或答，或不答，俱可隨意；而卯君坐後，彼可再言。或寅君不欲其語論為人所間斷，可曰：「主座，我言畢之後，我當樂答所問。」遂進行，發言如初，而卯君復坐。倘被允人問話，彼有失卻地位之慮，又有失卻思潮之慮，而於事體之決斷，亦慮為卯君意見所搖動；倘彼之意見與己相左，尤不宜於此時允之也。在問話時，卯君可用下式：「我欲經由主座而一問發言如此如此……。」彼可乘時繼進，而自答其問題，而又為駁議，而不理寅君之仍立而待也。

卒之，倘卯君言之不已，寅君不耐而坐，則失其地位矣；而欲復之，祇從正式討之，或得一致之許可乃能也。此實為一嚴厲之習尚，然以既屬議規，當慎防之為妙。間斷之事，實屬騷擾，言者聽者，兩皆不便，故不宜獎勵也。至於地位，非由自由遜讓，乃為權宜問題，及秩序問題，停止之者，則仍屬之其人，而不失卻也。倘該題解決之後，仍得復之，見一百五十一節。

五十五節　討論之友恭　友恭一事，當常在注意之列，然不可施之太過，以致有礙於一己之權利。不遜讓地位，非不友恭也，祇要以友恭之態而卻之耳。受人之讓，而握其地位，亦非不友恭也，祇求由公道而得之耳。

在美國國會，有一習慣：允特種議員有優先權，如委員長發案人等，於討論時，皆假以超眾之機會，超眾之時間，此於國會或有所必要之處，而在通常社會，則大非所宜。假以特別優權，於任一會員，而使之淩駕其他會員，則討論之自由，已為之失，而討論之安全，亦為之礙矣。

五十六節　一致許可　有許多程序，本非公式，而由一致許可，得以進行者。如循行之事，得以施行，秩外之討論，得以允許，與夫一切非公式之事，得以通過，（本書隨處皆有引之）諸如此類，倘有一人反對，則不能行矣，事件常有賴此全體一致而收其利便者。但此種習慣，必須謹防，無使妄用也。又有特別手續，非得全體一致不能行者，如收回動議及刪除記錄等事，凡此等事，其全體一致，必當以確鑿得之，而不能擅行武斷也。主座當進行如四十節，或尤善者即曰：「此事須全體一致，以表決其贊成者。」云云。倘有一人反對，便屬不行也。

第八章　停止討論之動議

五十七節　停止討論動議之用法　停止討論之動議，是否屬正式程序之一部分，尚無定論。又除各盡所言之外，討論宜否停止，亦久成一未決問題。在大會場中，此停止討論之動議，視為不可少之件，蓋非此則無以防止纏綿之討論也。倘有用之非宜，亦易為大多數所打消。在小會場中，此動議以少用為宜；倘有常用之，而致生討論之障礙者，或防止少數人之發揮意見者，宜定條例以限制之。若無專條以限制之，則用之者，固視為議場所應爾也。凡社會欲立限制之條件，宜以三分二之表決為妙，此可防範僅僅之大多數以阻止討論也。美國國會之元老院、紐約省會之元老院，及馬士朱雪省會之元老院，皆不用停止討論之動議，但其內之各附屬會用之。凡有社會不喜用此動議者，可規定特別條例如下：「本會禁用停止討論之動議。」

五十八節　停止討論動議之效力　前已言之，若無條例以限制討論，則討論必繼續至各盡所言，或至時間已屆，而主座發問「諸君準備處分此問題否？」之後，方可自然停止。若欲隨時停止討論，而行表決，其法當用停止之動議，此動議既發，及經接述之後，雖未得表決，而本題之討論，當立即停止。若停止討論之動議，為表決所打消，則本題之討論可再復。若得可決，則本題當立呈表決。此動議有當注意之要點二：其一、為一簡單之停止討論動議而已。其二、此動議一發，議場即當立為表決兩動議：甲、獨立之動議（即討論中之本題）；乙、附屬動議（即停止討論動議）。兩動議當各為表決：先行表決停止動議，倘得通過，再行表決本題動議。要之凡能討論之動議，皆受停止討論動議之規限。

五十九節　停止討論動議之討論　停止討論之動議，自身亦可討論，但限以時間，常以十分鐘為度，或立例以規定之，為不討論之列。討論此動議，無可多說，不過指明理由，何以本題不可立時表決而已；此可頃刻說畢也。倘言者討論此動議之時，而支吾出於本題之議論，則為逸出秩序，主座當立止之。

六十節　停止討論動議之演明式　地方自治勵行會，當討論公開演說會時，己君以為討論過久，而欲速行表決之，適寅君言畢而坐，己君循例討得地位而言曰：「我動議停止討論。」主座曰：「停止討論之議已提出矣，可否呈出本題？」若無異議，彼當繼曰：「贊成者……」云云。如有討論，則討論亦甚簡略，祇限於本題之應否即行表決之理由耳。如十分鐘已至，或討論告終，主座當曰：「討論之限已過，今當表決，贊成者請曰『可！』反對者請曰『否！』云云……」，隨宣布曰：「案已通過，停止討論，當在秩序。」彼隨而呈出本題，以表決曰：「諸君贊成本會公開演說會之動議，請曰『可！』……」云云，如是則事件告竣矣。倘有人於停止討論秩序之後，仍思討論，便為犯秩序矣；蓋會中已決即行表決本題，則不容再有阻止之者。

若動議否決，主座當曰：「此案否決，討論當繼續進行。」討論於是復續，至再有停止動議，或至互相許可，或至散會，或至別種動議致本題立當處決而後止。

六十一節　停止動議與本題動議之別　當一動議在討論之中，遇有發停止討論動議者，即謂之為附屬動議，此動議當先行表決，如得通過，立即當呈本題以表決。此兩表決相續而行，不容有他事為之間斷也。

六十二節　停止動議對於他動議之效力　停止動議既發並接述後，尚有可行者，為以下之事：可提起權宜問題，或秩序問題之關於本題者，可動議散會，可動議休息，可動議定時開下期之會，可動議擱置本題，及可動議各種有關於本題之修正及表決方法。但停止討論動議既呈決之後，除不足額問題及表決法問題外，則無可阻撓本題之立決者，而各種問題皆須即行表決，不得再事討論也。

若有延期動議，或付委動議，在待決之時，而停止動議通過，則兩動議為之打消。其故因會眾表決停止討論之時，則必欲即行表決本題，而延期及付委，皆與此意抵觸也。惟修正案則不能打消，因此為成全本題也，但皆不得討論，亦不得增加。其對於復議之效力，七十八、八十二兩節詳之。

六十三節　停止動議對於本題一部分之效力　停止討論之動議，能否施之於本題之一部分，向為會議學說之一爭點。有一說謂停止動議一提，則全部須為之停止，是以不能獨施於一部分也。但屬於事所必需，則停止動議，當能施之於可討論者，而重要可討論之附屬動議，為延期、付委、修正，及無期延期等附屬動議。若對於本題一部分而發停止討論，則必須明白說出，其式如下：「我動議停止修正問題之討論，或付委問題之討論。」如得通過，則此一部分當立呈表決，而後再從事以討論他部分也。

六十四節　定時停止討論　停止討論動議之外，更有動議以定未來時間之停止討論也。此動議與他動議同，惟所異者，雖在他議待決中亦可發耳。時間動議，最妙能發於開始之前，其用處一面在防止纏綿之討論，而同時又使能得適度之討論。此動議之方式如下：「我動議限此動議之討論，至四點鐘為止。」其時間之長短，可以討論而修正之；乃呈表決，倘得可決，則屆時討論須停止，而即行表決本題。此時倘大多數尚欲繼續討論，則此案可以復議如他種動議焉。

第九章　表決

六十五節　表決方式　表決與動議，原不能分離者也；故第五章所述動議，已連帶論之矣。今更重複詳之。討論告終之後，主座起而復述動議，呈之表決如下，曰：「動議為本會公開一演說會，諸君贊成者，請曰『可！』（可者應之。）反對者，請曰『否！』（否者應之。）」如可者為大多數，彼曰：「此案通過。」或曰：「此案可決。」或曰：「可者得之。」如否者為大多數，彼曰：「此案否決。」或曰：「此案失敗。」或曰：「否者得之。」主座最後之言，即為宣布表決，而議案於以成立。此謂之口頭表決法，或曰用聲決，如兩方皆無人出聲，即為默許通過，蓋不反對，則公認為贊成也。

六十六節　舉手並起立　用聲表決之法，為最簡便，但須數人數，則當用舉右手或起立之法為當。主座曰：「諸君贊成者請舉右手！」或曰：「請起立！」待至數畢。贊成者當如法應之，書記乃數之，而報其數於主座。對於反對方面，亦以同法處之。於是主座宣布曰：「十五人表決贊成，而二十五人表決反對，此案失敗。」獨依法表決者，乃數之，不舉手，不起立者，闕之。

六十七節　採法宜定　以上之表決各法，為普通集會所常用者，然開會時當採定其一，不宜同時並用數種，免致混亂耳目也。雖在永久社會中，會員慣用一法，而會長亦當先為指定何法，而後行其表決。若在臨時會議及複雜集團，則先事聲明用何法以表決，更為不可少之事，否則會眾無所適從也。

六十八節　拍掌不宜用以表決　我國集會，向有厲禁，故人民無會議之經驗之習慣。近年西化東漸，吾人始有集會之舉，然行之不久，習未成風，訛誤多所不免，則如以拍掌為表決，是其一端也。拍掌為讚揚稱道之謂，中西習尚皆同也。乃吾國集會，多用之以表決；此則西俗所無也。夫既用之為讚揚，而又用之以表決，則每易混亂耳目，使會眾無所適從，故稍有經驗之議會，洵不宜用拍掌以表決之。

六十九節　兩面俱呈　表決必兩面俱呈，而主座又宣布結果，乃云決定。若祇呈之可決，而未呈之否決，或兩面皆已呈，而主座未宣布結果，則不得謂之完妥，不能生合法之效力也。其無經驗之主座，常忽略之，而呈表決如下：「諸君之贊成者請曰『可！』諸君之反對者請曰：『否！』」而已，隨而忽略於宣布，此皆謂之不合法也。其合法之表決秩序如下：一、主座呈問可決者；二、可決者應之；三、主座呈問否決者；四、否決者應之；五、主座宣布其結果。

七十節　表決疑問　用聲表決，贊成與反對兩者之數，相差不遠，結果難辨，則成疑問。若於兩者既應之後，而主座不能定何方為大多數，彼則曰：「本主座有疑，請贊成者起立！」待至數畢；其手續悉如六十六節。又如有會員不以主座之宣布為然，彼可生疑問；演明如下：一動議既呈表決，而主座以為可者多於否者，既而宣布曰：「已得可決。」乃有戊君以為不然，於是起而不待承認，言曰：「主座，我疑表決之數。」遂坐。主座從而言曰：「表決之數已見疑，贊成之者，請起立！」待至數畢，云云，悉如六十六節。主座可用舉手以代起立，但起立則錯誤較少也。若在大會場中，則常有令表決者分為兩部，一往右邊，一往左邊。惟此種煩難之法，祇宜用之於不得已之時，及臨時之會耳。在永久社會之大會，會員皆列入名冊，如有見疑時，當按冊點名，各隨名以應可否。他法倘生疑點，則此為最適當也。

倘用聲表決，當時不生疑問，則主座所宣布，便作成案，蓋以會員不即起疑問，便作承服主座之決斷也。

七十一節　同數　當表決可者與表決否者之數相同，則名之曰「同數」。此案贊成與反對兩者相抵，故動議則為之打消。其理由為動議之通過，必要得大多數，今祇得同數，乃大多數之欠一，是以不能通過也。此法有一例外，見一五六節。

七十二節　主座之特權　若遇同數之表決，則為主座行使特權之候。彼可隨意左右袒，或加多一數，使案通過，或由之使自打消。倘彼為贊成其案者，當宣布如下，曰：「二十人贊成，二十人反對，本主座加入贊成方面，案得可決。」倘彼反對，則曰：「二十人贊成，二十人反對，而案打消。」

主座又可加入少數以成同數，以打消動議。倘表決為二十人贊成，十九人反對，而主座欲打消其案，則宣布如下，曰：「二十人贊成，十九人反對，本主座亦加入反對，而案打消。」

七十三節　主座有表決之權利　主座亦為會員之一，有同等表決之權利，但此權利除遇同數時之外，鮮有用之者，惟其存在則一也；而其惟一之例外，則為主座非屬會員之一，如美國副總統為元老院之議長，則除同數之外，本無表決之權；但元老院代理議長，本為元老之一，則有表決權也。

若用點名以表決，則主座之名，亦按次與會員同時點之，而主座應名與否聽之，倘彼既應名，而得同數之表決，則彼不能左右袒矣。蓋每會員祇得一次之表決權也。倘彼尚未應名，而遇有同數，則彼宣布時可隨所喜而加表決也。

七十四節　點名表決　用聲表決，起立表決，舉手表決，及分兩部表決，上已論之矣。而點名表決，則與各法不同，蓋此法非由主座自行採擇，乃由動議及表決而定。若遇特種法案欲得記名，以便知誰為贊成誰為反對者，則點名表決為不可少者也。但點名表決，恐難得大多數之贊成者，故宜立例以規定少數（五分一）人有要求之權利。此等條例，凡有集會，多採用之，而永久社會，亦當採用之。

到表決之時，或表決之前，如有會員欲記名表決，當照常討地位，動議「用點名表決」。此動議不討論，而呈表決，若得在場五分之一贊成，主座當宣布曰：「已得五分之一贊成用點名表決，則點名為刻下秩序矣。」書記遂起執名冊，逐名高唱，若不見應，則再唱之，但不三唱；每會員名字唱出之時，即應曰「可」或「否」。書記按名而記之：可者作一號於其名之右。否者作一號於其名之左；唱畢，將可否各名數之，而交主座宣布之。

七十五節　投票表決　若欲秘密，則當投票表決，其法已詳於十四節。此為煩緩手續，多用於選舉職員委員及代表或收接會員等，及用之於關於個人而不便公然討論不便公然表決之問題。投票表決之動議，其發起及呈表決，由大多數以決定，一如平常之動議焉。

七十六節　由少數或多於大多數以取決　尋常通例，贊成反對之表決，皆定於大多數；此除少數特別事件之外，莫不皆然也。在用點名表決，祇需在場者五分之一。在改章程修憲法及罷免會員等事，當需三分二之數；而停止條例，當需一致之表決；及其他之事件，由僅僅大多數通過，而致大不便者，須立以需更大多數之例以防範之，庶為萬全也。

第十章　表決之復議

七十七節　復議之定義　按之常例，凡動議一經表決之後，或通過，或打消，則事已歸了結矣。惟預料議員中過後或有變更意見，遂欲改其表決者，故議會習慣，有許可「復議之動議」，即推反表決而復行開議也；其作用則所以糾正草率之表決，及不當之行為也。

七十八節　復議動議之效力　此動議若得勝，則其效力有打消表決，而使案復回於未決前之狀況，以得再從事於種種之討論，然後再行表決也。此動議若失敗，則其效力為確定前之表決，而不許再有異議也；蓋會議公例，每一表決，在一會年內，非全體一致，不得有二次之復議也。

七十九節　何時可發復議動議　此動議祇可發於同時，或於下會；若過兩會期之後，則不能再發矣。若發於同時者，可以立即開議，又可由動議及表決延至下期開議；若發於下期者，必當立時開議；但兩者皆無立時決斷之必要。倘此動議得勝，亦不過重開討論耳，而其受延期及他種行動之影響，則與他議案同也。倘此動議失敗，則表決案便得最終之確定矣。

八十節　何人可發復議動議　復議動議有一重要點，與他動議不同者：即他動議在場之人皆可發之，而此奇特動議，祇有得勝方面之人乃可提出，其限制之理由，則以事既經表決之後，則失敗者固欲復議，而得多一次之表決，以挽救其失敗，故常乘間抵隙，俟得勝方面人數減少之時，提出復議，如是則對於得勝方面殊欠公平也。故為公平起見，當加限制於一方，誠為良法美意也。倘表決果有不當，則失敗方面之人，自易說托得勝方面之人，以提出復議也。

凡一問題，既經圓滿之討論，公平之表決，則一次已足矣。獨遇有特別重大之理由，乃有提出復議之事。故為之限制者，所以防止不時之復議也。此等限制，立法院及大會場多採之，以其屬乎公平適當也。倘有社會不欲用之，當訂立專條，規定凡有會員皆可提出復議動議也。

八十一節　折衷辦法　於二法之中，求一折衷之道，可望解決此奇特問題者，其法如下：「復議動議，若發於表決之同日，則兩方面之人，皆可發之。如發於表決之下期，則祇得勝方面之人可發之。」如是乃可防止下期為失敗黨出其不意之推反表決案，而於同日又不礙失敗方面之人發揮新義也。凡社會之欲折衷辦法者，可採此法以為專條也。

八十二節　討論復議　復議動議之討論，與停止討論動議之討論同，皆限以時間，以此種討論，除說明因何有復議之必要，則無可再說也。倘此討論費時太多，致有障礙於本題者，會眾便可請主座維持秩序而停止之矣。又停止討論之動議，亦可施之於復議動議，如他之獨立動議焉；如此即立將各種討論終止，若事已至此，則便知大多數之人，已表示不願再聽，而決意不欲復議矣。

八十三節　得勝方面之釋義　得勝方面，非必為可決方面及大多數方面也。若一動議，或一問題，被打消者，即否決方面之人為得勝者也。若須三分二之數以通過一案，而其案被打消者，即得勝方面乃少數之人也。若兩造同數，而最後之人加一否決者，即此否決者為獨一之得勝人也。又若須全體一致以通過一事者，而一人梗之，此一人即為得勝方面。倘須復議，則衹此一人乃能提之也。

八十四節　復議之演明式　設使地方自治勵行會已通過之案，為「本會公開一演說會」，曾經正式表決而記錄在案，則其事當然歸於結束矣。乃有甲君以為其事決於倉卒，或欲表示其不合時宜之理由，故於同時或下議期討得地位而言曰：「主座，我動議復議本會表決公開一演說會之案。」言畢遂坐；而主座乃曰：「復議動議祇可由得勝者發之，倘甲君為表決是案之得勝者，其動議方為有效，而在秩序之中；否則非是。」是時書記當翻記錄：如為點名表決者，則「可」「否」必識於名下，一看便知甲君屬於何方。若無記名之表決，甲君當答曰：「我表決於得勝方面。」或曰：「我非表決於得勝方面。」隨其所行而言之。若彼不屬得勝方面，則彼之動議，不入秩序，除有得勝方面會員，出於友誼，為之再提其動議，而主座當不為之接述也。最妙莫如甲君於動議時則提明如下，曰：「主座，我對於某某案乃表決於得勝方面者，今動議復議其表決。」

若甲君為表決於得勝方面者，主座當曰：「有提復議本會公開演說會之表決案，諸君準備處分之否？（隨或為一有限制之討論，各僅將其應否復開討論之理由陳之而已。）贊成復議者，請曰『可！』反對者請曰『否』！」若得通過，則曰：「復議得通過，請諸君將案復行討論。」若否者為大多數，主座則曰：「否者得之。」或曰：「復議之案失敗，公開演說會之表決，仍然確立。」

八十五節　不能復議之案　以下各案之表決，或通過，或否決，皆不能復議者：為散會之表決，擱置之表決，停止討論之表決，付委之表決（而委員已著手行事者），復議之表決，及申訴之表決，選舉之表決，投票之表決等是也。又表決案之已著手執行者，皆當然不得復議。

八十六節　復議動議宜慎用　復議之動議，始自美國，其用處乃以應非常之事；如他法之能力已窮，而仍不能達目的者，然後始用之，方可謂為適當。要之，最善莫若先盡一切必要之討論，詳而議之，使無遺義，然後從事於表決，庶不致會眾有所藉口於復議也。總而言之，此奇特之動議，務宜審慎少用為佳，故祇限於得勝方面也。

八十七節　取消動議　取消動議與復議動議甚相似，而兩名目常有混用之者，其實大有不同，復議動議，欲將表決之案，再加詳細之討論，而後再行表決之。取消動議，乃直將表決之案取消，不復再議。又復議動議，當受限制，如前所述，倘得通過，則再將問題討論，而再行表決，如是則受兩度之表決；而取消動議，為獨立之動議，不受限制，人人能發之，倘得通過，則直打消全案，而無再行表決之事。簡而言之，其前者則將問題復呈於眾，其後者則將全案打消。

八十八節　兩動議之功效　復議動議之限制條例，不能假取消動議以免除之，其理甚顯也，否則其條例之維持作用全然失卻矣。且若藉此免除，亦殊欠公允，故事件一過復議期限之後，則不能以取消動議施之矣。惟向無一成不易之例，是以社會習慣，以一年為一會期，今年會期所定之事，明年可以取消之。又由全體一致，則復議動議，或取消動議，皆可隨時發之，非此所能限制也。復議之本題，無論由大多數或大多數以下所通過者，而復議動議之表決，則必以大多數為定，而取消動議之表決數，必要與本題之表決數相同乃可。取消之方式如下：動議者曰：「我動議將某某案打消。」隨當討論，而後表決。倘得通過，即取消其案；若得否決，則其案得重行確定於今年之會期矣。

卷三　修正案

第十一章　修正之性質與效力

八十九節　修正之性質　以前所論，皆單純動議，始終一成不變，而以原議為表決者也。然動議可隨意更改，或增加，或全變為一異式者。其改變方式或意義之手續，名曰「修正」；修正之作用，則以改良所議之事件。然所謂良者，人心各有不同，而修正之實習，乃任意改之；故所改之議案，雖與動議者之本旨及用意相反者，亦常有也。複雜動議之進行程序，與單純者無異，其提出、接述、呈眾、收回、討論等，皆與單純動議同一辦法也。

九十節　修正案須有關係

修正案祇有一限制：即所擬改易，必須與本題有關係。所修正者，無論如何衝突，若與本題有關係，則不能不許也。倘另立題目則屬無關係，主座可行使維持秩序之權而制止之，會員亦可請主座維持秩序而令之停止。又修正案不得過為瑣碎或近乎痴愚也。演明式如下：地方自治勵行會，正在討論一動議，為「委理財員往調查本城各會堂之價值，以備得一地址，為本會永久集會之所。」乙君動議修正，為刪去「理財員」之句，而加入「會長」之句，或修正為「會堂」之後，加入「房屋」，或刪改為刪去「委理財員往」以後各句，而加「租一會堂為永久集會之所」。以上各句，雖有變易本題用意，然皆與本題有關，故謂之為有關係之修正案。但若使乙君之提議修正案，為刪去「為本會永久集會之所」，而加入「為應酬之地」，此則與本題不相類，可以「無關係」「不秩序」打消之，因彼為純然別一問題也。主座當曰：「乙君之修正案，為加入『應酬之地』，以代『永久集會之所』，乃軼出秩序之外。蓋所擬修正案，與所議之本題無關係；本題乃覓一地為正式集會之所，而非為應酬之地也。」再若乙君動議為「本城」之後當加以「新都」，此當以瑣碎不入秩序而打消之。對於修正案之普通習慣，美國國會代表院有簡明之規定條例，曰：「凡動議及問題與議中之本題判然兩物者，則不容有托辭修正而加入也。」

九十一節　修正案之效力

修正案之效力，乃呈兩動議於會眾：一為修正之動議，一為本題；因一問題當結構完備，乃呈出表決，故當先議修正案而表決之，然後乃從事於修正之本題也。

演明式如八十九節，尚在議中，而寅君討得地位而言曰：「我動議修正為『會堂』之後加入『及房屋』三字。」主座曰：「諸君聽之，動議為『會堂』二字之後加入『及房屋』三字。於是動議之讀法當如下：『委理財員往調查各會堂及房屋之價』。」討論隨之，而祇及於修正案，遂付表決，如他案焉。倘得採取，則「及房屋」三字，成為本題之一部分矣；而最終之付表決，主座當曰：「現在之所事，為修正之本題，其案如下……」（彼復述所修正之本題，而後呈之表決。）

九十二節　第一及第二之修正案　一修正案之外，更有修正案之修正案；即將修正之案，再加以修正如修正之對於本題焉。如是則前之修正案謂為「第一修正案」，後之修正案，謂為「第二修正案」。前者為對於本題之修正案，後者為對於修正案之修正案也，由此而及於本題焉。其解決之級序，當先從事於第二修正案，因第二之修正案，為結構第一之修正案，而使之完備，凡案必先完備，方呈表決也。故此案有三重表決如下：其一表決第二之修正案，其二表決第一之修正案，其三表決本題。

此為修正案之極端，不能再有「修正案之修正案」之修正案矣。有之，必生紛亂之結果。但一修正案表決之後，無論其為通過，或打消，則其他之修正案，可再提出，如是連接不已，此對於第一第二之修正案皆然也。其理由則因修正案既表決之後，祇餘一動議（如為第二之修正，則餘二動議。）於議場，而修正案之限制，本祇容三動議，同時並立：即一為本題，二為第一修正案，三為第二修正案。其原則為一修正案既通過之後，則便並合於所關係之動議而為一體，此動議則成為一新方式，而新方式則可作本題觀也。是以第二修正案既已表決，則其他之第二修正案，便可提出。第一修正案既已表決，其他第一修正案亦可提出。如是者屢，以至於原動議結構完備，為大多數所滿意者，始呈出表決也。

九十三節　第一第二修正案之演明式　地方自治勵行會在議之案，為「本會設一圖書雜誌庫為會員之用」。主座已呈此案於眾討論，而戊君欲提出修正案，其進行手續如左：

戊君起而言曰：「會長先生！」

主座起答曰：「戊先生！」

戊君曰：「我動議修正此案，加『新聞』二字於『雜誌』之後。」遂坐。

主座曰：「諸君聽著戊君之動議，為加『新聞』二字於『雜誌』之後。如是則此動議讀為『本會設一圖書雜誌新聞庫』。大眾準備處分此問題否？」

寅君起而言曰：「會長先生！」

主座曰：「寅先生！」

寅君曰：「我動議修正此修正案，加『每週』二字於『新聞』之前。」

主座曰：「寅君動議加『每週』二字於『新聞』之前，大眾準備否？」（隨而討論加入「每週」二字）。

主座曰：「第一問題，為表決加入每週之修正修正案。諸君贊成者，請曰『可』！反對者請曰『否！』」遂宣布曰：「案已通過。其次之問題，為修正案加入『每週新聞』四字於雜誌之後，諸君準備否？（隨而討論修正案）贊成者請曰『可』！反對者請曰『否』！」又宣布曰：「已得通過。今之問題為修正之原案，即『本會設一圖書雜誌每週新聞庫以便會員之用』。尚有修正否？（若有之，則照前法提出。）若無之，則贊成所修正之動議者，請曰『可』！」

學者須知修正之討論，皆限於當前之問題，但此限制，間有出入之處。即如修正案或修正之修正案，其關係與本題甚切者，則討論時每有申論至全題之必要。如是雖議長可限止，然鮮如此苛求者；但兩題若判然有別，則議長當立行制止也。

九十四節　同時多過一個之修正案　在有經驗之團體之習慣，常許同時多過一個之修正案，各關於本題之不同部分。但無經驗之社會，則莫善於照普通習慣，一時衹許一修正案，俟解決其一，再從事其他。會議學家有言：「一修正案在解決中，則不能接受他修正案，除非後起之案，為修正之修正案也。」

（演明式）如上九十三節所引之案，戊君動議修正案加「新聞」二字，而此動議當前待眾解決，而己君動議修正刪去「會員」二字，而加入「公眾」二字等語。主座對於此事，當曰：「同時衹能開議一修正案，己君之動議，此時不合秩序。現在之問題，乃戊君之動議，必當先行解決者也。且己君之動議，引出一新問題，而此問題又非修正之修正案，是為不合秩序。」

九十五節　先事聲明　倘有欲為修正之案，而時不當秩序，彼可先事聲明，待機而動。此為準備其動議之路徑，而會眾得此聲明，先知其意，則於表決當前之事，當更有酌量也。

（演明式）己君既動議如九十四節所云，而主座以違秩序打消之，但己君可進而言曰：「若是則我欲先事聲明，到適可之時，我當動議加入『公眾』二字，以代『會員』二字。」言畢，乃坐。戊君之議案，於是進行，至表決之後，己君乃討得地位，而提其修正之案，因此時已無障礙也。

此先事聲明之法，有特殊之妙用；如有第一第二修正案已發，若再有人欲發其他，非待其前者表決則不能，故先事聲明，常可使表決者之意為之一變也。假如己君欲以「每日」二字加入，以代「每週」於「新聞」之前，但彼不能發此動議，因有第一第二兩修正案，尚在議中也。但彼可先事聲明曰：「我欲先事聲明，倘加入『每週』兩字之案被打消，我當動議加入『每日』二字。」如是則先示意於欲取「每日」者，使之於表決時可打消「每週」也。

九十六節　接納修正案　處分修正案之最簡便者，莫如本案之原動者接納所擬之修正案。但倘有人反對，則修正案不能接納，因主座接納之後，其案便成為公共之所有。倘無人反對，而修正案得接納之後，則成為本案之一部分，一若本案提出者之原議，不必分開以表決焉。但原動者祇接納彼所同意之修正案耳。倘彼不同意，則當緘默不言，而聽其正式解決，如他種之問題，其得失任之本體之優劣可也，主座無庸問修正案之接納與否。凡修正案不得接納，並非失敗，不過另呈正式之表決耳。

（演明式）對於圖書雜誌庫之議案（見九十三節），乙君動議修正案加「新聞」二字於雜誌之後，正在討論中，卯君動議修正修正案加入「每週」二字於「新聞」二字之前。乙君若贊成此修正案，可起而言曰：「主座，我接納此修正案。」若無人反對，則其修正案成為「修正加入每週新聞等」，主座遂接述而表決之也。更有一限制，則凡一案或其案之修正案，若已受變更之後，則不能接納矣。譬如乙君之修正案加入「新聞」已再被修正，加入「小冊」，則乙君不能接納卯君之動議，加入「每週」二字也。

第十二章　修正案之方法

九十七節　修正之三法　修正有三法：一、加入字句；二、删除字句；三、删除一分而加入他分以代之。

（演明式）其一加入式：「本會設一圖書雜誌庫為會員之用」之動議，正在討論中，酉君動議修正加入「輪貸」二字於「庫」字之前，或修正加「及其友」三字於「會員」之後，或修正加入「報紙」二字於「雜誌」二字之後，是也。其二删除式：同前案丙君動議修正删除「雜誌」二字，或修正删去「為會員之用」五字，是也。其三删除及加入式：寅君動議修正删去「會員」二字，加入「公眾」二字，或修正删去「圖書雜誌」而加入「期刊新聞」，是也。以上各條，皆為第一修正案，而每條可再加修正。

九十八節　宣述修正案之方式　主座呈修正案於表決，不獨復述修正案，且當述修正後之本案為如何也。三式之修正案，其宣述如下：㈠茲有動議修正加入某某字於某某之後，於是修正後之本案，讀為如此如此。㈡茲有修正删去某某下之某某字，於是修正後之本案，讀為如此如此。㈢茲有修正删去某某字，而加入某某字，於是修正後之本案，讀為如此如此。

九十九節　加入方法　一切語句，與本題有關係者，皆可由大多數表決而加入。既加入矣，則以後該語句，或一部分之語句，除由復議外，不能删去，蓋議例凡同一之事件，不能加以兩次動作也。惟其語句加入之後，若再受修正，而加入他語句於其間，則全部可由再一修正案以删去之。

（演明式）其案為「本會設一圖書雜誌庫為會員之用」，正在會議中，而以下之動作生焉。寅君討地位後，曰：「我動議加入『輪貸』二字於圖書庫之前。」主座接述曰：「諸君聽著寅君之動議加入『輪貸』二字於圖書庫之前，於是其案讀為『本會設一輪貸圖書庫為會員之用』。」遂曰：「諸君準備否？」繼曰：「贊成者請曰『可』！反對者請曰『否』！」宣布曰：「已得可決，尚有修正案否？」

戊君討地位後，曰：「我動議加入『免費』二字於『輪貸』二字之前。如是則讀為『免費輪貸圖書庫為會員之用』。」

主座曰：「諸君聽著，動議修正案為加入『免費』句，如是則案讀為如此如此，贊成者……」云云，遂曰：「此案通過。」

戊君曰：「我今動議刪去『免費輪貸』四字於圖書之前。」主座乃復述之，而呈之表決。

戊君發兩動議之目的，乃在使寅君之加入「輪貸」二字之修正案，再得一次之表決，而意在打消之也。蓋修正案一旦通過之後，除復議外則不能再行表決，而復議之結果，或無把握，故戊君動議加入「免費」二字，以取得多一次之表決；隨得通過，則戊君動議刪去全部。如是戊君乃得兩次之討論，而行兩次之表決，而使彼所反對之案，得兩次之機會以打消之。但寅君之動議，則殊無成見於中也。

其理由以何而見許此重複行動，則因「免費」兩新字既採入於修正案之內，則其案已變成一異式問題，故作新案觀，而修正之限制不能加之也。

一百節　加入案之否決效力　反之，前節如擬加入之修正案得否決，則同式字句，或其一部以後，不得再行加入。但既打消之字句，若加以其他字句，而成不同之案，則可加入。如在議之案，寅君既動議加入「報紙」二字而其案已被打消，彼隨後可再提出加入「宗教報紙」，或「地方自治之彙報」；此雖屬於否決之修正案，而今則另含有他語，為新問題，而成一不同之案也。

一百零一節　改變意思之必要　最當注意者，所加入之字，必變易其打消案之意義，或其界限，方得成為一新問題，從事討論。若祇改換其語句，而不變其性質，則不成為一新問題。而原有之事件，既經打消，不能再從事於動作也。寅君不能動議加入「每日新聞」，因此等之字，雖口語不同，而實與「報紙」無異，而此既已打消矣。但關於「地方自治之期報」，或「法政宗教報」等件，異於報紙，而會眾當樂於表決此等有界限之件，而反對泛泛之件也。

一百零二節　刪除之法　刪除之修正動議，與加入之修正動議，甚相切合，故從事其一，則必牽動其他；二者皆為一法所範圍。任何語句，皆可刪去，但同一事件，或其一部分若已刪去，則不能再行加入，除非復議乃可；而已刪去之語句，或其一部，若有他字混合而成一異種問題者，便可加入也。

（演明式）同問題在討論中，丙君動議修正刪去「及雜誌」三字，主座接述之，付之表決，而得通過。此三字於是被刪去，除復議外，不得再加入矣。但有已君反對刪去，而欲再行加入，彼可動議修正加入「小冊及期報之關於吾人之事者」各句；此中包有雜誌，但非純為加入雜誌之句，是以有別於已經處分之件也。

一百零三節　刪去修正案否決之效力　反之，前節若一刪去之修正案被打消，則所擬刪去之各字，得以確立，而為原案之一部，除復議外，不能加以處分。但如牽入他語，則此部或其一分，可再動議修正刪去，蓋此為一新問題故也。在百零二節之演明式，如丙君之修正案，刪去「雜誌」二字，已被打消，其後彼可動議修正刪去「圖書及雜誌」，因此句雖含有打消之案，其實為一不同之問題也。

一百零四節　刪去案呈決之方式　主座於呈動議以表決時，多照述動議者之言而已。乃顧興氏之議事規則，則異於是，其式如下：主座呈動議以表決曰：「動議為由『書』字之後刪去『及雜誌』三字。今請問諸君『及雜誌』一句，可否成立為動議之一部分？」此其效力乃與常例相反；常例可者可之，此之可者，乃適以否決刪去案也。

顧氏之法，無甚理由，且易惑初學者之耳目，故多為他家所不主張。而本書所採用之法如左：

主座曰：「修正案為刪去『設』字後之『圖書及雜誌』五字，此句可否刪去？贊成者……」云云，宣布曰：「已得可決，刪去『圖書及雜誌』五字。」

一百零五節　所棄之字可加入他處　既經由刪去案而得可決，或由加入案而得否決，所棄之字，有時可加入於本題之他處，惟必於本題另經修正，改變性質及其意義，而成一新問題之後乃可。

一百零六節　不字　一修正案加入刪去「不」字，而使動議之意義，適成正反對者，乃不能許可之事，如有為之者，則當以違序而制止之。由此而推，則凡有相反之字，使正義成為負義者，則不許加入也。若欲否決一案，當於處分時表決之而已。

一百零七節　刪去而加入之法　任何字皆可由一動議刪去，而任何字有關係者，皆可補入其位；既已加入，則必照一百零二節所釋之條件，始可刪除；其動議「刪去並補入」乃為一案。申而言之，則為動議刪去，並動議加入，相合而成者也。如刪去甲字，補入乙字，則不能分為兩案（一刪去甲案，一補入乙字案）；既以一案提出，亦當以一案呈表決，其理由則動議者有一表決，以補其字於刪去之字之位也。

若此案可分而為二，則刪去其字之後，其位已空白，若他字非動議者之所欲，若加入之，則與動議者之用意相左矣。是故「刪去而補入」之案不得分而為二也。

（演明式）「設立一圖書雜誌庫為會員之用」之案，正在討論中，子君討得地位而言曰：「我動議修正刪去『會員』二字，而加入『公眾』二字，」主座曰：「諸君聽著子君之動議，刪去『會員』二字，而加入『公眾』二字，於是其案讀為『設立一圖書雜誌庫為公眾之用』，眾人準備處分此問題否？」云云；「贊成刪去『會員』二字，而加入『公眾』二字者請曰『可』！……」云云，若得通過，則「公眾」代卻「會員」二字，而為原案之一部分矣。若有人欲刪去「公眾」二字，則必當提出復議，或用一百零二節之手續乃可。

一百零八節　刪去而加入修正案否決之效力　若刪去某語而加入他語之案被打消後，則除復議外，原語必當確立。但如有他事加入於原語，使之成為一別種問題，則間接可再受修正之行動。

一百零九節　替代　一新動議，如與在場之議案有相關者，可全部替代之，此簡而言之，即為刪去全案，而加入他案也。

（演明式）設書庫之議，正在討論中，酉君起而言曰：「我動議修正，將現在議案，改為委會長調查建設書庫需費若干，並辦理勸捐此費。」主座曰：「已有人動議將議案改為……」云云。

現在問題，以為一動議代他動議，所擬之替代題，不過一修正案耳。此案可加以修正，又可分之為二，以其含有兩問題也；當經過討論，如他案焉，然後乃呈表決。先表決修正案，後表決所修正之本題。此兩表決呈出如下：其一、「諸君贊成將案替代者，請曰『可』！」隨宣布曰：「已得通過。」其二、「諸君贊成所修正之本題者，請曰『可』！」宣布曰：「案已通過。」

第十三章　修正案之例外事件

一百一十節　款項及時間之空白　對於兩度之修正案不能再加修正之例，有例外之事件：即如數目問題，凡有擬改者，不限於兩度。各會員皆得隨意提議，悉當接納，而一一表決之；而第二修正案，當在第一修正案之前以表決之例，亦不施於此。

數目問題，多屬乎款項及時間；若有一動議含有此兩種數目者，遇有他動議改易之，不作為修正案，而作為填補數目字之空位論。故所有提出數目者，主座或書記當一一記錄之，而後逐一表決；從最大之款項，或從最長之時間起，而至表決其一為止。

（演明式）有動議「以兩點鐘為本會開會之時」。

主座既呈此案於會眾，寅君得地位而動議：「以三點鐘為開會之時。」（此非修正刪去兩字，而加入三字也。故主座仍進行接受其他之動議，以填空位焉。）

卯君曰：「我動議『以兩點半鐘為開會時』。」

乙君曰：「我動議『以三點半鐘為開會時』。」

癸君曰：「我動議『以四點鐘為開會時』。」

主座曰：「今所議為本會開會之時間，已有動議以兩點、三點、兩點半、三點半、四點各案者。請諸君討論之！」

主座曰：「諸君已準備處分此問題否？贊成四點鐘者，請曰『可』！」宣布曰：「此案失敗。贊成三點半鐘者，請曰『可』！」宣布曰：「此案失敗，贊成三點鐘者，請曰『可』！」宣布曰：「此案失敗。贊成兩點半鐘者，請曰『可』！」宣布曰：「此案通過。」於是填寫兩點半鐘入空位。再曰：「今贊成此案『以兩點半鐘為本會開會之時者』，請曰『可』，反對者請曰『否』！」宣布曰：「已得通過。本會開會之時間為兩點半鐘。」

驟觀之「兩點半鐘」一句，得二度之表決，似乎不必，但第一度之表決，為修正案之表決，如一百零九節所釋之義，且表決於「兩點半鐘」者，非必隨而表決於本題也。又或有會員不欲限定開會時間者，亦未可定也。

更有顯而易見者，即如收費問題：會員中有贊成此項，而不贊成彼項者。設有動議捐十元為某事經費者，有議捐二十元、十五元、及五元者，主座一一呈之表決，先從最大之數，既而曰：「十五元得通過，可補入空位。有贊成修正之原案，以捐十五元為某事經費者，請曰『可』！」如是則會員之反對捐款者，可有機會以表決打消原案也。其例第一表決，乃為填空位（即一種之修正案）而設也，而第二之表決，乃為原案而設也。

一百十一節　人名　若有數人之名，皆受指名為同一之職務，此非照修正案之法辦理，乃照前節所詳對於款項及時間之法辦理。各名照指名之秩序一一呈之表決，先從原案或報告中所列之名起。演明式見第一章。

一百十二節　不受修正之動議　有數種之動議不得加以修正者，其要者如下：一、散會；二、擱置；三、抽出；四、停止討論；五、無期延期。其例凡案皆可加修正，惟修正致改變性質者則不得加以修正也。譬如「停止討論」之案，則不能再以修正為「停止討論於指定之時」也。

一百十三節　復議案　若一案已得通過之後，而欲復議此案之修正案表決，則必先復議本案之表決，而後乃能導入於修正案之表決也。

一百十四節　修正之秩序　前已論之，若同時有數起第一修正案加於一問題，則當照提出之先後而處分之。若有第一修正及第二修正案，則先表決第二修正案，而後乃從事於第一也。若為連續之問題合成於一者，如一會之規則等，則宜逐節詳議，按序修正，不宜逐條表決，因此有妨礙會眾重複再議也。若祇逐節修正，而暫置之，則於全部規則表決之前，可隨時再加修正，此常有必要者也。俟各節之修正已完妥，而會眾已準備，乃將全部之規則呈之表決，則必得完滿之結果也。

卷四　動議之順序

第十四章　附屬動議之順序

一百十五節　順序之定義　在此之順序二字，乃指處分動議之秩序而言。照公例，凡動議之順序，當以提出之先後為定；其先提出者，得先討論，得先表決。但有一種之動議出此例外，因其性質之異，其順序則在當前動議之先；而此種例外之動議，其中順序，亦自有等級。

一百十六節　獨立動議附屬動議　動議之不關連於他動議，其效果為呈一新問題於議場者，則謂之獨立動議。凡獨立動議之順序，當循公例之範圍；即一獨立動議，祇能提出於無動議當前之議場，而一獨立動議解決之後，他動議方能入秩序。

附屬動議，可提出於他案正在議中而未解決之時；此乃附屬於獨立動議之下，而使之改變方式，或改變情狀。修正案及停止討論案，即附屬動議之張本也。附屬動議必當就於其所關連之獨立動議上施其效力；附屬動議中亦自有順序定例；有此先於彼者，其當先者，雖提出於後，亦能超出前者而得處分也。

一百十七節　七種附屬動議及其順序等級　附屬之動議有七，為議場中所常用者。凡學議者，必當熟習之。此中二者已論之於其所屬之部：其一，為修正議，乃最要而最常者，第三卷專論之；其二，為停止討論之議，則關於討論之案，第八章論之。其餘五者，為散會議、擱置議、暫延期議，付委議，及無期延期議，其先後之順序等級如左：

㈠散會議
㈡擱置議
㈢停止討論議
㈣延期議

㈤付委議
㈥修正議
㈦無期延期議

凡此附屬動議順序，皆在本題之前。即如當本題在議之時，有提出以上動議之一者，即當間斷本題，先從事於討論附屬動議而表決之，然後再從事於所變動之本題焉（見一百五十八節）。在於一問題討論中，若有兩人先後各提出七種附屬動議之一，其後提出者，若順序等級在前，便可即行討論；若順序等級在先提出者之後，則不許之。即如有一獨立動議，正在討議中，突有提出延期議者，既而此議在討論之時，其能再提出之議為散會議、擱置議、及停止討論議；其不能提之議，為付委議、修正議、及無期延期議。其動議順序，列在當議中之附屬動議上者，則在超之之階級；其在當議中之動議下者，則在被超之之階級。若獨立動議即本題與其數修正案俱在當議中，則除第七動議之外，各動議均可提出；倘各皆就秩序提出，則當一一按順序以表決，而本題則暫為放下，俟各附屬動議解決之後，乃再從事也。

一百十八節　議案順序之演明式　有動議「使地方自治勵行會速行籌備註冊」者。

戊君（略去討地位式，餘仿此）曰：「我動議修正加入『在暑假期』句於『備』字之後。」

主座曰：「諸君聽著修正案加入字句。如是則議案當讀如下：『使地方自治勵行會速行籌備在暑假期註冊。』諸君準備否？」（此案可討論）

癸君曰：「我動議付委籌辦。」

主座曰：「已有動議將案付委籌辦，此議順序在修正議之前，諸君準備為付委之表決否？」（可討論）

寅君曰：「我動議將此事延期一星期。」

主座曰：「有動議延期矣。」（可討論）

乙君曰：「我動議停止討論。」

主座曰：「停止討論動議已經提出，可否即行表決本題？」（可為限制之討論。）

甲君曰：「我動議擱置。」（不能討論）

主座曰：「擱置之議已提出，贊成者請……」云云。

卯君（間斷之）曰：「主座！」

主座曰：「擱置之議為不能討論者。」

卯君曰：「主座！我非欲討論，乃動議散會也。」

主座即改正曰：「散會之議，今已在秩序。此議順序駕乎各議之上，今當先行表決散會之議，贊成者請曰『可』！」云云。宣布曰：「此案失敗。今表決擱置之議。贊成者請曰『可』！」云云。宣布曰：「此案失敗。今次及停止討論。（即表決本題如得通過，則延期之議及付委之議，皆無形失敗，而即從事於本題及修正案。）　贊成者請曰　『可』　！」　宣布曰：「已失敗矣。諸君準備處分延期一星期之議否？贊成者請曰『可』！」云云。宣布曰：「已失敗矣。」

己君曰：「我動議無期延期。」

主座曰：「付委及修正兩議，尚在場中，無期延期之議，未到秩序。諸君準備表決付委之議否？贊成者請曰『可』！」云云。宣布曰：「此案失敗。今之問題，為戊君之修正議加入『在暑假期』，諸君準備否？贊成者……」云云。宣布曰：「此案通過。今贊成修正之本案者，請……」

己君（間斷）曰：「我今動議無期延期。」

主座曰：「此議今已到秩序。諸君欲打消議案者，請曰『可』！」宣布曰：「打消案失敗。贊成修正之本案，即『地方自治勵行會速行籌備在暑期註冊』者，請曰『可』！」宣布曰：「已得通過。」

以上之演明式，乃表示附屬動議，除修正案外，各皆失敗時之效果也；其各皆通過效果之演明式，後三章詳之。若有提出其中任一，而因有他案當前不合秩序者，則對付之法，一如己君之無期延期案也。各附屬動議，既經一次失敗，隨後可再行提出，惟當間以他事也。例如擱置動議，可再提出於一動議之後，或於兩動議之間。所有附屬案，皆受順序之範圍，而討論則祇就附屬動議之本身從事，不牽涉入本題也。

所提之動議，其順序若在其他案之前者，則他案不過暫擱，以俟超級之動議解決而已。若得否決，則其他當照秩序施行，如演明式焉。

一百十九節　七種附屬動議之目的　其中三種（散會議、擱置議、延期議）之目的為緩遲行動，其中一種（停止討論）乃催促行動，其中之二（付委議、修正議）乃整備或改變其事體，其餘一種為最終之廢置，而停止討論之對於他附屬動議之效力，見於六十二、六十三兩節。

一百二十節　定秩序之理由　此種秩序，乃由經驗得來，實為最適合於辦事原則，而使之公平迅速也；

不能討論之案，居於能討論案之前，所以防阻滯也；本題之臨時變動，先得機會以處分，所以速結束也；討論適序，可以停止，所以避生厭也；至於求全備議延期，皆所以免造次也；最後則壓止，所以打消積案也。以上秩序，謹法家間有出入者，亦有不守者。若社會有不欲採擇，可立專條規定其所棄者。總之，此為最簡便易行之法，故吾人主張之。凡領率議場者，當識之於心，或書之座右，以作津梁可也。

第十五章　散會與擱置動議

一百二十一節　散會動議　附屬動議，其在秩序之首者，為散會議，其處分順序，超乎各動議之先；所以如是者，因會眾憑大多數之意，則有權隨時終結議期也。此議一出，當立即決斷，不得討論，並不得修正，不得擱置，不得付委，不得延期，不得壓止，不得復議，祗有表決而已。

一百二十二節　獨立之散會動議　散會動議，為附屬動議之外，有時亦為獨立動議：其在各事完結之時，或在無事之間而提出者，則為獨立動議也。但其受限制，與附屬動議同，當得全體一致，乃可討論其因何不宜散會之理由；常有於會期終結之時，照例提出散會議者。但如有人提出權宜問題，指出尚有當議之事，則提者當即收回也。

一百二十三節　散會議之限制　通常有言：「散會動議，無時不在秩序。」其實不然也。散會議有不能提出之時如下：一、在會員得有地位之時，二、在進行表決之時，三、在表決停止討論之時，四、在一散會動議纔否決之後，而無他事相間之時。此四條件，所以防止少數人之擾亂也。更有權宜問題，及秩序問題，因具急要性質，故雖於散會議提出之時行之，亦合秩序。

除以上之限制外，則散會議當常在秩序之首也。

一百二十四節　散會之效果　一會員照常例討得地位而言曰：「我動議散會。」主座曰：「散會之議已提出。贊成者請曰『可』！」云云。宣布曰：「已得通過，本會散會至某日再集。」表決如有可疑，可提出疑問，如他案焉。

若散會之議失敗，則間斷之事再行繼續；若得通過，則間斷之事，下會當接續辦之。倘無下會，則散會之議，即為打消在議之事也。若有一定之辦事秩序，一定之散會時間，則散會所間斷之事，下會可按次以未完件提出之，而提出之時，當就其間斷之點以開議。

一百二十五節　有定時間　在團體之規定散會時間，屆時主座當止絕各事而言曰：「散會之時間已到。」隨而稍候（與機會使提議「延長時間」或提議「散會」。）再曰：「本會散會。」若欲連續繼議，則當提出獨立動議，以延長時間（至有限定或無限定），呈表決而按之以施行也。

若無規定散會時間者，則當提議「本會於幾點鐘散會」，此動議與其他獨立動議無異，並無優先順序也。與散會動議並列者，為定期開下會之議；其有規定開會日期之團體，則不需此，其無規定者，則為不可少之事。故有謂定下期開會之議，應在散會順序之前；但此既屬可討論可修正之議，則當不然也。若散會之議既提出，而無下次開會之期者，主座當喚醒提議者，以下次會期尚未曾定，而提議者當自收回其議，俾有提議下次開會期之機會，而留回其優先權以再提散會之議可也。倘彼不肯收回散會之議，則必當立呈表決；

若非會眾不願再有下會者，即必否決之也。此動議之方式如下：「我動議散會，至下星期二日午後三點鐘再開會。」

一百二十六節　擱置動議　第二級之附屬動議，為擱置議。此議所以延遲最後之動作，而假以再加審察之時也。此議不得討論，不得修正，不得付委，不得延期，不得復議，而祇讓步於散會之議，並權宜問題及秩序問題而已。若遇失敗，可以散會議之同一條件而再提出之。

一百二十七節　擱置議之效力　擱置之議，乃將所議之原案及其附屬各動議一齊擱置之。此議不能施於案之一部分；若加於一部分，則當然加於全案也。倘此議得勝，則全案及其所屬之修正案，乃至所屬之附屬動議，皆從而擱置之，而另從事於他事也。

一百二十八節　抽出之動議　抽出之議，可於擱置之後，立時提出，或可於稍後之同期提出，或下期提出。抽出之動議，並非附屬動議，是以無順序優先之權利，而與一般之動議同列。此議亦不能討論，其效力則恢復原案於間斷之點。若擱置之案，以後無提議以抽出之，則當然打消。又擱置之案，適遇會期告終，或至會年之末，亦終歸打消也。

（演明式）如一百十八節之案正在討議中，其附屬動議，付委延期，及停止討論，已經提出，而最後甲君曰：「我提出擱置議。」主座曰：「擱置之議，已經提出，贊成者……」云云。宣布曰：「已得通過，而本會籌備註冊之問題當擱置。今者會眾之意欲為何事？」（中有他事告竣）於是場中適無別案，甲君討得地位而言曰：「我提議抽出『本會籌備註冊』案。」

主座接述其議，若得通過，則曰：「此案復在眾前，而第一問題為停止討論之動議。」彼乃進而表決之。若歸失敗，則其他之附屬動議，如延期，如付委，如修正，皆一一付之表決，最後則處分本題也。

主座於表決擱置動議，宜喚醒會員，以擱置問題，非特擱置本題，而更擱置所附屬之動議也。

第十六章　延期動議

一百二十九節　有定時之延期　此動議列在順序之第四，其前者為散會動議、擱置動議、停止討論動議，當延期議在議中，如有提出本題停止討論動議者，則延期議便作截斷，而非暫擱；惟若提出散會議，或擱置議，則適成相反。蓋此不過暫擱而已，而於本題再出現之時，此附屬動議，當與之復現也。延期動議，其時間可得討論，並得修正，但不得付委，不得擱置，不得壓止，並不得延期，除即時之外，不得復議。此動議之目的，乃將事件延至所定之時，而使之得完滿之討議也；其對本題之效力，見六十三節。

一百三十節　其效力　此議與擱置之議同，皆擱起問題之動作也；惟擱置議則擱起無定期，此則擱起至一定之期而已。延期案至再提出之時，名之曰「特別指定事件」。延期一議，乃將全案延期，而不得延期一部分也。若延期議失敗，則隔一事之後，可以再提出。

若延期議通過，則書記將所延期之事，收管至指定之日。到時則無論於何事在場，此指定之件，皆為當序，主座當間斷他事而提出之。若主座忘之，則書記或他會員當為之提出也。

（演明式）今設同案在討論中，如一百十八節，已提出修正及付委矣。寅君討得地位而言曰：「我動議將案由今日起，延期至下星期二日午後三時再議。」主座遂曰：「此案已提出延期至下星期二日午後三時。」此議可以討論，可以修正其日時，然後如常而呈之表決。倘得通過（而非如一百十八節之被打消），則主座曰：「延期案已得通過，本會討論註冊之動議，當延期至下星期二日午後三時。」至下星期二日屆期之時，主座當停起他事而言曰：「指定討議本會註冊之案之時期已至。此事適當特別之秩序，請諸君討論之！」若有欲將他事先行完結者，則當動議：「將特別事件擱置。」若此議得勝，則指定事件擱置，以俟再提。若指定事件不受擱置（或再提出），則主座乃繼續曰：「此案之第一問題為付委之議。」（因此議正在討議中，而本題乃延期也。）彼遂進而以付委之議呈表決；及處決其他之附屬動議，而後乃及於本題也。

若主座到時忘卻提出指定之事件，則任一會員皆可起而言曰：「主座，特別指定事件之時間非已到乎？」若指定之件，祇有日期，而無時間，則統歸本日指定事件之列。

為指定事件所間斷之事，則不待有動議而暫置之，俟指定事件了結之後，乃復討議，或歸入下期，作未完事件辦理。

一百三十一節　此議之限制　定時延期之議，祇可作時間之修正，而不能為他種之修正；而有定時之延期議，不能改為無期之延期議，又不能定一非會期之日而為延期，蓋此則等於無期之延期動議故也。

一百三十二節　無期延期　質而言之，此動議非延期也，實一打消或壓止之動議耳；其作用乃以之為直捷了當處決本題者，而其順序列於最末；祇於無附屬動議在前，乃能當序，此議可以討論，但不能修正，不能延期，不能付委，不能擱置；若遇否決，則對於同一本題，不能再行提出。

一百三十三節　此議之效力　若此議勝，則直打消其本題耳；其效力等於本題之呈表決而得否決者也。又加以反例以表決一問題，其式如下：「諸君之不贊成者，請曰『是』！」此以是決之用於反對者，而以否決用於贊成者也。此動議常用之以試反對者之勢力如何：若反對者實為大多數，則此為打消議案之捷徑。以效力言之，則此議之別名，可謂為打消議也。

（演明式）一百十八節已演明提出此議之方式矣。若己君之動議不被打消，而得通過，則主座當曰：「已得通過，而本會註冊之問題，當延期至無定期。」此除復議外，便為了結其事矣。凡遇此而打消之問題，若欲再提出之，必當於下年開會方可為之也。

第十七章　付委動議

一百三十四節　付委　付委即付事件於委員以籌備或審查也。此動議之作用，乃欲將事件措置裕如，或將事件考求詳盡者也。其順序居附屬動議之五，祇在修正動議及打消動議之前而已；其受前列附屬動議之影響，同於一百二十九節之所陳：即為停止討論動議斷絕，而為他附屬動議所暫擱耳。此付委之議，可以討論，但不能打消，不能延期，不能擱置，而更不能復付委也。其單純付委之議，不能修正，但有訓令之付委，或指出人數之委員，及如何委任之動議，則可修正，此議之復議祇可立即行之；若委員已定，而開始辦事，則決不能從議矣。若付委之動議失敗，則隔一事之後，可以再行提出也。其受停止討論動議之影響，同於六十三節。

有同於付委之動議，則以「全體會員為委員」之動議是也。此乃以全體改為委員會，而對於所議之事，作一遜公式之談話也。若欲全體為委員之時，當提出動議「以全體為委員會」；若得通過，則主座請他會員為委員主座，而彼則下場為一委員。於是，委員主座請眾就秩序，而開議付委之問題焉。在尋常社會，鮮有用全體委員之機會。全體委員會事，另詳於一百四十節。

一百三十五節　付委議之效力　當事件在議中，而有「付委議」提出，若得通過，則其效力為以在討議之全案暫由議場抽出，而付託於委員之手；於是而成立委員會，及授訓令與之，為必要之事矣。委員即接受其事，依訓令而行，酌量辦理，為各種之準備，而後乃報告於下次之會。至於付委之時，若有修正之議當前，而為付委議所收束者，則此修正議委員當照辦理，而並報告之；若得贊成，則加入本題，否則刪之。若為壓止之議，則委員當除去之，此外則無他種之附屬議矣。蓋其餘之四者，當必先行處決，而後方次及於付委之議也。

（演明式）籌備註冊之議，正在討論中（如一百十八節）。癸君討地位而發言曰：「我動議付委。」或「將事付託與委員。」主座曰：「已動議付委矣，諸君準備處分此問題否？贊成者請曰……」云云。宣布曰：「已得通過矣。本會籌備註冊之議，已付委員籌辦矣。但委員會應用幾人？」

戊君曰：「我動議以五人為率。」眾乃從而討論之。若有他數提出，則照一百零十節式，而投票表決之。主座遂曰：「委員如何委任，由主座委之，抑由會眾委之？」會員於是動議曰：「由主座委任！」或曰：「由會眾指名！」隨呈表決；若為前者，則主座當於立時或稍間而委任五人為委員，其首名則為臨時主座，至委員會集，乃選舉其主座。若由眾指名之議得勝，則照六節與十五節所詳之手續辦理。此時委員當授以各種訓令，或假以全權。例如有動議如下：其一、「令委員與律師商酌本會註冊之事，而下期報告之。」此授訓令者也；其二、「委員當授以全權，以籌備本會註冊之事。」此付全權者也。（參看一百四十一節）

若有問題當付於常務委員者，其正式之動議，為「將問題付某種常務委員」。如此若得通過，則其事歸於此種委員；蓋付常務委員之議，其順序在特務委員之議之先也。

對於單純「付委」之議，有以定限付委之議代之者。即如「以事件付之於主座所委五人之委員會」。此可以一動議而提出之，但有以之分為三動議（參觀四十二節），而每議單獨提出之為更妥者。定限動議之提出式及其效力，皆與單純付委動議無異，而受同一法例之約束，而其討論與修正，可分段行之。

一百三十六節　帶訓令之付委議　若有提出之付委動議，而帶有特種訓令於委員者，此等訓令，不能由動議內分開，而必須與付委動議同呈表決。若欲除去訓令，即為無訓令之付委，則當動議：「修正刪去訓令。」設使有動議「將事件付之主座所委之五委員，而訓令赴律師請教。」此動議不能分為四段，祇可分作三段：一、動議付委而訓令之使赴律師請教；二、委員之數為五人；三、委員由主座委任。而第一動議，可提議「修正刪去訓令」；如是則成為一單純付委議，而此後其他之訓令，隨便可加或不加也。總之，帶有訓令之付委議不能分開，實為成例也。

一百三十七節　問題之一部分　問題內之任一部分，皆可付委，其他部分同時仍可繼續進行，但最終之處決，當待至付委之部分報告回答之後乃可。

一百三十八節　委選之事宜　向有流行之成見，以為提出議案者為同案之委員，則必當委之為委員長。但近來遵此成見者少，而不遵者恆多；蓋以其有礙於自由平等之原則，故漸漸不用也。無論由主座委任，或由眾指名，皆當就會員之留意其事者，或就才幹之適於其事者，而兼委一二新手以與有經驗者同辦事，為最適宜也。若提案者為一適宜之人，固當選為委員，而但不必定為之長。前曾言之，首名委員，除召集第一會外，不必定為委員長，而委員之人數，當以奇零為妙，以免表決之同數也。受委之人，若不在場，當由書記通知；所有被委之人，當由首名委員通告召集第一會。

所有付委之案，暫時當停止進行，而會中當從事其他問題，委員報告手續，下章另詳之。

一百三十九節　獨立之付委議　除凡關於各本題之附屬動議之外，當無他案在議之時，隨就任何時而提出付委之議，此為獨立之付委議，而不享受順序之優先權，且更受各附屬動議方法動作之約束，以其自身為一本題也。

第十八章　委員及其報告

一百四十節　委員之性質　委員會為附屬團體，祇就其訓令之範圍內行事，而受節制於委之之會。委員既受委任之後，則會集而組織其團體，如四、五、九各節所詳者。

委員會之集議，照會議之常規，但可省略各種起立、發言，及按序復坐之儀式。所議之事件，可以談話行之；惟一切動作，當以正式之動議及表決而處分之，當由書記存記作一合式之紀錄；若無書記，則委員長當筆記所有表決之事。祗有受委之委員，方能與於討議之例。會長及各職員倘未被委，亦不得參加於其例；而會長無監督委員之權；若彼欲於委員會試其運動或勸誘，則當拒絕之。委員會以大多數為額數。

全數之委員會，即以會員之全體而作一委員之會議而已。其會議之規則，即擱起正式之會期，暢行討論，不許提出停止動議，與夫委員會所常用之非公式行動，皆準行之而已。至會議告終之時，則全體委員退席，即行事之性質一變耳；會長復其座位，而再令眾就秩序；委員長則行正式報告於眾；而眾之處理此種報告，悉如其處理少數人之委員會之報告焉。

一百四十一節　委員之權限　委員既受訓令，其權限祗在令行之事範圍之內。若付委之事件不帶訓令者，則委員審查其案之體裁，加入已通過之修正案，並貢獻所得，而適於會眾之討論及表決者；委員祗能照委託所事而行，當小心謹慎，毋得稍出其權限也。

若委員受有全權，則其行事有若一獨立之團體焉。會中已表決之事，而欲使此事之成全，則委委員以全權執行之，以竟其功；或在兩可之問題，而欲委員使以全權處決之，則此處決作為最終之定論。

（演明式）「本會籌備註冊」之議在討論中，有單純付委之議，已得通過。於是委任委員，而將事託之。委員討議如何註冊之方法，而調查應辦之事宜，到時由委員長報告：「本會應要註冊。」（或不必註冊）詳其理由及辦法。若其議為「將事付委而令委員向律師請教」，委員則照訓令而行；往與律師商酌，然後將律師所言報告於眾。同時或呈獻己意，聽眾採擇。

若動議為「將本會註冊之事付之委員全權辦理」，如此則委員當將註冊各種手續進行辦理，而事竣之後，乃報告其效果於眾；或審查之後，而以註冊之事為不適宜，而報告於眾曰：「本會註冊之事為不適宜。」若會中必欲註冊，則先表決本會註冊之事；而後委員以全權執行之。若如此則委員惟有進而執行將本會註冊而已。

一百四十二節　報告　當委員之事務告竣，其主座或其他之受命者，當準備一報告，將審查之各點，並委員之判斷詳錄之。倘委員中有少數不同意者，亦可另作一報告，謂之「少數之報告」，包括彼等之判斷。報告當用簡單明白之言辭，有時須陳己見者，則統結以獻替之語。即如有委員承命「到街上調查會堂之租價及款式」者，當準備其報告如下：「本委員查得本市之各會堂租價如左：民樂會堂每日租價十元，崇德會堂每日租價十二元，自由廳每日租價八元。」云云，遂繼而曰：「本委員謹以第一會堂之價格及地位最為適當也。委員某某謹報。」又委員未帶訓令而審查一問題者，當報告如下：「本委員建議此案之語句，應如以下方式……」云云，或「本委員建議此議不當採用（詳其理由）」，並如上為結斷之語。

至帶訓令而行事之委員，其報告如下：「本委員已照所訓，而完其責，租得崇德會堂為本會集會之所。」

一百四十三節　報告之呈遞　委員或有訓令，使之報告於一定期之日者，則到期之時次及報告秩序，主座當令之報告，若無如此之訓令，則委員準備報告之時，承委報告之員，在無議案當前之時，則討地位而言曰：「主座，某某事件，委員之報告已經準備矣。」主座曰：「今可否接收某某事件委員之報告？贊成者……」云云。若得否決，則委員當俟之遲日，而仍照同一手續以討地位而後行之。若得通過，則委員之代表曰：「承辦某事之委員謹呈報如左……」彼乃宣讀報告。

報告讀後，則委員之事畢矣，並不用表決以解其職，蓋其職與呈遞報告而俱完結也。從此則委員對於其事，亦猶乎他會員之不相涉也。倘再委之以續行辦理，則為另外一委員而已。

委員之報告，當繕就成文；報告之後，則將報告文呈交主座。而所報告事件之新方式，則為當秩序而受會眾之處分者也。

一百四十四節　要求報告　若到報告之時，而主座及委員俱忽略其事，則會員可動議：「請某某事件之委員此時報告。」倘此議通過，則委員必當報告；如不報告，自當詳說理由。若委員準備未完，當可請求寬限；如是則當有動議：「寬限委員之報告期，而令之於某某日報告。」若委員欲取消其職務，亦當有動議：「取消某某事件委員之職務。」而得表決通過乃可。

一百四十五節　少數之報告　此為不同意者之報告，讀於正式報告之後，而不能與正式報告同效力，會眾可以不理也。但若其確有見地，則可以之代多數之報告耳。此即與修正報告無異，而當以修正案順序行之。

一百四十六節　報告之演明式　本會註冊之問題，經已付委辦理，而委員會集討議準備報告至值期開會。次及「委員報告」，主座曰：「今日有無委員報告？」

辰君曰：「主座，本委員之註冊事，已經準備報告矣。」

主座曰：「前令註冊委員今日報告，請諸君聽之！」

辰君遂讀報告曰：「本委員承命審查本會註冊事宜，茲報告如左：所有註冊事宜雖複雜，然有熟悉此事之人，樂為相助，則進行亦易；而本委員詳審各情，註冊確於本會大有利便，誠如某會員所言，故獻議將本會從速註冊也。辰某謹報告。」

主座既接辰君報告之後，乃曰：「諸君已聽著委員報告及其獻議對於『本會即行註冊之問題』，已表示極為贊成。諸君之意如何？」此時為討論秩序，於是各討論本會宜否即行註冊事宜。

一百四十七節　復付委　若委員之報告，有不滿意者，並若重新討論之後，生出新問題，則事當復行付委於該委員或其他之委員也。「復付委」之動議，與「付委」同受一例之約束。

卷五　權宜及秩序問題

第十九章　權宜問題

一百四十八節　權宜問題之性質　第五章曾經論及，凡議場循規舉動，當由正式動議出之。但有時事件發生，有不能待新動議秩序之至者，如遇有破壞議則之事發生，錯誤之事，與夫一切急要之事，必當立刻應付；而應付之方，則謂之為權宜問題，及秩序問題。此等問題，不屬動議，而超夫各動議順序之前，無時不在秩序之中，能間斷一切事件，並暫奪去言者地位，須待此問題解決後，當議事件，方能復原；而事件復原之時，當由間斷之點繼續再議。權宜問題之順序，駕乎秩序問題之前。

此等問題，如非遇事即發，則其後不准追發也。然若就事而發，則當散會動議之中，亦准發之。凡權宜問題，若非急要者，則提出者既述明之後，主座可以打消之；如是可減省其煩難也。至於秩序問題，必當就關於當議之事而發，方能准之（參觀一百五十二節及一百五十四節）。此問題對於散會動議，除動議者有犯四規則之一，如詳於一百二十三節者，則不能間斷之也。是故舉秩序問題者，乃改正動議者之錯誤也。

一百四十九節　權宜問題之定義

權宜問題，乃有關於在場之額外事件問題也。此問題之起，乃常起於關乎全會自身之權利，或個人自身之權利；其問題甚罕發生，而亦容易解決者也。十數年前在美國元老院發生一好先例：當秘密會議之時，疑有報館訪員藏於院閣之傍聽座，此為侵犯元老院秘密會議之權利者也。於是一元老提出權宜問題，而設法驅逐犯者出外。其他之例，如忽而燈光熄滅，或空氣不通，或有人擾亂會場秩序，或有會員即有遠行而欲速於言事，或報告而求優先權利者是也。又或有會員受不平之事者，或反對職員報告不確者。總之，凡意外之事，須即時應付者皆是。但起立為事體之說明，則不入權宜問題之列。會員當得許可占有地位而為說明者，非權利之應爾，不過友誼之通融而已。若有反對，則假時以便說明之事，當呈眾表決，而取大多數之同意，蓋說明不能間斷他事也。

一百五十節　效力

此突起之問題，判其是否確為權宜問題，則主座之特權也。會員欲舉此問題者，不必如發動議之先討地位而後發言，但起而言曰：「主座我提出權宜問題。」主座當請提者述之。述後，主座立即判決是否確為權宜問題。若主座以為否，而提者不服，可訴之於眾。若以為是，則隨有動議將事提出於眾，以備討論；或屬於特別事件，則不待動議，而主座自行將事處分之。此種動議，須即時討論，但非必即時表決，蓋亦猶乎他種動議，可以擱置，可以延期也。當此問題發生時，諸般事件，當停止進行，待此解決之後乃得復議，而會員之被問斷者，亦得復其地位也。

一百五十一節　演明式

適寅君正在討論一事，而午君起而間斷之，曰：「主座，我提出權宜問題。」

主座起曰：「請該會員述彼權宜問題。」（此時寅君當復坐。）

午君曰：「我雅不欲言之。但我等之坐在堂後者，實不能聞言者之聲。因有人交頭接語擾亂會場也。」

主座曰：「此當然視為一確正權宜問題：蓋本會之第一權利，則為暢聽所言之權利也。倘吾人有所欲言，請於得地位之時，乃暢而言之，則無此煩擾也。本主座請該會員等保守秩序，而歸安靜。請寅君繼續再言！」

甲君起而間斷之，曰：「主座，我提出權宜問題。」

主座曰：「請述之。」

甲君曰：「外間有狂烈敲擊之聲，可否使守門者或他人一往察之？」

主座曰：「本主座當接受關於此事之動議。」

甲君曰：「我動議著守門者往察此擾聲之來由。」（此議呈之表決，而守門者受訓而行，將事回報，或自處決之。無論繼有如何行動，而當處分之中，諸事為之擱起。）

癸君曰：「我提出權宜問題。」

主座曰：「請癸君述之。」

癸君曰：「我刻有要務他行，我已空候甚久，欲得機緣以一詢訓令，為我等書庫委員之辦法也。此事不能再候矣。」

主座曰：「此問題起之適當，諸君之意見如何？」

己君曰：「我動議當使癸君得盡其言。」（此議呈眾表決，而行動隨之。待事竣之後，則前所間斷之事，復其進行。）

第二十章　秩序問題

一百五十二節　秩序問題之定義　秩序問題，與權宜問題之別者，在直接關係當議之事件，而有所改正，或完備其進行之手續者；如言語離題，或動議不當其序，或論及個人，或破壞議法，皆其類也。主座亦有出乎範圍者，如接其所不當接之事，或不接其所當接之事。以上各種破壞秩序之端，所以常因而生出秩序問題也。此問題除權宜問題之外，超出各順序之前。

一百五十三節　主座之職務　維持秩序及議額，為主座第一之職務。此非獨指全體之風紀而已；各會員有破壞秩序及違背議法者，皆當糾正之。若主座於此稍有忽略，則會員當提出秩序問題。

一百五十四節　秩序問題之效力　當秩序問題發生時，在議之各事，皆為之間斷，至解決之後，乃再復原。若會員在發言中，而被擱止，則問題解決之後，彼仍復其位，除非彼自身亦受決而為秩序範圍之外者；如此有反對之者，則彼不能再事進行矣。

秩序問題進行之道，一如權宜問題焉。當時機之至，會員不待正式請得地位，可直起而發言曰：「會長先生，我提出秩序問題。」遂被請述之，述畢則坐。主座當酌斷其問題為適當與否，曰：「本主座以為此秩序問題發之適當（或發之不適當）。」此宣布謂之為主座之判決，而問題以之為定。如有不服者，可以申訴，惟此問題初不付討論，不呈表決，此其所以異於動議者也。

因秩序問題為直接關於當議之事者，是故必須立提出於其事發生之時；倘事過情遷之後，則不能再提矣。

一百五十五節　申訴　若會員有不服主座之判決者，可起而申訴曰：「我將主座判決申訴於眾。」此申訴須有附和，如其無之，則主座可以不理。若有人起曰：「我附和之。」則此問題由主座之判決，而移歸於眾人之表決矣。其呈此問題之方式如下：「主座之判決，可否即為本會之定論？」討論隨之。對於此之討論，主座有優先權；彼可不必離座而發言，詳陳其判決之理由等等，而後呈之表決，而宣布之曰：「主座之判決成立。」或曰：「主座之判決打消。」隨事而異。此表決即為最終之決議而不能復議矣。由此觀之，一切事件，最終決議之權，則在會眾，而不在主座也。信乎議法家華氏之言曰：「申訴之權，為一切團體自由行動不可少之物。」必如此，則會長乃為會場之公僕而不為主宰也。

一百五十六節　申訴表決之同數票　前一成例，動議之表決得同數票者，則動議為之打消。但在申訴之案，得表決之同數票者，則效力適為相反；此乃維持之而非打消之也。如是則主座之判決，更因之而得成立。其理由為主座之判決，若無推反之者，則作為成立，而同數之表決票，實為無效，則不能推反主座之判決也。如此，則主座不必（多有不欲者）自行投票，以維持其判決之成立者。茲定此為例如下：「對於申訴案之表決同數票，乃成全『主座之判決可否成立』之問題。」

一百五十七節　順序　今復統括附屬動議之順序，列之如左：

㈠權宜問題

(二)秩序問題
(三)散會動議
(四)擱置動議
(五)停止討論動議
(六)延期動議
(七)付委動議
(八)修正動議
(九)無期延期動議

除此之外，更有他種事件，可於獨立動議在議中而提出者，其重要者如下：收回動議，及分開議題之動議，舉發不足額之問題，規定表決法之動議，限制或申長討論時間之動議，定時停止討論之動議，定時散會及定時開會之動議，擱起規則之動議，暫作休息之動議，以上各動議，若發於需要之時，皆為合秩序，其順序在當前之獨立動議之前。

一百五十八節　秩序問題及申訴之演明式　地方自治勵行會適會議之際，序及於新事件，隨生如下之行動：

乙君曰：「會長先生！」
主座曰：「乙先生！」

乙君曰：「我動議於會期告終之日，本會舉行一午餐會，以聯吾人友誼，想諸君必樂從也。」
主座曰：「諸君聽著有動議本會舉行一午餐會於會期告終之日。」
己君曰：「會長先生！」
主座曰：「己先生！」
己君曰：「何不稱之為早膳？我動議修正刪去午餐二字，而加入早膳二字。」
主座曰：「諸君聽著……」
乙君曰：「會長先生，我歡納此議，我總求其有耳，如何稱謂，所不計也。」
主座曰：「修正案已得接納，而今之問題，為當舉行一早膳為會期之結束。」
甲君曰：「會長先生！」
主座曰：「甲先生！」
甲君曰：「我反對此議，因將必多所破費，我知會友中多有力不能勝者；願本會為城中獨一不以飲食為題之會！試觀彼之好古會、詩人會、棋客會等，常設晚餐會，我知彼等之所欲矣！」
主座起而言曰：「請該會員進歸秩序。彼之所言，出乎題目之外，蓋批評他會之行為，非在秩序之中也。」
甲君曰：「甚善甚善，會長先生。我當勉而進於秩序，但我絕對反對此議！」
丙君曰：「會長先生！」

主座曰：「丙先生！」

丙君曰：「我絕對贊成之！吾人總需多少交際性質之物，乃可聯絡會友感情，使之親切如一家焉；蓋把盞言歡，每生同氣之感，捨此則結會鮮期成功者也。」

辛君曰：「會長先生！」

主座曰：「辛先生！」

辛君曰：「我提議將此問題擱置案上。我一人以為……」

主座曰：「擱置之議，為不能討論者，是故該會員為越出秩序矣！諸君準備否？」

寅君曰：「會長先生！」

主座曰：「請君言之！」

寅君曰：「主座既言擱置之議，不能討論，又問吾人準備否，按此則為請人討論矣！」

主座曰：「此足見我會員大為省覺，但出之不甚妥貼耳。本主座所問，諸君準備否？乃以機緣使散會動議或他秩序問題，順序在擱置議之前者，可以提出耳！諸君準備否？諸君之贊成擱置動議者，請曰『可』！」

續而宣布曰：「此議打消。」

戊君曰：「會長先生！」

主座曰：「戊先生！」

戊君曰：「我提議延期此案之討議至一星期。」

主座曰：「已有提議延期一星期，諸君準備否？」
癸君曰：「會長先生！」
主座曰：「癸先生！」
癸君曰：「我提議將此事付委。其委員會由……」
戊君曰：「會長先生！我起秩序問題，付委之議，此時不在秩序，因延期之案，尚在議中也。」
主座曰：「此舉出之甚當。付委之議，此時不在秩序，以延期之議之順序在前也。諸君準備表決延期之議否？贊成者……」云云。宣布曰：「此議打消。」
癸君曰：「會長先生！」
主座曰：「癸先生！」
癸君曰：「我今再提出付委動議，其委員會由會長、理財、書記三人組織之。」
主座曰：「諸君聽著此動議。本主座當從而分開之，先呈付委動議，諸君預備否？」
子君坐而言曰：「我以為吾人當在會中結束此事。」
未君曰：「我起秩序問題。」
主座曰：「請未先生述其問題。」
未君曰：「最後之發言者未曾起立而稱呼主座！」
主座曰：「本主座為之斷定此點舉得甚當。務望一切討論，必當以正式出之。」

子君曰：「我起而就正之！會長先生，我反對付委案，因過於假權與少數人也。」

主座曰：「會眾當可訓其委員於被委之後，諸君預備否？」

戊君寅君同時並起曰：「會長先生！」

主座曰：「戊先生！」

戊君曰：「我提議……」

申君曰：「我起秩序問題。」

主座曰：「請述其秩序之點。」

申君曰：「會長先生！寅先生先戊先生而起，或以彼坐位太遠，而主座不之覺也。彼豈不應先於戊君而得地位乎？」

主座曰：「本主座當斷定此秩序之點提之不適當。本主座見兩會員同時並起，而已以地位與戊先生；今除非戊先生退讓耳！」

戊君曰：「我既得地位，則不欲讓之！會長先生，我動議……」

申君曰：「我將主座之判決訴之於眾。」

主座曰：「申先生訴主座之判決。今之問題，為主座之判決可否成立為會中之定論。（討論可隨之）諸君贊成主座之判決者請曰可！」宣布曰：「已得可決！主座之判決，成為確立。戊先生請復發言！所議問題為付委動議。」

戊君曰：「我動議本會此時散會。」

主座曰：「散會之議已提出。諸君贊成者……」云云。宣布曰：「此議打消。諸君贊成付委動議……」云云。宣布曰：「此議打消。今本會欲再辦何事？」

酉君曰：「會長先生！我見得本會有等會員專圖打消彼所不樂之議案，而毫不假以討論之餘地，有一發言者為達此目的，幾於無所不至也。」

戊君曰：「我起秩序問題。」

主座曰：「請詳之！」

戊君曰：「最後之發言者，侈言個人之事，殊出範圍！」

主座曰：「此秩序之點，舉之適當。請酉先生就本題範圍！」

酉君曰：「會長先生！我訴此判決！我已慎重不提名字，則並未有毫釐違及秩序也。」

主座曰：「申訴提出矣。主座之判決能成立否？贊成者……」云云，宣布曰：「不成立。酉先生已得表決為秩序，可繼續言之。」

酉君曰：「我祇欲重要問題能得公平之討論，而我以為……」

亥君曰：「會長先生！」

主座曰：「亥先生！」

亥君曰：「我動議散會。」

主座曰：「有動議……」
寅君曰：「我起秩序問題。」
主座曰：「請詳之！」
寅君曰：「會員發言之地位，不能由散會動議奪去也。」
主座曰：「本主座斷定此點提出甚當，而散會之議為違反秩序。酉先生請復言！」
酉君曰：「我動議將全案由今天起延期兩星期。」
卯君曰：「會長先生！我起秩序問題。吾人豈非已經表決不延期乎？豈第二之延期議在秩序乎？」
主座曰：「新事件已中間之矣。第二延期議當合秩序也。諸君預備否？贊成者……」云云。宣布：「此議通過：而舉行一早膳會之問題，延期作為兩星期開會日之指定事件。本主座望各會員到時當黽勉齊集，以得詳為討論為是。茲已次及散會時矣。」
酉君曰：「我提出散會。」
主座曰：「贊成者請曰『可』！」宣布曰：「本會散會：至下星期此日午後二時半再開。」

結論

以上各章所詳論之原理方式，足為領率議場者作指南之用矣。然欲為良議員者，徒誦讀之，研究之，猶未足臻其巧妙也；必須習練成熟，而後乃能左右逢源，汎應曲當也，欲議場之步調整齊，秩序不紊，則非常時開會演習議法不可，其演習之道，有假設議場以專行練習者，然不若乘開會之期而兼習練了，則更為一舉兩得也。凡社會，其事由少數董事或委員辦理者，則會員鮮有機會以習練；倘另行隨時開執行會，使全體會員在場，而將事件提出，加之討論與修正，而後處以最終之動作，則會員一年之所得，必勝於五年之研究及演習也。此書可備為個人研究及會場參考之用，且可備為同好者常時集合玩索而習練之。一社會中，其會員人人有言論表決權於大小各事，則知識能力必日加，而結合日固，其發達進步，實不可限量也。

凡團體欲以此書為津梁者，可於其規則加定一條如下：本會集議規則以「民權初步」為準；如是則有疑點，皆以此書為折衷也。若有團體不欲全照本書所定之規則，便可另立專條，規定其會所欲行者，如是則關於此種事件，可不必照此書所定也。此等專條，不必包括於規則之內：一記錄之表決案，亦已足矣。譬如一會已採擇本書之規定為例，而又欲以動議須有附和，或以復議動議，不當加以限制為適宜者，便可立例如下：本會定以所有動議，須得附和，而後能接述之；或本會定以凡會員皆能提出復議動議；但凡欲成為一純粹議範之社會，則不當捨去普通認定之議事規則也。

凡社會採定一書為範圍者，則凡於未規定之事，皆當遵守之；而其為專條所規定之事，則皆以專條為定衡。各會對於其所事或方法，當採專條以規定之。此等專條，或具於規則中，或立特別條例均可；惟須注意：切不可訂立條例與通行議場公例抵觸者，方為妥善。

更有一事，當為各社會之忠告者：則切不可因一時情面，或他種理由，而設一先例，以致將來有礙一會之自由行動者；而於選舉職員，更宜留意，庶免蹈此弊。如有不覺中陷於此等之惡習，則速改為佳；蓋先例非一成不變者也，其效力祇行於未得良法之前而已；如一旦得更良之法，則當以代之也。

再者，若一社會察覺其前時所行之事，有不合通則者，則儘可由之，而不必追加修正，祇宜慎重不必行之於下次足矣，蓋當時既無人反對其事，則當視為正當，所謂「遂事不諫既往不究也」。

附錄　章程並規則之模範

章　程

第一條　會名　本會名為地方自治勵行會。

第二條　職員　本會舉會長一人，副會長一人，記錄書記一人，通信書記一人，理財員一人，核數員一人，董事若干人，演說委員若干人；每年選舉一次，如規則所定。

第三條　會議　本會每年三月某某日開週年大會一次，每月某某日開常期會議一次。會中一切要務，當在常期會議決之。除規則所定者之外，祇有會員方能到場會議。議場額數，至少七人。凡常期會當由某某報登廣告通知，而特別會議可由會員五人申請會長，即得召集，但每會員當專牒通知。

第四條　經費　每年某月某日起，為預算年期，會員經費每人若干圓，限入會或預算期一月之內交足；如得過期通告猶不交者，則停止會員資格。

第五條　會員　凡入會者，須得滿一年資格之會員二人介紹於常期會議時報名；待一星期後，乃按名投票，如不過三票之反對者，則為當選；如有落選之人，則本年之內不得再報名。本會會員以若干名為限。

規　則

第一條　職員之義務：

一節　會長副會長　會長當主持一切會議，並領率會員就事體之正式秩序，當擔任週年大會之演說，並辦理屬於其職務之各事。若遇會長有事不能到會，則副會長代理其職務，而副會長須隨時助會長辦理各事。

二節　書記　記錄書記辦理開會事宜，並記錄所議決各事，作一議事錄。通信書記當收會中各信，開會時向眾讀之，並答覆一切信函，保存會中文件，通知會員得被舉者，函催會員欠費，署名給發會員憑票，編掌會員名冊居址，並管理一切關於會員事件及文件。到週年大會之期，彼當將一年所經過之事，及現在情形，作一詳細報告，向眾宣讀。以上各事，亦可責成記錄書記分任之，議事錄及文件，可隨時與會眾察閱，如會中有與他會及團體常通書信者，可多設一交際書記，專理與他團體交際之事。

三節　理財員　理財員當接收，催收，管理，出支一切會中銀錢，並當將所有收支銀錢開列詳細數目，作一報告，呈報於週年大會之期。

四節　核數員　核數員當查核一切單據，及理財員之帳目符合否，作一報告，呈報於週年大會之期。

（若有董事會者則董事規則列於此）

五節　演說員　演說員分三部，每部設一演說員長。第一部各國地方自治之歷史規模，第二部關於地方自治之科學及經濟學，第三部中國地方自治應辦事宜。某月某日為第一部之期，某月某日為第二部之期，某月某日為第三部之期。各演說員長將其部一年之經過作一報告，呈報於年會之期。

六節　選舉　在某月之常務會期，會長當於職員之外，委派委員三人，為指名委員，將來年職員指名造冊。指名委員當通告被指名者，如有辭卻，則當另指名以代之；於後三期會議，當將完備指名冊呈報於眾。至週年大會之期，當行投票選舉。倘有被指名而不得選者，當另選舉至職員滿數而止。凡入會不滿一年者，無被選資格。

七節　任期　除書記及理財兩職外，其他任期不得連任兩年，而一人不得同時兼兩職；惟隔任期一年之後，則可再得復其被選之資格。所有職員任期，至週年大會之日為滿。

第二條　會員　凡被選為會員者，簽名於章程並繳會費之後，則可領受本會之憑票，而為會員，得享本會一切之權利，至年期末為止；此後再納年費，便可繼續為會員。每期會議，會員須當呈票，方得入場。名譽會員可由會中酌量選擇，舊會員居於遠方者，可得為通信會員；倘來本城，欲與會議者，可納臨時費便得入場。

凡會員欲除名會籍者，當致書通告通信書記便可。

第三條　來賓　凡會員可領朋友同來會議，但須納臨時費若干，而每會員每次會議祇得許領二人。演說員每人給免票六條，不收臨時費。

第四條　會議法則　地方自治勵行會一切會議，皆以「民權初步」為法則。書記之外，非有本會特別命令，不得將本會會議報告發印。

第五條　本會章程及規則，在正式常務會議，可以到場會員三分之二之表決而修改之；但至少須於一會期前將欲修改之條正式通告，使眾週知，方可。

第六條　擱起條例　本會之章程規則內之條例，其可暫時停止者，遇有需要時，可由全體一致而臨時擱起之，以便他事之進行。但不能擱起過於一會期以上。

議事表（說明）有無者，有可無可之謂也，如申訴有可討論無可分開是也。數目者，例外之符號也；符號之說明，另列於表下。

議案＼動作	討論	分開	擱置	停止討論	延期	付委	修正	無期延期	復議
權宜問題一	無	無	無	無	無	無	無	無	無
秩序問題一	無二	無	無	無	無	無	無	無	無
申訴	有	無	無三	有	無三	無三	無	無	有
散會	無四	無	無	無	無	無	無	無	無
擱置及抽出	無	無	無	無	無	無	無	無	無
停止討論	有五	無	無	無	無	無	無	無	有

延期	有	無	無	有	無	無	有六	無	有
付委	有	有七	無	有	無	無	無八	無	有九
修正	有	有十	無	有	無	無十一	有	無	有
無期延期	有	無	無	有	無	無	無	無	有
收回動議	無	無	無	無	無	無	無	無	無
分開動議	無	無	無	無	無	無	有	無	有
表決法問題	無	無	無	無	無	無	有	有	有
復議	有	無	有十二	有	有	無	無	有	無
休息	無	無	無	無	無	無	有	無	無
擱起規則	無	無	無	無	無	無	無	無	無
獨立動議	有	有	有	有	有	有	有	有	有

符號之說明

(一)凡出此兩問題外所發生之急要動議，則處分之動作與獨立動議同。

(二)得主座之許可可作評議，但除申訴事外，不能有討論之權利。

(三)申訴問題之自身，無可付委，無可延期，無可擱置者也；惟可隨申訴之本題一同受此三種之動作。

(四)若在不定下會開會之期而散會等於終止者，則此議有可討論。

(五)得為有限時之討論，而其討論祇範圍於停止討論之自身，不能牽入於本題。

㈥衹有屬於時日者，乃有可修正。

㈦衹有屬於有附訓令之付委，為無可分開者也。

㈧衹有屬於有訓令之付委及委員之人數，有可修正者也。

㈨委員已開始進行則無可復議。

㈩衹有刪去而加入之修正案，為無可分開。

⑾有種修正案，其本題尚懸而未決者，有可付委者也。

⑿復議已受擱置者，不能抽出，其問題作為終結。

建國大綱

制定建國大綱宣言　民國十三年四月十二日

自辛亥革命以至於今日，所獲得者，僅中華民國之名。國家利益方面，既未能使中國進於國際平等地位；國民利益方面，則政治經濟犖犖諸端，無所進步；而分崩離析之禍，且與日俱深。窮其致此之由，與所以救濟之道，誠今日當務之急也。夫革命之目的，在於實行三民主義；而三民主義之實行，必有其方法與步驟。三民主義能影響及於人民，俾人民蒙其幸福與否，端在其實行之方法與步驟如何。文有見於此，故於辛亥革命以前，一方面提倡三民主義，一方面規定實行主義之方法與步驟；分革命建設為軍政、訓政、憲政三時期，期於循序漸進，以完成革命之工作。辛亥革命以前，每起一次革命，即以主義與建設程序宣布於天下，以期同志暨國民之相與了解。辛亥之役，數月以內，即推倒四千餘年之君主專制政體，暨二百六十餘年之滿洲征服階級，其破壞之力，不可謂不巨。然至於今日，三民主義之實行，猶茫乎未有端緒者，則以破壞之後，初未嘗依預定之程序以為建設也。蓋不經軍政時代，則反革命之勢力無由掃蕩，而革命之主義亦無由宣傳於群眾，以得其同情與信仰。不經訓政時代，則大多數之人民，久經束縛，雖驟被解放，初不瞭知其活動之方式；非墨守其放棄責任之故習，即為人利用，陷於反革命而不自知。首者之大病，在革命之破壞不能了徹；後者之大病，在革命之建設不能進行。辛亥之役，汲汲於制定臨時約法，以為可以奠民國之基礎，而不知乃適得其反。論者見臨時約法施行之後，不能有益利於民國，甚至並臨時約法之本身效力，亦已銷失無餘，則紛紛然議臨時約法之未善，且斤斤然從事於憲法之制定，以為藉可救臨時約法之窮。曾不知癥結所在，非由於臨時約法之未善，乃由於未經軍政訓政兩時期，而即入於憲政。試觀元年臨時約法須布以後，反革命之勢力，不惟不因以銷滅，反得憑藉之以肆其惡，終且取臨時約法而毀之。而大多數人民對於臨時約法，初未曾計及其於本身利害何若，聞有毀法者不加怒，聞有護法者亦不加喜；可知未經軍政訓政兩時期，臨時約法決不能發生效力。夫元年以後，所恃以維持民國者，惟有臨時約法。而臨時約法之無效如此，則綱紀蕩然，禍亂相尋，又何足怪！本政府有鑒於此，以為今後之革命，當賡續辛亥未完之緒，而力矯其失；即今後之革命，不但當用力於破壞，尤當用力於建設，且當規定不可踰越之程序。爰本此意，制定國民政府建國大綱二十五條，以為今後革命之典型：建國大綱第一條至第四條，宣布革命之主義及其內容，第五條以下，則為實行之方法與步驟；其在第六七兩條，標明軍政時期之宗旨，務掃除反革命之勢力，宣傳革命之主義；其在第八條至十八條，標明訓政時期之宗旨，務指導人民從事於革命建設之進行——先以縣為自治之單位，於一縣之內，努力於除舊布新，以深植人民權力基本，然後擴而充之，以及於省。如是則所謂自治，始為真正之人民自治，異於偽託自治之名，以行其割據之實者；而地方自治已成，則國家組織始臻完整，人民亦可本其地方上之政治訓練以與聞國政矣。其在第十九條以下，則由訓政遞嬗於憲政所必備之條件與程序。綜括言之：則建國大綱者，以掃除障礙為開始，以完成建設為依歸，所謂本末先後，秩然不紊者也。夫革命為非常之破壞，故不可無非常之建設以繼之。積十三年痛苦之經驗，當知所謂人民權利與人民幸福，當務其實，不當徒襲其名。

儻能依建國大綱以行，則軍政時代已能肅清反叛，訓政時代已能扶植民治，雖無憲政之名，而人民所得權利與幸福，已非藉憲法而行專政者所可同日而語。且由此以至憲政時期，所歷者皆為坦途無顛蹶之慮。為民國計，為國民計，莫善於此。本政府鄭重宣布：今後革命努力所及之地，凡秉承本政府之號令者，即當以實行建國大綱為唯一之職任！

國民政府建國大綱

一　國民政府本革命之三民主義五權憲法，以建設中華民國。

二　建設之首要在民生。故對於全國人民之食衣住行四大需要，政府當與人民協力共謀農業之發展，以足民食；共謀織造之發展，以裕民衣；建築大計畫之各式屋舍，以樂民居；修治道路運河，以利民行。

三　其次為民權。故對於人民之政治知識能力，政府當訓導之，以行使其選舉權，行使其罷官權，行使其創制權，行使其複決權。

四　其三為民族。故對於國內之弱小民族，政府當扶植之，使之能自決自治。對於國外之侵略強權，政府當抵禦之；並同時修改各國條約，以恢復我國國際平等國家獨立。

五　建設之程序分為三期：一曰軍政時期；二曰訓政時期；三曰憲政時期。

六　在軍政時期，一切制度悉隸於軍政之下。政府一面用兵力以排除國內之障礙，一面宣傳主義以開化全國之人心，而促進國家之統一。

七　凡一省完全底定之日，則為訓政開始之時而軍政停止之日。

八　在訓政時期，政府當派曾經訓練考試合格之員，到各縣協助人民籌備自治。其程度以全縣人口調查清楚，全縣土地測量完竣，全縣警衛辦理妥善，四境縱橫之道路修築成功，而其人民曾受四權使用之訓練，而完畢其國民之義務，誓行革命之主義者，得選舉縣官以執行一縣之政事，得選舉議員以議立一縣之法律，始成為完全自治之縣。

九　一完全自治之縣，其國民有直接選舉官員之權，有直接罷免官員之權，有直接創制法律之權，有直接複決法律之權。

十　每縣開創自治之時，必須先規定全縣私有土地之價，其法由地主自報之；地方政府則照價徵稅，並可隨時照價收買。自此次報價之後，若土地因政治之改良社會之進步而增價者，則其利益當為全縣人民所共享，而原主不得而私之。

十一　土地之歲收，地價之增益，公地之生產，山林川澤之息，礦產水力之利，皆為地方政府之所有；而用以經營地方人民之事業，及育幼、養老、濟貧、救災、醫病、與夫種種公共之需。

十二　各縣之天然富源，與大規模之工商事業，本縣之資力不能發展與興辦，而須外資乃能經營者，當由中央政府之協助；而所獲之純利，中央與地方政府各占其半。

十三　各縣對於中央政府之負擔，當以每縣之歲收百分之幾為中央歲費，每年由國民代表定之；其限度不得少於百分之十，不得加於百分之五十。

十四　每縣地方自治政府成立之後，得選國民代表一員，以組織代表會，參預中央政事。

十五　凡候選及任命官員，無論中央與地方，皆須經中央考試銓定資格者乃可。

十六　凡一省全數之縣皆達完全自治者，則為憲政開始時期，國民代表會得選舉省長為本省自治之監督；至於該省內之國家行政，則省長受中央之指揮。

十七　在此時期，中央與省之權限采均權制度。凡事務有全國一致之性質者，劃歸中央；有因地制宜之性質者，劃歸地方；不偏於中央集權或地方分權。

十八　縣為自治之單位，省立於中央與縣之間，以收聯絡之效。

十九　在憲政開始時期，中央政府當完成設立五院，以試行五權之治。其序列如下：曰行政院；曰立法院；曰司法院；曰考試院；曰監察院。

二十　行政院暫設如下各部：一內政部；二外交部；三軍政部；四財政部；五農礦部；六工商部；七教育部；八交通部。

廿一　憲法未頒布以前，各院長皆歸總統任免而督率之。

廿二　憲法草案。當本於建國大綱及訓政憲政兩時期之成績，由立法院議訂，隨時宣傳於民眾，以備到時采擇施行。

廿三　全國有過半數省分達至憲政開始時期，即全省之地方自治完全成立時期，則開國民大會決定憲法而頒布之。

廿四　憲法頒布之後，中央統治權則歸於國民大會行使之；即國民大會對於中央政府官員有選舉權；有罷免權；對於中央法律有創制權，有複決權。

廿五　憲法頒布之日，即為憲政告成之時；而全國國民則依憲法行全國大選舉。國民政府則於選舉完畢之後三個月解職，而授政於民選之政府。是為建國之大功告成。

民國十三年四月十二日孫文書

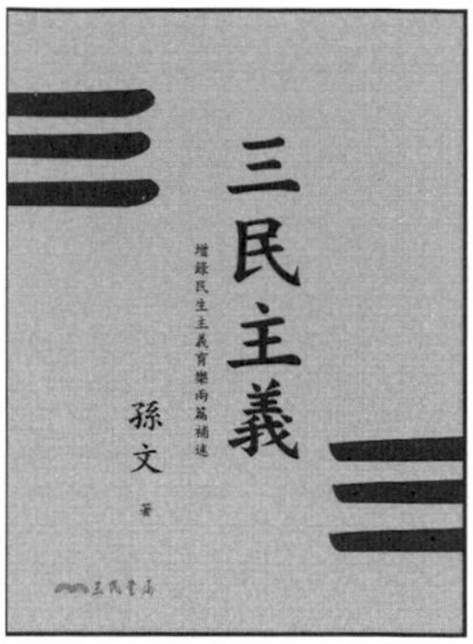

三民主義

孫文／著

本書第一部分是孫文先生於民國十三年在廣州發表的演講詞，依序是民族主義六講、民權主義六講，以及民生主義四講，合稱三民主義，是孫文先生對於建國的政治主張，影響深遠；第二部分是前總統蔣中正先生對於民生主義的補述，主題是孫文先生在前述講詞中未能述及的育與樂問題。詳讀本書，可對三民主義及我國立國精神有全盤的瞭解。

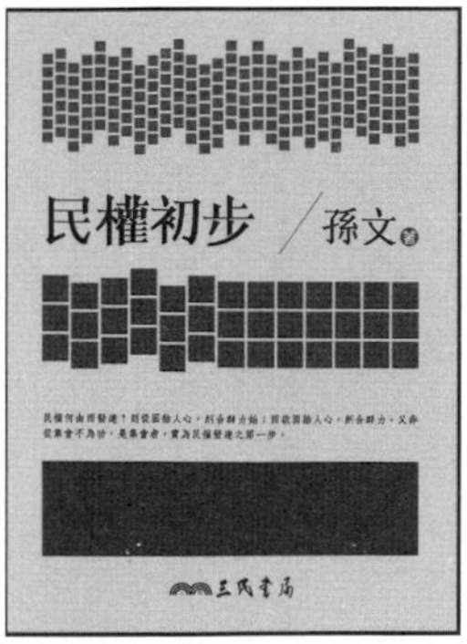

民權初步

孫文／著

本書是孫中山先生思想中建國方略之社會建設，參考美國學者沙德女士之會議規則而來。孫中山先生在自敘中說道，這本書是教吾國人民行使民權的第一部方法，所以名為《民權初步》。他認為，我國舊社會凌亂散漫，缺乏組織習慣和團體生活訓練，常連最基本的議事規則也不懂，乃著成此書，希望全民按照《民權初步》的訓練，使之成為我們生活習慣的一部分，然後可以塑造出一個有組織的國家和民族。

國父思想

周世輔、周陽山／著

周世輔教授的「國父思想」出版以來，除為相關考試所必備外，亦為教學研究所必需。本書的特色有三：一、遵照教育部規定編著而最早出版的國父思想用書；二、述及國父思想淵源及演進時，強調哲學層面；三、對中西學說與國父思想之比較，亦較他書為多。本書由周教授的哲嗣，周陽山教授修訂，增添憲政改革等內容，期能保留原書精髓，並收踵事增華之效。

中山思想新詮——民權主義與中華民國憲法

周世輔、周陽山／著

本書系統地探討了民權主義、五權憲法與中華民國憲法的相關內涵，全書著重於對權能區分學說、國民大會的職能、議會內閣制的權力配置、五院關係、總統權力及基本人權等問題的深入探討。本書對中山學說、當代民主憲政理念及國際實施經驗之比較，著墨甚多，可供「憲法與立國精神」、「國父思想」、「比較憲法」、「中華民國憲法」、「比較政府」、「民權主義」等課程之研究參考。

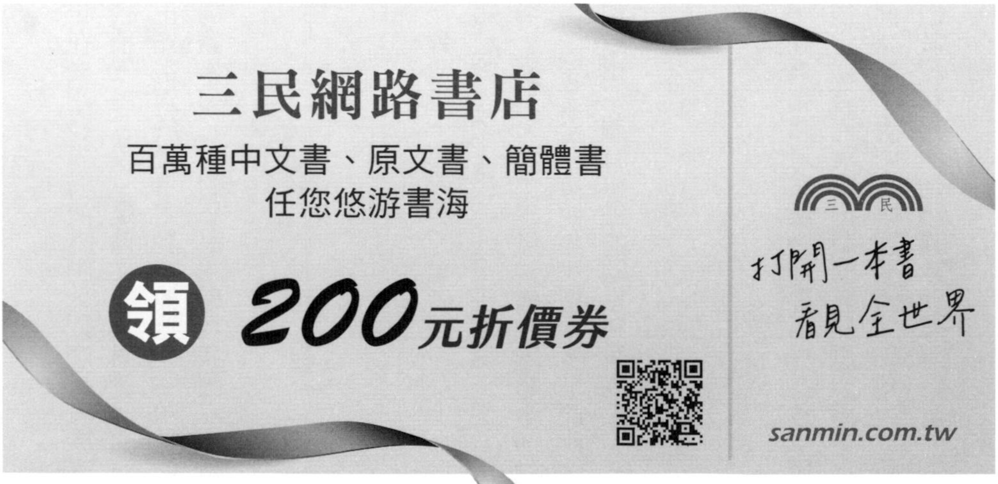